바이오
머니가
온다

당신의 미래 자산을 결정할 키워드

이해진(알바킹) 지음

바이오 머니가 온다

인플레이션 공포에도 이기는 투자가 있다

경이로움

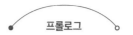

프롤로그

바이오 혁신이란
무엇인가

처음 바이오 혁신에 관심을 갖게 된 것은 미국의 저명한 물리학자 미치오 카쿠(加來道雄)가 쓴 『인류의 미래』를 읽고 나서부터다. 그는 책에서 지구는 언젠가 사라질 운명이기 때문에 인류는 생존을 위해 태양계나 다른 별, 그리고 다른 우주를 개척해나가면서 다양한 환경에 맞는 몸으로 변화할 것이라고 말한다. 즉 성간 여행을 하기 위한 전제 조건으로 인간의 건강 수명을 획기적으로 늘리고, 지구와는 다른 각 행성의 환경에 맞춰 우리의 몸을 의도적으로 변형시키기 위해 첨단 바이오 기술을 적용할 것이라 말하는데, 바로 이 부분이 내 관심을 끌었다.

미치오 카쿠는 단순한 미래 예언가가 아닌 저명한 이론 물리학자다. 그는 한창 연구 중인 각 분야의 최첨단 기술 개발 기업과 대학 연구소들을 찾아가 그 분야의 가장 앞선 기술을 직접 눈으로 확인하고 연구자들과 인터뷰한 후 미래를 예측한다는 점에서 그의 주장은 설득력이 높다. 그가 2012년에 쓴 『미래의 물리학』이 지금도 현실감 넘치고 신선하게 느껴지는 것도 바로 이러한 이유 때문이다.

솔직히 말하면 그간 펀드매니저로 오랜 기간 일해왔지만 제약과 바이오에 대한 관심이 그렇게 크지는 않았다. 그래서 미치오 카쿠의 주장도 그냥 좋은 지식으로 받아들였을 뿐, 제약 바이오에 대해 공부하고 준비해야 한다는 생각으로까지 이어지지는 않았다. 그간 제약 바이오 산업은 기껏해야 주식시장에서 차지하는 비중이 1% 언저리였기 때문에, 펀드를 운용하는 데 있어 다른 업종에 비해 덜 신경 써도 전혀 지장이 없었기 때문이다. 만일 제약 산업 지수의 상승이 신경 쓰인다면 유한양행이나 한미약품 등 제약 대표주를 포트폴리오(portfolio)에 편입하고 다른 산업에 집중하는 것이 펀드 운용에 더 효율적이었다. 기업 분석도 일반 제조 기업의 분석 방법과 크게 상이하지 않았다.

예를 들어 유한양행이나 한미약품의 기존 판매 약품과 새롭게 발매되는 약의 매출 추정치, 제조 및 판관비를 제외한 영업 이익과 당기 순이익, EPS(Earning Per Share, 주당 순이익), PER(Price Earning Ratio, 주가 수익 비율) 배수를 계산해놓고, 주식시장의 상황과 과거 밸류에이션 밴드(valuation band, 시장 가치 평가 수준)를 고려해서 주식 비중을 늘리고 줄이면 크게 문제 될 것이 없었다.

그런데 2018년부터 뭔가 흐름이 달라졌다. 신문에 실린 바이오 산업 칼럼 내용이 이해가 되지 않았다. 처음에는 기사가 고도로 전문적인 내용을 담아 그럴 수도 있다고 생각했지만, 시간이 지날수록 모르는 바이오 용어가 더 늘어났고, 조금씩 초조해지면서 점점 창피하다는 생각이 들었다. 오랫동안 주식 펀드매니저로 종사한 사람이 하나의 산업과 관련한 기사를 이해하지 못한다는 사실은 내심 불편할 수밖에 없었다.

게다가 처음 들어본 바이오 기업들의 상장이 줄을 이었다. 이제 제약이 아니라 바이오라는 말이 더 자주 들리고 이들의 시가 총액 비중은 무시할 수 없는 수준까지 커지기 시작했다. 도대체 제약 바이오 산업에 무슨 일이 벌어지고 있는 걸까? 무시할 수 없는 존재가 되었으니 그 맥락을 파악하지 못한다면 내가 무시당할 수도 있겠다는 생각이 들었다.

때마침 2018년 10월에 미국 빅파마(big pharmaceutical company, 대형 제약사)에 근무하시는 박사님의 메일을 받았는데, 미국에서 유전자세포 치료제(Gene&Cell Therapy, GCT) 산업이 급격히 성장하면서 관련된 수많은 벤처 기업이 생겨나고 있다는 내용이었다. 어떤 일이 벌어지고 있는지 정확하게 알기는 힘들지만, 산업의 혁신이 일어나고 있다는 사실은 명확하게 직감할 수 있었다. 그 혁신의 요체가 무엇인지 확실하게 알아야만 기회를 잡을 수 있다는 생각에 서둘러 제약 바이오 관련 서적과 자료를 찾아보았다. 그렇게 1년 정도를 매달려 공부하니 어렴풋하게 바이오 혁신의 모습을 머릿속에 그릴 수 있었다.

제약 바이오는 학습 범위가 넓고 기술도 다양해 기초 학문에 대한 배경지식이 없다면 쉽게 접근하기 힘들다. 그래서 전공자들에게는 매우 기초적인 내용도 비전공자에게는 넘을 수 없는 장벽처럼 느껴질 수 있다. 그러나 반복의 위력은 대단하다. 많이 보면 친숙해지고, 친숙해지면 이해가 되며 조금씩 뚫리는 것이 학문이라는 생각으로 생명 공학 요소들을 부지런히 학습했다. 그렇게 분자 생물학, 유전 공학, 생리학, 약리학, 생화학, 신약 임상, 임상 통계학 등 바이오와 관련된 서적을 두세 번씩 읽고 나니 조금씩 바이오 산업의 혁신이 눈에 들어오기 시작했다.

기존에 기술이 확립되어있던 PCR(Polymerase Chain Reaction, 중합 효소 연쇄 반응)과 재조합 DNA 기술, 발전 속도가 매우 느려 연구 개발 사용에 어려움이 있던 시퀀싱 기술이 NGS(Next Generation Sequencing, 차세대 염기 서열 분석)로 넘어가고, 여기에 새로운 개념의 기술인 CRISPR-Cas9(크리스퍼 카스나인, 유전자 가위 기술) 발명이 더해지면서 바이오 산업이 폭발적으로 성장했다. 암이나 희귀병을 치료하기 위한 유전자 치료제와 세포 치료제 분야에서 전례 없는 속도로 임상 파이프라인이 양적 성장을 했을 뿐만 아니라 앞서 열거한 핵심 기반 기술의 발전도 이루어지고 있었다. 이에 모두의 관심은 자연스럽게 이러한 바이오 혁신이 장기적인 성장으로 이어질 것인가에 모아졌다.

하지만 장기 성장에 대한 막연한 기대감만으로는 최근 금융시장의 높은 인플레이션과 변동성 파고를 이겨내고 목적하는 투자 성과를 거두기 어렵다. 바이오 혁신을 이끄는 핵심적 동인을 명확하게 이해한 다음, 바이오 기술의 흐름과 기업 분석에 필요한 지식들을 파악해야 한다. 그것이 바이오 장기 성장에 동참할 수 있는 올바른 방법이며, 인플레이션 환경을 정면으로 돌파하는 길이다.

목차

PART 4 바이오 기업 분석의 틀

PART 5 다양한 바이오 기술로 신약에 도전하는 기업 분석

PART 6 바이오 2차 상승 대비를 위한 제언

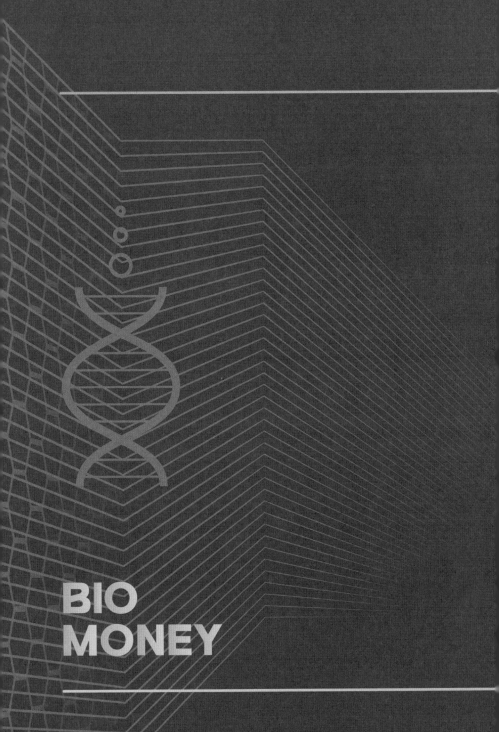

BIO
MONEY

PART 1

바이오 혁신의
본질 이해하기

바이오 산업 장기 성장성의
원동력은 무엇인가

　"최근 몇 년간 급속도로 양적 성장을 이룩한 바이오 산업이 향후에도 성장을 지속할 수 있을 것인가?"라는 질문은 코로나19가 창궐한 지만 2년이 지난 지금 한 번은 짚고 넘어가야 한다. 특히 지속적인 양적 완화로 최근 인플레이션 우려가 커진 만큼, 금리에 대한 민감도가 높은 바이오 산업에는 매우 중요한 논제다. 또한 2019~2020년 바이오 산업의 성장을 바이오 혁신이라는 측면이 아닌 단지 코로나19 이슈에 기인한 일시적인 상승으로 보고, 이를 향후 오미크론이 잦아들면 조정이 예상된다는 변동성 패러다임으로 단순화해 바이오 혁신을 조망한다면 큰 오류를 범할 가능성이 높다. 따라서 이 주제에 대해서는 책에서 여러 번 자세하게 다루어나갈 예정이다.

만일 바이오 산업이 혁신이 없는 상태에서 인플레이션의 직격탄을 맞는다면 최근의 상승 추세를 회복하기 쉽지 않다. 현재 국내외 바이오텍 현금 흐름을 살펴보면 대부분 자본 시장에서 자금을 확보해 임상 연구비로 사용하는 구조로, 이렇다 할 매출액 없이 영업 적자가 매년 지속되고 있다. 영업 현금 흐름을 만들어내지 못하고 외부 자금 조달에만 의존하는 기업은 인플레이션에 취약할 수밖에 없기 때문에, 현금 흐름 시각으로 바라본다면 바이오텍이 인플레이션에 가장 심하게 노출되어있다. 고로 투자자들이 단순 테마에 의한 주가 상승이라고 판단한다면, 장기적인 인플레이션 상승이 우려되는 현재의 금융 상황에서 투자 자금을 회수할 수밖에 없는 것이다.

따라서 바이오 기업에 어떤 혁신이 일어났는가를 파악하는 것은 앞으로 바이오 투자에 대한 투자자들의 장기적 방향을 결정하는 데 더없이 중요한 작업이 될 것이다.

국내

먼저 우리나라 바이오 산업의 성장성과 산업 전체에서 차지하고 있는 비중, 그리고 장기적인 성장성에 대한 비전을 점검할 필요가 있다.

현재 우리나라 바이오 산업의 성장 정도를 확인할 수 있는 좋은 지표는 IPO(Initial Public Offering, 기업 공개) 현황이다. 도표 1-1에서 보는 것처럼 2019년 IPO에서 바이오가 차지하는 비중은 24%, 2020년은 28%로, 4종목 중 1종목은 바이오가 차지하고 있다. 과거 전체 주식시

도표 1-1 바이오 기업 IPO 현황

2019년
IPO 75개 종목 중
바이오 18개
24%

2020년
IPO 75개 종목 중
바이오 21개
28%

장에서 제약 산업이 차지하던 비중이 1% 남짓이었다는 점을 상기한다면, 괄목할 만한 성장이다. 바이오가 자동차와 반도체에 이어 우리나라를 먹여 살릴 미래의 친환경 성장 산업이라고 입을 모으는 이유도 무엇보다 가장 높은 성장세를 최근 몇 년간 꾸준히 보여주고 있기 때문일 것이다.

미국에서 촉발되고 있는 바이오 산업의 혁신이 우리나라에도 영향을 미치고 있음이 확실하다. 혹자는 단지 몇 년간 좋았을 뿐 1990년 후반 벤처 투자 붐처럼 단기적으로 끝나는 것이라고 말할 수도 있겠다. 과거 벤처 투자 붐을 경험했던 투자자라면 현실성이 부족한 벤처 붐은 허상에 불과해 좋은 결과로 이어질 수 없다는 사실을 아주 잘 알고 있기 때문이다.

그러므로 현재 단기적으로는 높은 성장성을 보이고 있는 것이 사실이지만, 중기적으로도 이러한 흐름을 이어나갈 수 있을지에 대한 확신을 갖기 위해서는 신규 벤처 펀드 투자 현황을 살펴볼 필요가 있다. 2019년 기준 전체 벤처 투자 금액 4조 2,000억 원에서 바이오가 차지하는 비중은 25.8%(한국벤처캐피탈협회 및 중소기업창업투자회사 전자공시시스템 참조)로 여타 산업 대비 비중이 가장 높게 나타난다. 이러한 높은 투자 비중은 2016년 이후 꾸준히 유지되고 있다. 벤처 투자 자금이 신생 기업에 집중적으로 투자되고 있다는 측면에서 향후 몇 년 내 이들 중 경쟁력 있는 기업들이 바이오텍으로 성장해 전체 산업에서 바이오가 차지하는 비중을 가장 높은 수준으로 끌어올릴 것이다. 그만큼 바이오 산업의 장기적인 성장성 역시 높다는 것을 확인할 수 있다.

벤처 투자 업계가 2016년부터 2021년 현재까지 바이오 산업에 가장 높은 비중을 꾸준하게 투자하고 있다는 사실에 놀랐을 것이다. 돈은 참 빠르고 정확하다. 가장 높은 곳에서 낮은 곳으로 그것도 필요한 곳을

도표 1-2 신규 벤처 펀드 투자 현황

분야	2016 금액 (억 원)	비중 (%)	2017 금액 (억 원)	비중 (%)	2018 금액 (억 원)	비중 (%)	2019 금액 (억 원)	비중 (%)
ICT 제조	959	4.4	1,566	6.6	1,489	4.3	1,493	3.5
ICT 서비스	4,062	18.8	5,159	21.6	7,468	21.8	1만 446	24.4
전기·기계·장비	2,125	9.9	2,407	10.2	2,990	8.7	2,036	4.8
화학·소재	1,502	7.0	1,270	5.3	1,351	3.9	1,211	2.8
바이오·의료	4,686	21.8	3,788	16.0	8,417	24.6	1만 1,033	25.8
영상·공연	2,678	12.5	2,874	12.0	3,321	9.7	3,703	8.7
게임	1,427	6.6	1,269	5.4	1,411	4.1	11,92	2.8
유통 서비스	2,494	11.6	4,187	17.6	5,726	16.7	8,145	19.0
합계	2만 1,503	-	2만 3,803	-	3만 4, 249	-	4만 2,777	-

출처: 한국벤처캐피탈협회 및 중소기업창업투자회사 전자공시시스템

찾아 정확하게 흘러드는 물과 같다. 우리나라 벤처 업계에서도 미국 바이오 산업의 혁신 코드를 정확하게 읽어내서 발 빠르게 초기 투자를 이어오고 있고 이러한 한발 빠른 투자의 결과물들이 IPO를 거쳐 최근 3년 간 주식시장으로 쏟아져 들어온 것이다.

그렇다면 바이오 혁신의 본고장이며 전 세계 제약 바이오 산업의 40% 이상을 차지하고 있는 미국은 어떤지 알아보자.

국외

도표 1-3은 미국 바이오 산업의 현황을 한눈에 볼 수 있는 아크 인베스트먼트(ARK Investment) ETF 중 하나인 ARKG ETF(ARK Genomic Revolution ETF) 차트다. 차트를 보면 2019년부터 주가가 급상승하고 있

도표 1-3 혁신 치료제 승인과 주가

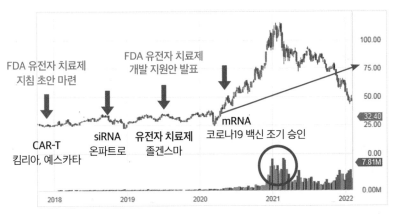

출처: 이티에프 데이터베이스(ETF Database)

으며, 특히 거래량은 2020년 이후 급격히 상승하기 시작해 2021년 초반에 정점을 찍었다.

이러한 주가 상승을 이끌어낸 혁신적인 기반 기술들은 무엇인가? 수많은 과학자들의 연구 결과가 오늘날의 바이오 산업을 만든 것임은 틀림없지만 그중에서도 최근 바이오 혁신의 직접적인 원인을 제공한 기반 기술을 꼽으라면 다음 네 가지를 들 수 있다. 4대 바이오 성장의 핵심 기술은 바로 ① 재조합 DNA 기술, ② NGS, ③ PCR, ④ CRISPR-Cas9이다. 처음에는 다소 어렵게 느껴질 수 있는 기술들이지만 이 책을 끝까지 읽는다면 수월하게 이해할 수 있을 것이다. 중요한 내용인 만큼 먼저 간략하게 각 기술의 개념을 소개하겠다.

첫 번째, 재조합 DNA 기술은 이종 간의 DNA를 서로 이어 붙여서 우리가 필요로 하는 단백질을 생산해내는 기술이다.

두 번째, NGS는 우리 몸 세포 안에 있는 30억 개의 염기 서열을 분석하는 기술이다. 즉 우리가 갖고 있는 유전자의 지도를 작성해 어떤 특징을 갖고 있는지 보여주는 기술이다.

세 번째, PCR은 1개의 DNA를 짧은 시간 안에 기하급수적으로 증폭시키는 기술이다.

도표 1-4 바이오 혁신의 4대 핵심 기술

재조합 DNA 기술	NGS	PCR	CRISPR-Cas9
1958년 (레더버그)	1977년 (상어)	1993년 (멀리스)	2020년 (다우드나/샤르팡티에)

마지막 네 번째, 2020년 노벨화학상을 수상한 CRISPR-Cas9은 질병의 원인이 되는 염기 서열을 정확하게 잘라내는 기술이다.

이 중에서도 NGS와 CRISPR-Cas9은 더욱 주목할 필요가 있다. 이 두 기술은 2010년 이후에 실용화 단계에 이르면서 이번 바이오 산업의 성장을 이끄는 직접적인 원동력이 되었기 때문이다. 이 외에도 RNA(RiboNucleic Acid, 리보핵산) 기술, 형광 현미경의 발명 등이 연구 개발 도구로 가세하면서 바이오 산업의 성장을 더욱 가속화했고, 2021년부터는 AI가 본격적으로 바이오 산업에 뛰어들면서 다시 한번 단백질 신약 개발에 혁신이 기대되고 있다.

컨설팅 기업 프라이스 워터하우스 쿠퍼스 컨설팅이 기업을 대상으로 한 산업 분야별 AI(Artificial Intelligence, 인공 지능) 활용에 대한 설문조사에서, AI가 가장 잘 활용될 분야는 헬스케어인 것으로 답변했다. 어떻게 생각하면 당연한 결과다. 분명한 타깃이 있고 그 타깃을 해결하면 시장성이 큰 신약으로 발전시킬 수 있기 때문이다. 단백질 연구 개발에서 아미노산의 연결 구조인 펩티드(peptide)의 3차원 단백질 접힘 구조를 예측하기 위해 AI가 적극적으로 활용되고 있는 것이 좋은 예가 될 수 있다. 이러한 바이오를 둘러싼 기반 기술 발전에 힘입어 바이오 산업은 장기적인 고성장 구간에 접어든 것으로 판단된다.

무엇이든 가치 있는 것은 성숙의 시간을 필요로 한다. 모죽이 5년 동안 단 1cm도 자라지 않다가 때가 되면 6주 동안 30m까지 자랄 수 있는 이유는, 4km까지 뿌리를 내리는 인고의 시간을 참았다가 거대한 뿌리로 일시에 물과 영양분을 끌어올려 폭발적인 성장을 이루어내기 때문이라고 한다. 이러한 과정을 겪은 모죽은 최고의 대나무로 인정받는다. 최근의 바이오 산업을 보면 흡사 모죽과 많이 닮아있다는 생각이 든다.

이러한 바이오 산업의 배경지식을 갖고 다시 한번 2017년부터 연이어 개발된 CAR-T(Chimeric Antigen Receptor T Cell, 키메릭 항원 수용체 발현 T세포) 혈액암 치료제, siRNA(짧은 간섭 리보핵산) 온파트로(Onpattro) 단백질 제거 치료제, mRNA(메신저 리보핵산) 코로나19 백신 개발 등을 되돌아보면 이제 더 이상 생소하게만 여겨지지 않을 것이다. 성장을 위한 숙성의 시간을 충분히 거친 것이다.

이제 눈을 돌려 어떤 혁신적인 약들이 개발되었는지 확인해보자. 2017년 CAR-T 혈액암 치료제가 만들어졌고, 2018년 siRNA 치료제 온파트로, 그리고 2020년 전 세계를 감염증 위험으로부터 지키는 데 큰 공을 세우고 있는 모더나와 화이자의 mRNA 백신이 개발되었다.

RNA 기술은 다른 바이오 기술 대비 적용 범위가 넓고 부작용 리스크가 유전자 편집 기술 대비 상대적으로 적어 혁신적인 신약을 지속적으로 만들어낼 가능성이 크다고 생각한다. 그래서 나스닥 바이오 기업에 집중적으로 투자하는 사모펀드를 준비하면서 주위의 지인들이나 마케팅을 위해 만나는 증권가 사람들에게 siRNA나 mRNA의 성장성에 대해 기회가 될 때마다 설명했다.

그렇지만 RNA에 관심을 갖는 사람은 거의 없었다. 더 이상 설명해도 소용없겠단 생각에 RNA에 대해 언급하지 않았는데, 얼마 지나지 않아 코로나19가 발병했다. 지금은 모두가 mRNA를 심심치 않게 말하고 모더나의 주가를 언급한다. 정말로 바이오 혁신은 짧다면 짧은 시간에 아주 강렬하게 자신의 존재를 알렸다. 우리가 RNA가 정확하게 무엇인지 알든 모르든 그건 전혀 상관없다. 그렇게 바이오의 혁신이 시작되었다는 것을 전 세계인들이 알게 되었다는 사실 자체가 중요하다.

이 책에서 자세히 서술한 바이오 기술들이지만, 앞서 간단하게 설명하면, CAR-T는 환자의 혈액을 뽑아 혈액 속의 면역세포인 T세포의 공격력을 높이기 위해 유전자를 조작한 후 다시 환자에 주입하는 치료제다. 일종의 면역력을 강화시키는 면역세포 치료제로 이해하면 쉽다. siRNA는 우리 몸을 이루고 있는 세포 속에서 다양한 기능을 수행하고 있는 단백질 중, 기형이거나 너무 많이 만들어져 병의 원인으로 작용하는 경우 제거하는(잘라버리는) 기술이다.

mRNA는 정반대로 우리 몸속에 반드시 필요한 단백질이 만들어지지 않는 경우 단백질 생산의 레시피인 mRNA를 우리 몸속에 넣어주어 세포 소기관인 리보솜에서 단백질이 생산되도록 하는 치료제다. 코로나19를 예로 들어보자. 우리 몸속에는 코로나19 바이러스를 꼼짝 못 하게 만들 일꾼, 즉 항체인 단백질이 생산되지 않는데, 이유는 인류 역사상 처음 만나는 바이러스이기 때문에 이것을 대적할 항체를 만든 적이 없기 때문이다. 그래서 코로나19 바이러스의 특정 부분(스파이크 단백질)을 만드는 mRNA인 백신을 비장으로 넣어주면 mRNA를 번역해서 스파이크 단백질을 생산해내고 우리의 면역 체계인 B세포는 이에 대항하는 항체인 단백질을 만들어 기억했다가 만일 코로나19 바이러스에 감염되면 세포 속 침투를 막아내는 중화항체를 뿜어내게 된다.

최근 몇 년간 보여준 바이오 산업의 기술 혁신은 연구 개발을 위한 기반 기술의 혁신과 미국 FDA(Food and Drug Administration, 미국식품의약국)의 유전자세포 치료제에 대한 적극적인 지원이 있었기 때문에 가능했다. 코로나19에 대항하는 mRNA 백신이 역사상 유례없는 짧은 시간 안에 나올 수 있었던 것도 그동안 축적된 핵산 바이오 기술과 미국 FDA 의 적극적인 지원이 있었기에 가능했다.

또 한 가지 기억해야 할 점은 미국 FDA의 유전자세포 치료제 산업 육성에 대한 의지다. 바이오 산업은 철저한 규제 산업이다. 사람의 생명 과 관련이 있는 만큼 안전성을 중요시할 수밖에 없기 때문에, 여러 단계 에 걸친 까다로운 임상 시험 단계를 통과해야 한다. 그렇지만 각 단계에 소요되는 비용은 천문학적으로 증가해 최근 신약을 개발 단계부터 신약 승인을 받기까지 들어가는 비용이 약 2조 원으로 추산되고, 시간도 평 균 10년 이상 소요된다. 한마디로 쉽지 않은 여정이다.

그런데 유전자세포 치료제는 암이나 유전병 등 희귀 질환을 타깃으 로 하고, 특히나 유전병은 환자의 생존 기간이 길지 않아 치료제의 빠른 개발이 어느 질병보다 간절히 요구된다. 유전자세포 치료제가 기존의 방법으로는 접근이 어려웠던 희귀 질병에 대한 치료제 개발 가능성을 보여줌에 따라 FDA도 신속 개발 및 심사 프로그램 등 심사 절차 간소화 를 통해 적극적인 개발 지원 의지를 표명했다. 유전자세포 치료제를 심 사할 수 있는 전문 심사 인력을 충원한 것도 같은 맥락이다.

규제 산업이 우호적인 방향으로 제도를 완화할 때 해당 산업에 미치 는 영향이 매우 크다. FDA가 희귀 질병에 대해 임상 2상을 마친 상태에 서 임상 결과치가 1차 유효성 평가 지표 목표를 달성했을 경우 일단 신 약을 승인한 후 추가 데이터를 확보하도록 제도를 완화한 결과, 암과 유 전병 등 희귀 질병에 대한 바이오 기업들의 임상 파이프라인이 최근 몇 년간 급증세를 보였다.

스콧 고틀리브(Scott Gottlieb) 전 FDA 국장은 2018 바이오 인터내셔

널 컨벤션(Bio International Convention)에서 10년 이내에 겸상 적혈구 빈혈과 같은 질병에 대한 치료법을 발견하게 될 것이며, 유전자 치료제가 상용화됨에 따라 FDA에서도 기존과 다르게 접근할 필요가 있다고 말했다(서울경제, 2018년 6월 10일).

바이오 산업은 기반 기술의 혁신과 미국 규제 당국의 적극적 지원에 힘입어 향후 10년 이상의 장기 성장 구간에 진입한 것으로 판단된다. 유전자세포 치료제 기술은 암이나 희귀병 치료제 개발에서 뛰어난 성과를 보일 것으로 예상하며, 특히 RNA, DNA 등 핵산 치료제 기술과 면역 세포 기술은 40% 이상 고성장을 지속하며 바이오 산업의 성장을 이끌어 나갈 것으로 예상한다.

성공적인 바이오 투자를 위해
무엇을 준비해야 할까

본격적으로 다양한 바이오 기술과 기반 기술, 그리고 그 기술을 이해하기 위한 기초적인 생명 공학 지식을 학습하기에 앞서 바이오 주식 투자에 대한 투자자들의 우려 섞인 목소리를 짚고 넘어가고자 한다.

직설적으로 말하면 주식을 오래 했다는 투자자들 사이에서도 바이오는 사기성이 짙으며 도박과 가깝다는 이야기를 많이 한다. 이는 신라젠이라는 종목에 대한 배신감에 기인한 부분이 적지 않다. 신라젠은 임상 2b상 실패에도 불구하고 임상 3상이라는 무리한 행보로 손실을 더욱 키웠으며 결국 오랜 기간 동안 믿고 기다려준 투자자들에게 상장 폐지 위기라는 돌이킬 수 없는 깊은 상처를 주었다.

우리나라의 주식시장이 신라젠의 혼동 속에 헤매던 것과는 대조적으로 미국의 바이오 주식은 폭등했다. 혁신적인 기반 기술에 근거한 세포 치료제와 유전자 치료제가 드디어 희귀 질병 치료제로서 인정받게 되어 많은 임상 파이프라인이 폭발적으로 생겨났고, 이에 유전자세포 치료제 관련 주식들이 폭등했다. 이러한 미국 바이오 시장의 흐름에 동반해 우리는 적극적으로 나스닥 바이오 주식 투자는 물론 유망한 국내 유전자세포 치료제 개발 바이오텍이나 이중항체 등 글로벌 경쟁력을 확보하고 있는 주식의 지분 확대에 나서야 했다.

그러나 우리나라는 그럴 분위기가 아니었다. 당시 필자는 미국 나스닥 바이오 기업에 집중적으로 투자하는 사모펀드를 만들어 우리나라에서 가장 영향력 있는 증권사들의 강남 센터를 돌며 상품 설명회를 했지만, 신라젠 사태로 이미 분위기가 상당히 침체되어 이야기를 듣기보다는 격앙된 고객에 대한 응대가 급선무처럼 보였다. 신라젠과는 무관하지만 바이오를 설명하고 있다는 이유로 같은 무리로 취급받기도 했으며 대답하기 곤란한 질문도 여러 번 받았다. 사모펀드를 모집하는 데 어려움을 겪은 것보다 다시 오지 않을 천금 같은 투자 기회를 놓쳤다는 생각에 오랫동안 분을 삭이지 못한 기억이 난다.

이렇듯 신라젠은 단순히 상장 위기에 놓인 것으로 끝나지 않았다. 우리나라 투자자들에게 막대한 부의 손실을 초래한 것은 물론, 바이오 기반 기술 혁신에 의한 폭발적 성장에 참여하지 못하도록 발목을 잡았으며, 지금까지도 바이오 주식은 사기성이 크고 도박에 가깝다는 이미지에서 벗어나지 못하도록 만들었다.

바이오가 사기고 도박이라는 생각을 가지고는 제대로 된 바이오 공부와 투자가 이루어질 리 없으니 이야기를 진전시키기에 앞서 짚고 넘어갈 것이 있다. 기업이 사기를 쳤다면 법원에서 가릴 문제지, 무조건적으로 바이오가 도박이라는 의견에는 반대한다. 이는 우리가 왜 바이오 기업의 속성에 대한 기본적인 지식을 갖추어야 하는지 그리고 바이오 혁신의 핵심을 이해하기 위해 기초적인 지식을 습득할 필요가 있는지와도 깊게 연관된 중요한 논제다. 상품의 내용과 리스크를 충분히 숙지하고 관리하면 투자가 되고 그러지 않으면 도박이 된다.

이제 바이오 기업의 속성에 대해 살펴보자. 먼저 기술을 이해하기 어렵다. 삼성전자 반도체를 이해하기 위한 나노라는 용어는 좁은 지면에 가는 연필로 선들이 겹치지 않게 빽빽하게 회로를 그려 넣는 이미지를 머리에 떠올릴 수 있지만, 바이오 기술은 그런 상상을 하기가 쉽지 않다. 단순히 반도체 기술이 쉽고 바이오는 어려워서가 아니라, 세포의 구조와 구성 분자들의 활성 체계에 대해 기본적인 지식이 없는 것이 원인이다.

게다가 바이오는 임상 시험이라는 독특한 신약 개발 단계가 있고 여기에 딸린 각 임상 단계별 특성과 임상 결과 해석도 별도로 공부를 해야 한다. 대다수의 바이오 기업은 매출액과 이익이 없고 자금 조달에 의존하는 현금 흐름 구조다 보니 가치 평가가 쉽지 않다는 특성 때문에 신약 개발의 임상 단계와 임상 단계별 성공 확률을 무시한 신약 스토리로 한 방을 노리는 요행을 부추기기도 한다. 고로 바이오 투자는 공부가 필수다.

정리하면, 바이오 주식은 다른 종목보다 내용을 이해하기 어렵고, 리스크(risk) 파악도 쉽지 않다. 또한 바이오 주식 투자는 다른 제조업처럼 일반적인 분석의 틀이 적용되지 않아 기업의 재무제표를 분석해 얻을 수 있는 정보가 제한적이라는 점도 알아두어야 한다. 바이오텍들은 이러한 바이오 기업의 태생적인 속성을 잘 이해하고 극복해 시장에 신뢰를 줄 수 있도록 더욱 각별히 신경 써야 한다.

　이러한 리스크 요인에도 불구하고 기업 분석에 필요한 사전 지식을 갖추고 있다면 바이오 주식은 좋은 투자처가 될 수 있다는 점을 강조하고 싶다. 높은 파도와 바람을 무릅쓰면서 굳이 망망대해로 나가는 이유는 근해에서는 볼 수 없는 큰 고기를 잡기 위함인 것처럼, 바이오 주식에 투자하는 이유는 바이오 산업의 성장성이 그 어떤 산업보다 높기 때문이다. 또한 바이오 기업 분석을 위한 기본기를 잘 갖춘다면 그 어떤 종목보다 높은 장기 수익률을 만들어낼 수 있기 때문이다.

　바이오는 일정한 자격을 갖춘 기업이 시장을 독식하는 구조여서, 1등이 아니더라도 다양한 소구점을 갖고 경쟁하며 생존할 수 있는 일반 제조업과는 많은 차이가 있다. 이러한 특징 때문에 이익을 여러 기업이 나눠 갖는 다른 산업과는 달리, 바이오는 1~2개의 기업에 이익이 집중되고 일정 자격을 갖추지 못한 기업들은 도태되는 명과 암이 뚜렷이 나타나고 주가에도 그대로 반영되는 것이다.

　코로나19 백신을 개발해 천문학적인 돈을 벌어들인 화이자(Pfizer)와 모더나(Moderna)를 생각하면 쉽게 이해가 갈 것이다. 모더나의 경우 mRNA 백신 임상 2상을 진행하고 있던 바이오텍에서 단 2년 만에 수조 원의 매출과 30개가 넘는 임상 파이프라인을 갖춘 명실상부한 바이오파마(biopharma)로 입지를 굳히고 있다. 속도전이 관건인 코로나19 백신을 경쟁자들보다 빠르게 개발함으로써 거대 시장을 화이자와 양분하게 된 승자 독식의 바이오 산업 속성을 보여주는 좋은 사례다.

　이 책에는 위에서 열거된 바이오 기업의 내재적 리스크를 극복하고 제대로 된 투자를 위해 임상 시험 관련 지식과 이를 이해하기 위한 바이오 관련 기초적인 과학적 지식, 다양한 바이오 기술, 그리고 글로벌 트렌드 등 바이오 주식 투자를 하기 위한 기본적인 내용들을 담고 있다. 이 책과 함께 바이오 주식 투자에 필요한 탄탄한 기본기를 갖추어 근거 없는 신약 스토리에 속지 않고 이제 막 시작된 거대한 바이오 산업의 장기 성장 구간 속에서 탁월한 주식 투자 성과를 올려보자.

바이오 혁신을 이끈
4대 기반 기술

　최근의 바이오 혁신이 만들어낸 성과를 단지 4개 기술만으로 설명하기에는 부족한 점이 많다. 과학의 발전은 한순간에 이루어지는 것이 아니라 오랜 기간 쌓아온 연구 성과와 기술들을 발판으로 한 걸음 더 나아가는 것이기 때문이다. 그럼에도 불구하고 혁신적인 신약 개발과 폭발적인 바이오텍의 임상 파이프라인 확장을 가능하게 한 것은 지금부터 자세하게 설명하는 4대 핵심 기술의 공이 크다.

　앞으로 우리가 만나게 될 바이오텍과 그들이 연구 개발하고 있는 기술을 분석하려면 4대 핵심 기술의 메커니즘을 반드시 이해해야 한다. 이들 기술은 동떨어져 있는 것이 아니라 서로 아주 밀접하게 연결되어 있어서 1개의 기술을 이해하는 데 나머지 3개 기술에 대한 지식이 전제

조건이 될 수도 있다. 이러한 연관성을 이해하면 왜 이 기술들이 전부 실용화 단계에 들어선 시점에 바이오 혁신이 일어났는가 하는 궁금증도 해결된다.

4대 바이오 혁신의 핵심 기술은 ① 재조합 DNA 기술, ② NGS, ③ PCR, ④ CRISPR-Cas9이다. 그럼 지금부터 이 기술들에 대해서 자세하게 알아보자.

재조합 DNA 기술

1958년 조슈아 레더버그(Joshua Lederberg)는 세균들이 유전 물질을 서로 교환하는 현상을 발견한 공로로 33살의 나이에 노벨생리의학상을 수상했으며, 이후 재조합 DNA 기술에 관한 연구 업적을 남겼다.

유전자 재조합 DNA 기술은 두 생물체의 DNA를 서로 연결하는 기술로, 대장균과 인간 DNA를 재조합하는 것을 예로 들어 설명해보겠다. 대장균은 원핵생물로 세포 안에 핵이 없는 세포질로만 이루어져 있는데, 그 세포질 안에는 염색체와 작은 원형 고리 모양의 플라스미드(plasmids)가 있다. 이 플라스미드를 추출해낸 후 인간의 세포에서 우리가 생산해내고자 하는 단백질의 원형인 DNA도 제한 효소(절단 효소)로 추출해낸다. 이렇게 추출해낸 인간 DNA를 대장균의 플라스미드에 삽입한 다음 대장균 안에 다시 넣어주면 앞 단의 큰 과정은 마무리된다.

여기서 그치지 않고 오래전부터 활발하게 일어나고 있는 오픈 이노베이션(open innovation, 바이오 제약 회사들 간의 기술 협업)은 기술의 발전

도표 1-5 재조합 DNA 기술의 작동 원리

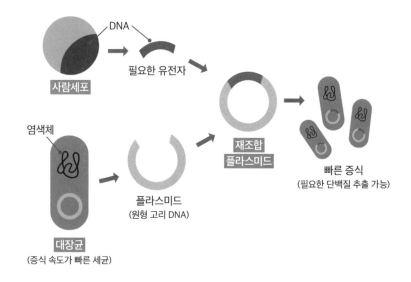

DNA
필요한 유전자
사람세포
염색체
재조합
플라스미드
빠른 증식
(필요한 단백질 추출 가능)
플라스미드
(원형 고리 DNA)
대장균
(증식 속도가 빠른 세균)

을 급속도로 촉진시켰다. 제한 효소를 연구하던 허버트 보이어(Herbert W. Boyer) 교수와 박테리아의 플라스미드를 연구하던 스탠리 코헨(Stanley Cohen) 교수는 서로의 연구 결과가 합쳐지면 세상에 없던 결과물을 만들어낼 수 있다는 것을 직감했다. 그렇게 공동 연구를 하며 이종 간 DNA 결합을 통한 인슐린 생산이라는 획기적인 치료제를 개발할 수 있었던 것이다. 이는 오픈 이노베이션의 위력을 여실히 보여주는 좋은 예라고 볼 수 있으며, 오픈 이노베이션에 관한 이야기는 뒤에서 다시 이어가기로 하겠다.

대장균은 번식력이 좋기 때문에 짧은 시간 안에 우리가 만든 형질 전환된 재조합 플라스미드의 클론(유전적으로 동일한 세포군)을 빠른 속도로 생산해낸다. 이렇게 세포 분열되어 만들어진 인간의 DNA는 mRNA

라는 중간 과정을 거쳐 단백질 치료제를 생산하게 된다. 레진을 사용해 순수하게 단백질만 추출해내는 정제 과정을 거치면 환자들의 약으로 판매될 수 있다. 현재 우리가 알고 있는 대부분의 표적 치료제, 즉 단백질 치료제는 위와 비슷한 공정을 거쳐 생산되는데, 정교한 유전자 조작과 까다로운 생산 공정이 특징이다.

세계 최초의 바이오 회사인 제넨텍이 유전자 재조합 기술을 이용해서 당뇨병 환자를 위한 인슐린을 세계 최초로 생산했다. 그전까지만 해도 인슐린 호르몬을 돼지의 췌장에서 추출하다 보니 생산량이 제한적일 수밖에 없었다.

현재 당뇨병 환자는 지속적으로 증가하는 추세이며 혈당 측정 센서, 인슐린 펌프 등 관련 시장도 동반해 확장하고 있다. 재조합 DNA 기술이 목숨을 위태롭게 하는 위험한 질병을 관리 가능한 질병으로 바꾸어 인류의 건강을 지켜내고 있다.

NGS

NGS라는 개념을 이해하기 위해서는 DNA의 구조를 개략적으로 알고 넘어갈 필요가 있다. 우리 몸은 수많은 세포로 이루어져 있는데 모두 같은 DNA를 공유하고 있다. 아빠, 엄마에게 물려받은 46개의 염색체 속에 DNA가 들어있고, 46개의 염색체는 다시 30억 개의 염기로 이루어져 있다. 사람마다 생긴 모습이 전부 다르듯이 30억 개의 염기 순서도 완전히 똑같지 않고 개인별로 차이가 있다. 이러한 차이가 개인별 특성을 나타내며, 특히 질병의 유전 병인으로 작용할 수 있기 때문에 맞춤 치료를 위해서는 이러한 DNA 정보가 반드시 필요하다.

최근 면역 치료제를 암 환자에게 처방할 때 같은 적응증(어떤 약에 의해 치료가 기대되는 병)의 모든 환자에게 동일한 치료제를 처방하는 것이 아니라 바이오마커(biomarker, 몸속 변화를 알아낼 수 있는 지표)의 유무에 따라 처방을 달리하게 되는데, 이때 바이오마커의 존재를 확인하기 위해 바로 NGS를 사용한다.

먼저 환자의 암세포 조직 샘플을 확보해 세포 안에 있는 DNA만을 추출한다. 이렇게 추출한 DNA를 차세대 염기 서열 분석기에 넣고 잘게 절단해 절편을 만든 후 이미 잘 알려진 참조 유전자 서열에 배치시키면, 절편들은 자신들의 유전자 서열과 공유 서열이 많은 절편끼리 정렬한다. 이 결과물을 컴퓨터로 분석해 개체변이(개인별 염기 차이)에 관한 정보를 획득하게 된다.

도표 1-6 NGS 기술의 작동 원리

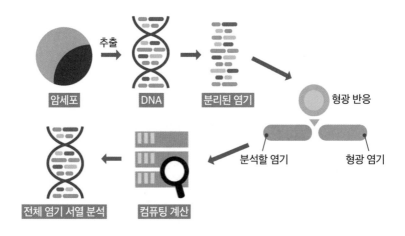

암 치료 과정에서 표적 치료제가 많이 처방되고 있지만 이는 위에서 설명한 대로 NGS에 의한 개인 염기 서열 분석이 적시에 이루어질 수 있다는 가정하에 성립하는 치료 방법이다. 쉽게 말하면 표적 치료제는 특정 암 치료제라 하더라도 그 암의 모든 환자를 대상으로 하는 경우는 드물다. 예를 들어 폐암인 경우 특정 DNA에 같은 돌연변이를 갖는 환자들만을 대상으로 한 치료제가 만들어지고 있는 것이다. 그러니 환자별로 NGS에 의한 단일 염기 다형성, 즉 개인 간 염기차인 SNP(Single Nucleotide Polymorphism, 단일 염기 변형)의 진단이 함께 이루어져야 정확한 치료제 사용이 가능해진다.

이러한 DNA 염기 서열 결정 개념은 오래전에 정립되었다. 프레더릭 생어(Frederick Sanger) 교수는 단백질의 아미노산 서열을 분석하는 방법을 개발해 호르몬 인슐린이 아미노산 51개로 구성되었음을 밝혀냄으로써 1958년 노벨화학상을 받았고, 이후 DNA와 RNA의 염기 서열을 해독하는 방법을 고안해 다시 한번 노벨화학상을 수상했다. 이처럼 NGS 기술은 이미 준비되어있는 상태였고, 이 기술을 사용해 2003년 인간 게놈 프로젝트(NGS로 사람의 30억 개 염기 서열 전체를 해독)를 완성하게 된 것이다.

문제는 시간과 비용이었다. 한 사람의 인간 게놈을 해독하는 데 13년이라는 시간과 30억 달러의 비용이 소요되는 국가 프로젝트인 만큼, 연구 기관에서 치료제 개발을 목표로 수행하기는 사실상 불가능했다. 하지만 2010년 이후 NGS가 개발되면서 유전자 서열 변화에 따른 유전자의 기능이 빠른 속도로 밝혀지게 되었다. 이렇게 NGS의 등장은 연구자들의 시간과 비용을 크게 줄여주는 것은 물론 그동안 연구할 엄두조차 내지 못했던 다양한 연구 과제들을 수행하게 해 혁신적인 성과물을 만들어내는 데 기여하고 있다. 이러한 연구 성과물들은 또 다른 연구 아이디어로 이어지게 되는데, 사람의 유전자 분석은 물론 마이크로바이옴(microbiome, 인체에 사는 세균, 바이러스 등 각종 미생물을 총칭)의 유전체 분석 등 전체 바이오 산업 혁신의 원동력으로 작용했다.

2010년 이후 암과 희귀 유전병을 적응증으로 하는 유전자세포 치료제 개발이 본격적으로 탄력을 받아 진행 중이다. NGS는 현재 진행되고 있는 바이오 혁신이 장기적인 것임을 입증하는 강력한 증거다.

PCR

코로나19로 우리에게 친숙해진 단어 중 하나가 PCR 검사다. 단어는 익숙하니 이제 그 뜻이 무엇인지만 알면 되겠다. PCR은 아주 단순하게 말하면 적은 수의 특정 DNA 조각을 짧은 시간에 대량으로 증폭하는 기술이다. 코로나19 검사의 과정은 이러한 PCR로 이루어진다. 코로나19 바이러스 검사도 면봉으로 코와 목에서 유전자를 검출해 코로나19 바이러스의 유전자가 증폭될 수 있도록 바이러스 DNA 복제에 필요한 재료인 효소나 뉴클레오티드(nucleotide, DNA의 구성 단위) 등을 넣은 후 중합 반응을 유도해 증폭시킨 다음 양성 여부를 판단하게 된다.

좀 더 상세하게 설명하면, 코로나19 바이러스 DNA에 열을 가해 DNA 두 가닥을 분리시킨 다음(denaturation, 변성) 서서히 냉각시키며 (annealing, 냉각) 각 DNA 가닥의 3'에(3프라임이라고 읽으며 뉴클레오티드

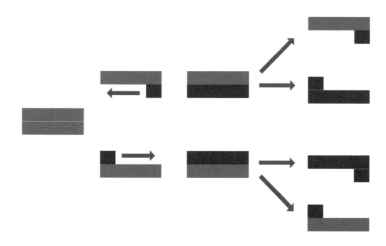

의 세 번째 탄소를 의미) 결합하는 프라이머 DNA(DNA 복제 시 기준점 역할을 함)를 설계해 넣어주면, 프라이머가 각각 3'에 기준을 잡고 그 뒤를 코로나19 바이러스 DNA를 참조하면서 상보적으로 적합한 염기 서열을 이어 붙이게 된다(extension, 신장). 새롭게 완성된 DNA를 포함해 모든 DNA들은 다시 복제 과정을 거치며 짧은 시간 내에 소량의 DNA를 대량으로 증폭시켜서 양성 여부를 판정하게 된다.

PCR 초기 과정에서 DNA 가열 시 같이 넣어준 DNA 중합 효소가 변성되어 그다음 복제 시에 새로운 중합 효소를 넣어주어야 하는 불편함이 있었으나, 바닷속 화산의 높은 온도에서도 견디는 미생물에서 발견된 중합 효소를 사용하게 되면서 시간과 비용을 획기적으로 절약하게 되었다.

PCR 기술은 범죄 현장에서도 유용하게 사용되고 있다. 범인이 남긴 아주 소량의 DNA를 PCR로 증폭시켜 높은 확률로 범인을 특정하는 데 사용되고 있다.

CRISPR-Cas9

2020년 스웨덴 에마뉘엘 샤르팡티에(Emmanuelle Charpentier) 교수와 미국의 제니퍼 다우드나(Jennifer Doudna) 교수가 노벨화학상을 수상하면서 유명세를 떨친 기술이다. CRISPR-Cas9은 제3세대 유전자 가위로 단백질과 gRNA(guide RNA, 가이드 RNA)로 구성되어 핵 속의 타깃 DNA 이중 가닥을 절단하는 기능을 갖고 있다.

구체적으로 설명하면 CRISPR-Cas9의 Cas9 단백질이 타깃 유전자에 접근하게 되는데, 이때 타깃 유전자의 PAM(Protospacer Adjacent Motif) 서열이 신호판 역할을 해 Cas9이 자리 잡고 DNA 이중 가닥을 분리시킨다. 그다음 gRNA가 자신의 염기 서열을 타깃과 상보적으로 결합해보고 타깃이 맞는지 확인한 후 DNA 이중 가닥을 잘라 해당 유전자를 기능하지 못하도록 만든다. 분자들로 구성된 화학 결합체들이 어찌 그렇게 뚜렷한 목적을 갖고 일사불란하게 움직이는지 그 정교함에 놀라지 않을 수 없다.

NGS가 사냥감이 어디에 있는지 정확하게 볼 수 있는 망원경이라면 CRISPR-Cas9은 총이다. NGS로 우리 유전자 중에서 어느 유전자의 어느 부위에 변이가 있는지 확인했다면, 바로 CRISPR-Cas9으로 타깃 유전자를 절단할 수 있다. 현재는 유전자를 절단하는 수준에서 임상 시험

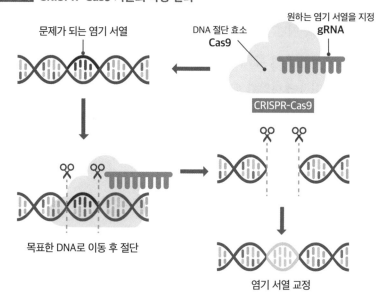

이 이루어지고 있으나 향후 원하는 유전자로 편집까지 가능할 것으로 예상한다.

 CRISPR-Cas9은 치료제 개발뿐만 아니라 다양한 기능성 식물의 제작 등 푸드 산업에도 적극적으로 사용되고 있다. 이웃 나라 일본에서는 CRISPR-Cas9으로 생선의 특정 유전자를 제거함으로써 생선의 근육량을 증가시키는 연구를 진행하고 있다. 이것은 미래 식량 확보를 위해 유전자 가위가 활용될 수 있음을 보여주는 다양한 사례 중 하나다. 또한 CRISPR-Cas9은 유전자의 특정 타깃으로 정확하게 찾아가서 절단 이외의 기능을 수행하는 절단 기능이 제거된 Cas9을 활용한 치료제 개발도 이루어지는 등 다양한 분야에서 적용되고 있다.

 지금까지 바이오 혁신의 원동력인 4대 핵심 기술에 대해 알아보았다. 이 중에서 특히 NGS와 CRISPR-Cas9은 2010년 이후 실용화된 기술로 발전하면서 2017년부터 시작된 유전자세포 치료제 개발의 직접적인 기폭제 역할을 했다는 점을 기억해야 한다. 또한 이러한 핵심 기술의 실용화와 더불어 다양한 벤처 바이오들과 글로벌 빅파마가 협업하는 오픈 이노베이션이 바이오 장기 성장의 원동력이 되고 있다는 점도 이해해야 한다.

상승과 재하락이라는 과거의 변동성 밴드의 관점으로 바이오 산업을 바라본다면 큰 오류를 범할 가능성이 높다. 혁신 과정이 다소 더딜수 있으나, 핵심 기술과 오픈 이노베이션이 만들어낸 생태계가 향후 더욱 강화될 것이다. 또한 신약 개발의 기술 병목 현상을 새로운 아이디어로 돌파해내는 창의적이고 혁신적인 벤처 중심으로 시가 총액은 더욱 커질 수 있다.

우리는 바이오에 대한 이해력을 높이고 기술과 기업의 동향을 꾸준히 체크하면서 어느 기업이 새로운 아이디어로 혁신을 만들어내는지 파악해야 한다. 투자 수익은 관점과 실행의 결과물이다.

바이오 공부의 지름길, 세포를 먼저 공략하라

향후 장기 성장판이 열린 바이오 산업의 혁신에 공감했다면 이제 바이오 혁신 기술이 어떤 메커니즘으로 신약 개발에 이용되는지 자세하게 알아보자.

3년 전, 비전공자로서 바이오 공부의 출발선에서 어디서부터 시작해야 할지 막막하고 두려웠던 그때의 필자와 여러분의 모습이 다르지 않을 거라 생각한다. 누구보다도 여러분의 마음을 잘 알기에 직접 부딪치며 터득한 바이오 공부 노하우를 전달하려고 한다.

바이오 투자를 위한 공부는 세포부터 시작해야 한다. 바로 그 세포 속에 바이오의 모든 기술이 녹아있기 때문이다. 바이오 기업들의 대부분은 세포가 다른 세포에서 정보를 받고 다시 세포 내로 정보를 전달해 정보에 대한 반응 결과를 만들어내는 프로세스 안에서 발생하는 문제점을 해결함으로써, 바이오 신약을 만드는 데 집중하고 있다. 따라서 바이오 공부에서 세포는 가장 중요한 내용이다.

세포를 공부하다 보면 그 구성 물질인 단백질도 만나게 된다. 당연히 비전공자들이 쉽게 이해하기 어려운 내용이다. 하지만 여러 시행착오를 겪고 느낀 건, 올바른 공부 순서와 반복 학습이 동시에 이루어진다면 충분히 극복할 수 있다는 것이다.

처음에는 분명 어려움이 클 것이다. 하지만 절대 포기하지 말아야 한다. 단백질이 어떤 과정을 거쳐 만들어지고, 어떤 역할을 하는지, 왜 기형이 발생하고 그로 인한 문제점은 무엇인지 등 꼬리에 꼬리를 물 듯 단계적으로 학습하다 보면, 바이오 구조의 이해도가 높아질 것이다. 그러면 관련 기업의 기술을 이해할 수 있게 되고, 스스로 기업 가치를 분석할 수 있을 것이다.

자, 그럼 이제부터 바이오 혁신의 핵심인 '세포'에 대해 알아보자.

세포

세포의 구조부터 알아보자. 난자와 정자가 만나 이루어진 1개의 세포가 수가 늘어나고 다양한 세포들로 분화되면서 사람의 몸을 형성하게 되는데, 보통 성인 기준으로 이러한 세포가 수십조 개라고 한다. 1개의 세포에서 분열되었으니 모든 세포가 같은 구조를 공유하고 있음은 쉽게 짐작할 수 있다.

도표 1-9처럼 사람세포의 형체는 농구공 안에 야구공이 들어있다고 생각하면 쉽다. 농구공은 세포이며, 야구공은 핵이다. 농구공과 야구공 사이는 물로 가득 차있으며 이 공간을 세포질이라 부른다. 세포의 바깥 쪽도 물이다.

농구공과 야구공의 겉은 인지질로 되어있다. 인지질은 말 그대로 인과 지질로 되어있다. 불량 성냥개비처럼 생긴 인지질의 두 다리 부분이 지질, 즉 지방으로 소수성(물을 싫어하는 성질)이고 머리처럼 동그랗게 그린 부분은 인으로 친수성(물을 좋아하는 성질)이다. 세포 밖과 세포 안이 물이므로 물을 바라보는 방향에는 물을 좋아하는 인이 위치하는 것이다.

세포의 겉껍질은 두 겹의 기름막으로 둘러싸여 있다. 세포의 밖과 세포의 안이 물로 이루어져 있어 경계선을 만들어 안과 밖을 구분할 필요

도표 1-9 세포의 구조

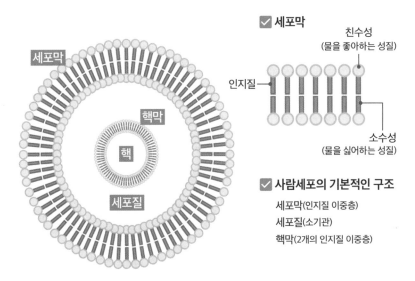

가 있는데, 물을 갈라놓는 벽으로 사용하기에는 상극인 기름이 제격이다. 이런 기름막은 인지질로 이루어지는데 인지질의 구조상 한 겹으로는 구조 형성이 불가능해 한 겹을 더 둘러 두 겹으로 세포의 막을 형성하고 있다. 그래서 인지질 이중층이라고 한다.

다음으로 야구공, 즉 핵을 살펴보자. 핵에는 소중한 염색체가 들어있다. 그래서 핵을 더욱 견고하게 만들 필요가 있다. 세포막은 인지질 이중층인 데 반해 핵막은 인지질 사중층이다. 인지질 이중층을 한 번 접어서 둘렀다고 생각하면 쉽다.

세포의 기본적인 틀에 대해서 충분히 이해했으니 세포를 이루고 있는 소기관에 대해서 알아보기로 하자. 이번에는 핵부터 설명해야 이해하기 쉽다.

핵에는 염색체라는 것이 있는데, 한 사람 몸에 있는 세포의 핵에는 똑같은 염색체 23쌍이 들어있다. 엄마와 아빠에게 받은 염색체 하나씩을 합쳐 도표 1-10과 같이 1개의 쌍을 이루고 있는데 맨 마지막 23번째가 성을 결정하는 성염색체이고 나머지를 상염색체라 부른다. 평소에는 실처럼 풀어져 있다가 세포 분열을 하기 위해 뭉쳐서 실타래를 만들 때 염색이 된다 해서 염색체라 불렀다고 한다. 이 23개의 염색체에는 그 이름도 찬란한 유전자가 숨겨져 있다.

23개의 염색체 중 하나를 골라 두 손으로 잡고 늘려보면 실제 길이는 몇 cm에 불과하다. 그리고 잡아 늘린 염색체를 자세히 관찰하면 실 오라기처럼 생긴 두 가닥의 끈이 마주보며 연결되어있는 형상이다. 여기서 이중 가닥의 끈을 DNA라 하고 DNA의 특정 구간에 들어있는 유전 정보를 유전자라고 한다. 염색체는 DNA가 히스톤이라는 단백질에

출처: 국립인간유전체연구소(National Human Genome Research Institute, NHGRI)

감겨있는 형태(실을 감는 실패를 상상하면 된다)를 의미하며, 유전자는 DNA 의 특정 구간에 담겨있는 유전 정보를 의미한다. 이러한 유전자가 46개 염색체에 2만 3,000개가량 숨어있다고 한다.

도서관을 상상해보자. 도서관에 수많은 책이 책꽂이에 꽂혀있는데, 그중 한 방에 왼쪽 오른쪽으로 나누어서 한 칸에 1만 권의 책이 담길 수 있는 23칸 높이의 책장이 나란히 늘어서 있다고 상상해보자. 왼쪽 책장 에 책이 가득히 꽂혀있다면 전부 2만 3,000권의 책이 있고(우리 유전자도 이와 마찬가지로 2만 3,000개가 염색체에 들어있다), 오른쪽도 같은 숫자의 책 이 담긴다. 책장이 들어있는 이 방이 바로 세포의 핵에 해당하고, 책을 꽂는 책장은 히스톤 단백질, 책은 DNA, 그리고 유전자는 특정 책에 담

도표 1-11 DNA 전사와 단백질

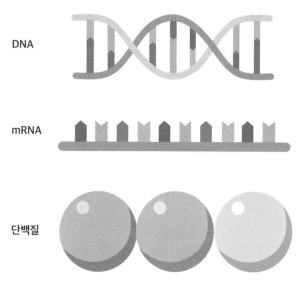

DNA

mRNA

단백질

도표 1-12 도서관과 유전자

책은 DNA(내용은 유전자)

책장은 히스톤 단백질

핵 내부

겨있는 정보, 즉 내용이다.

정리하면, 우리 몸 모든 세포에는 핵 속에 23쌍의 염색체가 있고, 전부 합치면 실제로 약 1.5m 정도 길이다. 염색체 안에는 2만 3,000개의 유전자(특정 DNA 구간에 담겨있는 유전 정보)가 들어있다. 이 유전자가 세포의 주인공인 단백질 설계도 수행한다. 즉 우리 몸을 이루는 수많은 세포들은 생존을 위한 항상성을 유지하기 위해 다양한 기능을 수행해야 하는데, 이러한 기능을 수행하는 주인공들이 바로 단백질이며, 이 단백질의 설계도가 유전자인 것이다. 유전자가 어떻게 전사(복사)되고, 번역(단백질 생산)되며, 3차원 구조로 접히게 되는지에 대해서는 뒤에서 자세히 살펴보기로 한다.

DNA 구조

다음으로 DNA의 구조에 대해서 알아보자. DNA는 앞서 도서관의 비유에 의하면 책에 해당한다. 실제 책은 몇백 페이지의 종이로 이루어져 있고 대부분 네모반듯하며 그 안에는 여러 글자가 쓰여있다. 이제 DNA라는 책이 어떻게 만들어져 있는지 알아보자.

DNA는 도표 1-13과 같이 4개의 염기로 구성되어 서로 규칙성을 갖고 상보적으로 결합(A는 T와, G는 C와 짝을 이루어 결합하는데 이것을 상보적인 결합이라 한다)되어있는 구조로, 염기끼리 모두 화학적으로 결합되어 있다. 이들 A(아데닌), T(티민), G(구아닌), C(시토신)를 염기라 하는데, 이러한 염기가 세포마다 46개의 염색체에 30억 개가 나열되어있어, 이들

도표 1-13 DNA 염기 서열

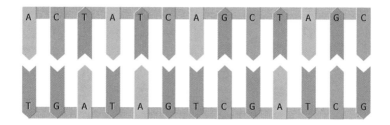

의 순서를 빠르게 알아내는 기술이 바로 NGS다. 다시 책으로 비유하자면 DNA라는 책이 네 글자(A, T, G, C)로 쓰여 있는데, 1페이지에 A(아데닌)가 자리를 잡으면 2페이지에는 반드시 T(티민)가, 반대로 T가 오면 다른 페이지에는 반드시 A가 와야 한다는 규칙성이 존재한다는 점이 조금 다를 뿐이다.

책의 비유를 이어 나가면, 책은 쓰여있는 글자 자체가 중요한 것이 아니라, 글자들이 갖고 있는 의미가 중요하다. 이해하기 쉽게 예를 들어 설명하겠다. 도서관(핵)에서 닭볶음탕 요리법(유전자)이 담긴 요리책(DNA)을 복사(전사)한 다음 복사본(mRNA)을 들고 집(세포질)으로 돌아와 주방(리보솜)에서 여러 가지 재료(아미노산)들을 요리(번역)해서 닭볶음탕(단백질)을 완성하는 과정을 상상해보자.

이때 전사(책 복사), 즉 mRNA를 중합(이어 붙여가면서 만드는 것을 의미)하는 과정을 살펴보면(mRNA를 합성하는 이유는 세포의 주인공인 단백질을 만들기 위함이다), 우리가 책을 복사할 때와 상당히 흡사한 방법으로 합성이 일어난다. 책을 복사할 때 페이지를 한 장씩 화면에 맞춘 다음 스타트 버튼을 누르는 것처럼 이와 비슷하게 DNA를 전사하는 과정은 DNA

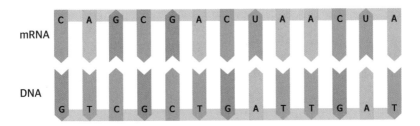

도표 1-14 mRNA와 DNA

| mRNA | C | A | G | C | G | A | C | U | A | A | C | U | A |
| DNA | G | T | C | G | C | T | G | A | T | T | G | A | T |

의 두 가닥을 벌린 후 아래쪽 가닥의 염기 서열을 상보적으로 전사해가면서 mRNA 한 가닥을 중합하는 방식으로 이루어진다.

도표 1-14에서 보는 DNA 가닥 염기 서열을 상보적으로 복사하면 한 가닥의 염기 서열이 연결된 실과 같은 형체가 만들어지고 이것을 mRNA(메신저 RNA)라고 부르는 것이다. 메신저라는 이름이 붙은 이유는 생산하고자 하는 단백질의 유전자 정보를 단백질 생산 공장인 리보솜에 전달하는 역할을 하기 때문이다. 그런데 mRNA의 염기 서열을 관찰하면 DNA와는 다른 점을 발견할 수 있는데, A의 상보적인 염기가 mRNA에서는 T 대신 U(유라실)로 대체된다는 것이다. 따라서 염기 서열 중에 U(유라실)가 있다면 DNA가 아니라 RNA라는 것을 알 수 있다.

핵 속의 염색체, DNA, 유전자, 염기 그리고 mRNA 전사 등 어려운 개념을 이해했으니 자신감을 갖고 세포질로 넘어가보자. 세포질은 세포막과 핵 사이의 공간을 말한다.

세포질에서 가장 먼저 봐야 할 소기관은 리보솜이다. 조금 전에 공부한 유전자가 자신의 복사본인 mRNA를 만들어 리보솜으로 보내면 이 소기관에서는 mRNA에 담긴 정보를 번역하면서 순차적으로 아미노산을 붙여 펩타이드를 생산하게 되는데, 이렇게 만들어진 펩타이드는 조면 소포체 속에서 접힘 효소에 의해 3차원 구조를 갖게 된다. 쉽게 말하면 리보솜에서 만들어진 펩타이드는 긴 실 같은 선형의 모양을 하고 있지만 조면 소포체에서 접힘 과정을 거치고 나면 3차원으로 접혀 다양한 모양과 기능을 하게 되는 것이다. 아직은 완벽한 단백질이라고 보기 어려우며 당과 지질로 수식 과정을 거쳐야만 비로소 온전한 단백질로 거듭나게 된다.

정리하면 핵 속의 유전자로부터 mRNA, 리보솜, 소포체, 골지체까지 일련의 모든 핵산과 소기관은 세포의 일꾼인 단백질을 만들기 위한 것이라 할 수 있다. 모든 제약 바이오 기업이 승인을 받거나 앞으로 개발하고자 하는 신약의 대부분은 이렇게 만들어진 단백질의 기능이 고장 났을 경우 이를 정상화하는 데 초점을 맞추고 있다.

도표 1-15 리보솜, 소포체, 골지체

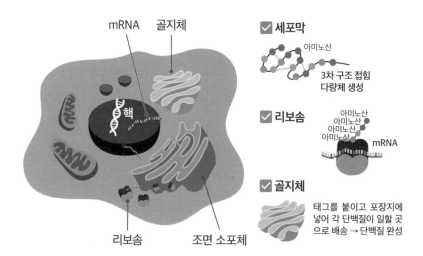

이 외에도 여러 기관들이 있는데, 미토콘드리아는 세포 속 대사의 모든 과정에서 기능하는 단백질들이 사용할 수 있는 세포의 화폐 ATP를 생산해낸다. 리소좀(lysosome)은 프로테아좀(proteasome)과 더불어 세포의 재활용 센터로, 기능에 문제가 발생한 단백질이나 복합 분자들을 잘게 부수어 재활용하는 청소 담당이다. 우리 몸이 필요로 하는 단백질의 85%를 재활용을 통해 만들어낸다고 하니 높은 효율에 놀랄 따름이다. 우리가 분석할 기업들 대부분이 핵을 포함한 이들 기관이나 세포 속의 정보 전달계에서 특정 역할을 수행하는 단백질의 기능을 통제하는 신약을 개발하고 있다. 따라서 이들 소기관에 익숙해질 필요가 있다.

단백질의 신호 전달 경로

세포는 개체의 생명력을 유지하기 위해 다른 세포들과 끊임없이 다양한 정보를 주고받는다. 그리고 받은 정보에 상응하는 반응을 만들어냄으로써 유기적으로 항상성을 유지하는 네트워크를 형성한다. 세포의 많은 정보는 수용체를 통해 받아들이게 되는데, 외부의 리간드라고 불리는 신호 전달 물질이 수용체와 결합함으로써 신호 전달 경로는 활성화된다.

그러면 수용체라는 것은 무엇인가? 수용체는 간단히 말해 단백질이다.

도표 1-16처럼 수용체는 세포의 인지질 이중층에 박혀 외부에서 오는 신호 전달 물질과 결합해 세포 안으로 정보를 전달하거나 결합한 물질을 세포 내로 삼켜버리는 기능을 수행한다. 세포는 나 홀로 있는 것이

아니라 몇십조 개가 서로 어우러져 있는 연결 구조로, 각각의 조직이 일관된 기능을 수행하기 위해 끊임없이 신호를 주고받고 있다. 이러한 신호 전달은 대부분 신호 전달 경로를 통해 핵 속의 유전자에 영향을 주고, 다시 유전자는 이 신호에 상응하는 단백질 생산을 통해 대응하게 된다.

수용체(receptor)는 세포 외부에서 오는 신호를 받아 내부로 전달할 때의 신호 전달 통로로, 이 신호 전달 과정에서 작용하는 수많은 신약들이 개발되고 있다. 수용체의 신호를 전달하는 역할도 세포 안의 단백질들이 수행하게 되는데, A라는 단백질이 B라는 단백질에게 정보를 전달하고 B는 다시 C에 전달하는 식이다. 이러한 다중 전달 시스템을 사용하는 이유는 적은 수의 A로부터 보다 많은 B, 그리고 더 확장된 C라는 다중 증폭 전달 시스템의 사용이 매우 효율적이면서도 생존 가능성을 높이기 때문이다.

수용체를 통해 외부의 정보를 끊임없이 전달받고 또 세포에서 만든

도표 1-16 수용체와 신호 전달

세포막

신호 전달 물질

수용체
(막단백질)

☑ **세포의 일꾼 단백질**

신호 전달 물질
신호 전달 수용체
신호 전달 경로에 작용하는 세포 내 단백질
핵 속에서 유전자 전사를 돕는 단백질

물질(정보)을 이용해 다른 세포에 신호를 전달한다는 사실을 기억해두고, 특히 세포 내부로의 신호 전달 시스템에 대해서는 유념해서 학습하기 바란다.

지금까지 세포의 구조와 소기관들의 기능 그리고 핵 속의 유전자로부터 단백질이 만들어지기까지의 과정을 알아보았다. 그리고 생산된 단백질이 때로는 수용체 단백질로, 때로는 신호 전달 단백질 혹은 각기 다른 장소에서 자신에게 주어진 다양한 역할을 수행한다는 사실을 알게되었다. 세포의 모든 기능을 직접적으로 수행하는 것은 다양한 단백질이며, DNA는 이 단백질을 생산하기 위한 비서라는 점에서 세포의 주인공은 단백질이라 할 수 있다.

도표 1-17 신호 전달 경로

✅ **신호 전달 경로**

리간드(신호 전달 물질)
→ 수용체(세포 외부 신호 수신)
→ 세포 내부 신호 전달
　　단백질들의 활성화
→ 핵 내부 전사 인자 이동
→ DNA 전사
→ mRNA
→ 리보솜, 소포체, 골지체
→ 단백질의 목적지 이동

✅ **단백질 종류**

수용체 등 막단백질
세포 내부 단백질
세포 외부 단백질 등
→ 세포 대사의 주인공 역할 수행

화이자의 팍스로비드

그러면 지금까지 배운 세포와 관련된 내용을 바탕으로 최근 양호한 임상 결과 데이터로 FDA 승인을 얻어낸 코로나19 치료제인 화이자의 팍스로비드에 대해 공부해보자.

팍스로비드는 바이러스가 복제할 때 필요한 특정 효소의 활성을 막아버리는 단백질 분해 효소 억제제 계열의 치료제다. 바이러스 복제에 필수적인 부분을 표적으로 삼기 때문에 병원체가 치료제에 내성을 가질 수 없게 된다고 화이자는 설명하고 있다.

좀 더 자세히 살펴보자. 우선 코로나19 바이러스가 우리 몸에 들어오면 바이러스의 표면 돌기를 사용해 세포 내로 침입을 시도한다. 코로나19 바이러스는 단백질 껍질 안에 RNA 유전체를 담고 있는 형태로, 우리 세포 내로 침투하기 위해 외부 껍질에 돌기처럼 나와 있는 스파이크 단백질을 우리 세포의 ACE2 수용체와 결합시키는데, 결합과 동시에 내포 작용에 의해 세포 속으로 끌려들어 오게 된다. 이때 항체는 바이러스의 스파이크 단백질에 먼저 달라붙어 ACE2 수용체와 결합하지 못하도록 함으로써 바이러스의 세포 내 침입을 막아내는데, 이것이 중화 항체다. 이처럼 수용체는 외부의 신호를 받아서 세포 내로 전달할 뿐만 아니라, 외부의 물체를 세포 내로 끌어들이는 관문 역할도 하고 있다.

그런데 화이자의 팍스로비드는 항체로 작용하는 것이 아니라 일단 바이러스가 세포 속으로 침투한 다음 복제를 일으키는 과정을 방해한다. 바이러스가 세포 내로 침입하는 이유는 자신을 다수 복제해, 보다 많은 세포를 감염시키는 동시에 다른 숙주로 옮아가기 위함이다. 바이러

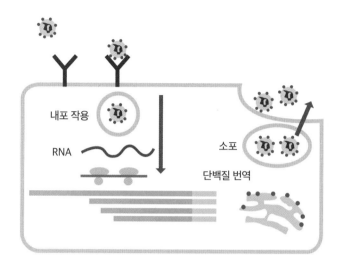

스는 우리 세포 속에 있는 단백질이나 아미노산 등 다양한 물질을 사용해 복제를 시도하는데, 그 과정을 크게 RNA 유전체 복제와 몸통 단백질 복제로 나눌 수 있다. 바이러스는 자신의 유전체를 담아둘 몸통 단백질을 복제하기 위해 기다란 단백질을 만든 다음, 설계도에 따라 크기별로 단백질을 잘라서 조립해 자기의 몸통 형태를 완성하게 되는데, 팍스로비드는 단백질을 자르지 못하도록 톱에 달라붙어 억제제로 작용한다.

우리가 나무로 상자를 만든다고 상상해보자. 큰 나무를 사서 톱으로 여러 가지 크기의 나무로 잘라 조립하면 원하는 나무상자를 완성하게 된다. 그런데 누군가 나무 자르는 톱에 철사를 감아놓았다면 어떻게 되겠는가? 나무를 자를 수 없으니 그다음 공정으로 넘어갈 수 없게 되고 결국 나무상자를 만들 수 없게 된다. 팍스로비드는 단백질을 분해하는

(나무를 자르는) 효소(톱)를 억제하는(감아놓는) 치료제(철사)다. 긴 막대기 형태의 단백질은 아직 제 기능을 하지 못하는 전구체 단백질(precursor protein, 프리커서 단백질)이며, 단백질 분해 효소에 의해 분해되는 순간 단백질로써 거듭나는데, 바로 이 과정을 막아 바이러스의 복제를 막는 원리다. 아무리 코로나19 바이러스가 유전자 변이를 일으킨다 하더라도 세포 내로 잠입해 자신을 복제하는 과정은 필수이므로 팍스로비드는 복제 과정에서 필요한 단백질 생산을 억제해 바이러스의 유전자 변이에 효율적으로 대응하도록 만들어진 항바이러스 치료제다.

하지만 교활한 바이러스는 무궁무진한 변이를 통해 이러한 기전을 회피하는 변종을 탄생시킨다. 예를 들면 전구체 단백질을 사용하지 않거나 팍스로비드가 결합할 수 없는 단백질 분해 효소를 사용하거나 팍스로비드를 빠르게 분해하는 방법 등이 있다. 그래서 제약사들은 변이 바이러스에 대항하는 치료제를 끊임없이 연구하고 있다.

도표 1-19 세포와 다양한 바이오 기술

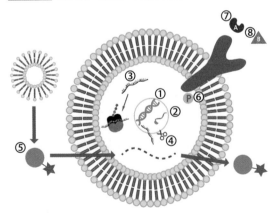

① CRISPR-Cas9
② 스플라이싱
③ mRNA
④ siRNA
⑤ 세포 투과
⑥ 저해제
⑦ 활성제
⑧ 길항제

지금까지 세포의 구조와 핵 속의 염색체, DNA, mRNA, 단백질이 생성되는 과정에 대해 개략적으로 배웠다. 이러한 세포 관련 지식들은 바이오를 이해하는 데 가장 기본적이면서 핵심적 내용으로, 앞으로 설명할 다양한 기술 속에 계속해서 언급된다.

단단하게 기초가 다져져야 그 위에 기둥과 대들보가 올라가듯 세포를 제대로 학습해야 지금부터 배우게 될 모든 바이오 지식들이 그 위에 살을 붙이고 또 다른 가지를 치면서 성장하게 된다. 최근 바이오 기업들이 개발에 힘을 쏟고 있는 항체 약물 접합체(Antibody Drug Conjugate, ADC), 이중 항체, 퇴행성 뇌 질환 치료제, 약물 전달체, 핵산 치료제, 세포 치료제 등도 지금까지 학습한 세포의 수용체나 막단백질을 억제시키거나 또는 필요한 단백질을 타깃세포에 발현시키기 위한 기술로 간단히 분류될 수 있다.

세포에 관한 명확한 그림을 머릿속에 그릴 수 있다면 처음 보는 기업이라도 그 기업이 갖고 있는 핵심 기술이 어떤 세포를 치료 대상으로 하는지, 세포의 타깃은 무엇인지, 타깃을 억제하려 하는지 혹은 활성화하려 하는지, 어떤 기술로 타깃을 공략하는지, 다른 기업과의 차별점은 무엇인지 등 지금까지와는 전혀 다른 관점에서 기업 분석이 가능하다. 또한 바이오 기술을 세포 속에서 이미지로 이해하고 자신의 언어로 이야기할 수 있게 된다.

BIO
MONEY

PART 2

바이오 기업 분석을 위한
사전 지식

바이오의 독특한 속성을
파악하자

우리의 목적은 장기 성장하는 바이오 주식을 발굴해 좋은 투자 성과를 거두는 것이다. 이러한 목적 달성을 위해 앞에서 기본적인 바이오 지식의 이해도를 높였다면, 이제는 바이오 산업이나 기업이 갖고 있는 여러 가지 속성들을 공부할 차례다.

투자 전문가로서 30년 가까이 다양한 산업의 기업을 분석하면서 배운 점은 몇 가지 간단한 점검만으로도 기업이 안고 있는 중요한 문제점들을 발견할 수 있다는 것이다. 특히 바이오 기업을 분석하는 데 재무 구조와 자금 흐름 분석은 대단히 중요하다는 점을 여러 번 강조한 바 있다.

그런데 바이오텍의 자금 흐름을 분석할 수 있는 방법은 찾아보기 힘들다. 그래서 이 책에서는 기업 분석 파트에서 바이오텍의 현금 현황 분석과 관련해 미국의 애널리스트들이 사용하는 간단하지만 강력한 분석 방법을 함께 제시했다.

앞에서도 언급한 바 있지만 바이오 기업은 일반 제조업체와는 전혀 다른 대차 대조표와 손익 계산서를 갖고 있다. 성장하는 방식이나 재무 구조 그리고 시가 총액으로 드러나는 회사의 가치가 축적되는 형태 등이 일반 기업과는 매우 상이하다.

어떤 바이오 기업이 제아무리 좋은 기술을 갖고 있다 하더라도 임상 데이터 관리, 평가 지표의 전략적 선택, 기술 수출 전략, 재무와 IR(Investor Relations, 투자자 대상 설명) 등을 소홀히 한다면 성공에서 멀어질 수밖에 없다. 일반 투자자들도 임상 단계별 성공 가능성이나 평가 지표에 대한 기본적인 분석, 기술 수출의 임상 단계별 가능성 등에 대한 이해도에 따라서 기업 분석 능력에 차이가 날 수 있다.

이번 파트에서는 바이오 산업과 기업 분석에 필요한 사전 지식들을 일목요연하게 정리했다. 바이오 기술에 대한 이해도를 높이기 위해 세포를 공략한 것처럼, 바이오 산업의 속성을 이해하기 위해서도 반드시 알아야 하는 것들이 있다. 이러한 지식들은 대부분 여러 서적이나 기업 분석 보고서 등에 흩어져 있어서 이 책에 모아두었으니 지금부터 살펴보자.

신약이 성공하기까지
필요한 단계들

식품의약품안전처에서 정의하는 임상 시험이란, 임상 시험용 의약품의 안전성과 유효성을 증명함을 목적으로, 해당 약물의 약동·약력·약리·임상적 효과를 확인하고 이상 반응을 조사하기 위해 사람을 대상으로 실시하는 시험 또는 연구를 말한다. 바이오텍의 주요 업무는 개발한 파이프라인에 대해 임상 시험을 단계별로 발전시켜나가는 과정이라고 말해도 될 만큼 바이오텍 분석에서 임상 시험은 매우 중요하다. 임상 시험은 여러 단계들로 구성되어있으며, 각 단계에서 이루어지는 업무 내용에 대해서는 지금부터 상세하게 알아보고자 한다.

먼저 임상 시험의 성공 확률에 대한 개념을 갖고 있어야 냉철한 시각으로 임상 시험을 바라볼 수 있다. 통상적으로 1만 개의 신약 후보 물질 중에서 80개 정도만이 임상 단계에 진입하게 되는데, 신약 후보 물질이 신약으로 승인되어 회사에 이익을 창출해줄 확률은 고작 0.1%에 불과한 것이 현실이다. 도표 2-1에서 확인되는 바와 같이 전임상 단계를 통과할 가능성은 0.8%로, 임상에 진입하는 것 자체가 쉽지 않다는 것을 한눈에 알 수 있다.

요즘 바이오텍 비상장 주식 투자 붐이 불고 있지만 바이오 산업에 대한 기본적인 지식 없이 극초기 단계의 벤처에 투자하는 것은 삼가기를 권한다. 전임상 통과 가능성이 매우 낮기 때문에 일반 투자자라면 적어도 동물 개념 증명(Proof Of Concept, POC)이 완료된 단계에서 투자에 대한 검토가 이루어져야 한다.

글로벌 빅파마를 비롯한 바이오텍들도 낮은 신약 허가 확률을 고려해 시장 환경 변화와 경쟁 상황, 그리고 해당 파이프라인의 잠재적 미래 가치를 종합적으로 반영한 전략적인 신약 개발 계획을 수립하고 있다.

도표 2-1 임상 단계별 성공 건수

개발 단계	개발 건수	성공 건수
전임상	1만	80
임상 1상	80	50
임상 2상	50	15
임상 3상	15	9
FDA 허가	9	8
투자 수익 달성	8	1

출처: 미국바이오협회(Biotechnology Innovation Organization, BIO)

신약 후보 물질 탐색

임상 시험의 첫 단계는 신약 후보 물질 탐색이다. 이 단계에서 바이오텍이 고려해야 할 핵심 과제는 시장 중심적인 수요 조사와 상업적 가치 평가, 그리고 투자금 회수 방법에 대한 고민 등이다. 해외 바이오 기업에서 오래 근무한 경험이 있는 전문가들은 우리나라 바이오텍들이 시장 중심적 접근 능력이 부족하다고 한결같이 입을 모으고 있다. 한마디로 '내가 갖고 있는 바이오 기술로 이런 약을 만들어서 세계 시장에 팔겠다'는 자기 중심적인 접근 방법을 취하고 있다는 것이다.

반면 미국이나 유럽의 바이오텍은 현재의 기술로 충족시키지 못하는 신규 시장에 대한 철저한 시장 조사를 바탕으로 보유하고 있는 기술로 신규 시장을 여는 데 어떻게 중요한 역할을 할 수 있을지 탐색하고, 연구 결과가 나타날 경우에는 어느 글로벌 빅파마에 기술 이전이나 회사를 매도하겠다는 철저한 시장 중심적 접근에 근거해 사업 계획서를 작성하고 있다. 즉 시장과 빅파마가 어떤 기술과 파이프라인을 필요로 하고 있는지 먼저 조사한다는 점에서 큰 차이를 보인다.

신약 후보 물질 탐색 과정을 구체적으로 살펴보면, 첫 단계는 최종 목표 제품 프로파일인 TPP(Target Product Profile) 작성이다. TPP는 개발 약물 정보와 시장의 크기 그리고 경쟁 상황을 파악하고, 목표 시장 점유율과 예상 개발 비용에 근거해 가치 평가를 실시한다. 이렇게 조사한 결과물은 향후 여러 개발 단계에서 중요하게 참조하는 가이드라인 역할을 하게 된다.

다음으로 후보 물질군 발굴이 진행된다. 공개된 데이터베이스를 대상으로 후보 물질 대상을 발굴하게 되며, 경쟁사의 신약 개발 현황을 파악하고 후보 물질의 구조 변경 등 최적화 과정을 실시한다. 최근 AI 기술을 활용해 비용과 시간적인 측면에서 효율적으로 비임상 개발 기간을 단축해나가는 추세다.

전임상 연구

이 단계에서는 과학적인 연구 디자인과 체계적인 데이터 관리 및 통계 분석이 핵심 과제다. 미국이나 유럽 바이오텍의 시장 중심적 접근 방법에서도 언급한 바 있지만, 회사 설립 초기 단계에서 기술을 개발해 어느 글로벌 빅파마(연간 연구 개발비가 수조 원 이상으로 수많은 승인된 약을 보유하고 있는 초대형 제약 바이오사)에 인수당할 것인가를 미리 고민한다. 그렇기 때문에 인수 대상이 되기 위해서 처음부터 글로벌 빅파마의 요구 수준에 맞추어 데이터 관리에 만전을 기하는 것이다. 데이터가 잘 나왔으니 기술 수출을 위해 데이터를 정리해보려 하지만 글로벌 수준에 맞지 않아 천운 같은 기회를 날려버리는 경우를 미연에 방지하는 것이다.

먼저 후보 물질의 효능과 위험 요인을 세포와 동물을 대상으로 실험하는 과정으로, 후보 물질이 동물의 체내에서 어떻게 흡수·분포·대사·배출되는지에 대한 동태 연구가 진행된다. 여러 장기의 기능에 미치는 영향과 약리 작용 등 유효성 평가를 실시하게 되며, 임상 시험 투여 용량을 결정하고 물질의 안전성 프로파일을 작성한다. 이 단계에서는 다음 단계인 임상 시험 계획 승인 신청을 위해 체계적인 연구 방법에 따라 모든 서류가 작성된다.

이때 중요한 작업이 하나 더 진행되는데 바로 특허 침해 분석(Freedom To Operate, FTO)이다. 특허 침해 분석이 이루어지지 않은 후보 물질의 연구 개발은 향후 기술 수출(License Out, L/O), M&A(Merqers and Acguisitions, 인수 합병) 추진 시 어려움이 있을 수 있다. 후보 물질 탐색이나 스크리닝(screening) 단계에서는 막대한 자금이 소요되는 전임상·임상 단계로 진입하기 전에 이 문제를 명확히 하고 넘어가야 한다.

전임상 연구가 전체 임상 연구에 미치는 영향은 크다. 임상에 실패하는 원인을 분석한 결과 독성 문제가 30%, 약효 입증 실패가 65%로 나타났다. 어떻게 보면 당연한 결과일 수도 있다. 전임상 연구는 대부분 실험용 쥐를 대상으로 연구가 이루어지는데, 사람은 쥐보다 덩치가 크니 실험용 쥐에서 약효가 입증되었다고 해서 사람에게도 약효를 낸다는 결론을 낼 수 없다. 독성은 그 반대다.

임상 시험의 실패 확률을 줄이기 위해서는 동물 실험의 획기적인 발

도표 2-2 임상 개발 단계별 FTO 분석

단계	주요 내용
후보 물질 탐색 및 스크리닝 단계	FTO 분석을 통해 이미 특허 등록된 후보 물질 확인
후보 물질 발굴 및 검증 단계	이후 진행되는 전임상·임상 단계는 막대한 비용이 소요되므로 후보 물질의 IP 침해 여부 검토
전임상 및 임상 단계	후보 물질이 같아도 투여량, 방법, 독성 실험 결과, 부작용 등에 따라 별개의 특허 인정이 가능하기 때문에 임상 결과를 제3자의 IP와 비교해 판단
FDA 심사 및 상용화 단계	상용화 전에 매입이나 라이선스 협상 가능하기 때문에 FTO 분석 필요

전이 요구되는데, 특히 뇌를 대상으로 한 신약 개발에 있어 실험용 쥐를 대상으로 한 전임상 연구의 한계를 극복하고자 오가노이드(organoid, 유사 장기) 등 다양한 대안들이 제시되고 있다. 하지만 속도는 더디다.

임상 1상

드디어 사람에게 약효와 부작용을 시험하는 임상 단계로 들어섰다. 임상 1상의 성공 확률은 63%로 꽤 높은 편이다. 인간을 대상으로 한 최종 안전성 시험 단계이며 성공 가능성이 다른 임상 시험 단계보다 높다. 또한 건강한 사람을 대상으로 시험한다는 점이 특징적이다. 탐색적인 임상 시험 단계로, 향후 진행될 임상 2상 시험을 준비해 약물의 안전성과 최대 허용 용량을 찾아내는 것이 목적이다. 임상의 주목적이 안전성과 인체와 약물 간의 상호 작용 확인이므로 유효성 판단 과정은 없다. 임상 1상 성공 여부는 안전성과 관련해 사전에 미리 설정한 1차 유효성 평가 변수의 목표를 달성했는가에 전적으로 달려있다.

앞으로 임상 진행 단계마다 유효성 평가 변수 이야기가 나오게 되니 미리 개념을 이해하고 넘어갈 필요가 있다. 유효성 평가 변수에는 1차 유효성 평가 변수와 2차 유효성 평가 변수가 있다. 1차 유효성 평가 변수는 해당 임상 시험의 성공과 실패를 결정하는 가장 중요한 지표로, 임상 시험 계획서에 1차 유효성 평가 변수의 정의를 사전에 명확하게 기술한다. 임상 시험 도중이나 맹검(의사와 환자가 위약과 약물을 모르는 상황)이 해제된 후 임의로 1차 유효성 평가 변수의 정의를 변경할 수는 없다.

임상 시험의 성패를 좌우하는 중요한 지표이므로 신중을 기해 정해야 하는데, 이전 임상 시험이나 논문 등에 수록되어 신뢰성이 쌓이고 검증된 변수를 사용해야 인정받을 수 있다. 임상 시험 종료 후 결과를 분석할 때 1차 유효성 평가 변수에 대한 통계적 측정 방법도 사전에 미리 정해놓음으로써 자의적인 해석을 미연에 방지하고 있다.

1차 유효성 평가 지표는 일반적으로 1개지만, 때에 따라 2개로 구성되는 경우도 있다. 2개인 경우 둘 중 1개의 지표만 만족시켜서는 안 되며, 2개 지표 모두 목표를 달성해야 성공한 것으로 인정된다. 대개 1차 유효성 평가 지표의 검정을 5% 유의 수준에서 검정하도록 요구되는데, 1차 유효성 평가 지표가 2개인 경우 5% 유의 수준을 2개의 지표가 나누어 갖기 때문에 2개의 유효성 평가 지표를 모두 만족시켜야 임상에 성공한 것으로 인정된다.

1차 유효성 평가 변수를 통계적으로 만족시키지 못한 경우 임상 시험은 실패한 것으로 판단하는데, 이때 통계치는 P 밸류(value)로 나타낸다. 일반적인 경우 P 밸류가 0.05보다 작으면 임상 시험의 목표를 달성한 것으로 평가하는데, 숫자가 작을수록 귀무가설(이 약물은 약효가 없다는 가설)이 거짓임을 입증하게 된다.

2차 유효성 평가 지표는 부차적인 목적의 평가 지표로, 본 임상 시험의 성패에는 영향을 주지 못한다. 그러나 1차 유효성 평가 변수에 대한 이해도를 높이거나, 탐색적인 분석을 통해 임상을 진행하는 데 도움을 받거나, 새로운 연구 아이디어를 탐색하는 데 목적이 있다. 그러므로 2차 유효성 평가 지표가 아무리 훌륭하게 나온다 하더라도 1차 유효성 평가 지표가 목표치를 달성하지 못한다면 임상 시험은 통계적으로 유의미한 결과 도출에 실패하게 된다.

우리가 임상 시험 평가 지표에 대해 정확히 알아야 하는 이유는 바이오텍의 모든 자원을 쏟아부은 것이 임상 결과라는 한 줄로 표현되기 때문이다. 따라서 기업은 임상 시험 결과를 명확한 표현으로 전달하고, 투자자는 올바른 지식을 갖춰 임상 결과 데이터를 정확하게 해석할 수 있어야 한다. 바이오 주식시장의 수준은 임상 결과 발표와 투자자의 반응에 의해 결정된다.

임상 2상

임상 2상은 성공 확률이 30%에 그치는 신약 임상 시험에서 가장 큰 고비다. 신약 파이프라인의 많은 연구가 임상 2상에서 좌절하는 것이 현실인 만큼, 바이오 투자자로서 임상 2상 파이프라인 개발이 진행되고 있는 기업의 임상 결과 발표에는 신경을 곤두세우기 마련이다.

이 단계의 과제는 실제 적응증(해당 질병)이 있는 환자군을 대상으로 약물의 안전성과 유효성을 확인하고, 임상 3상에서 적용할 약물의 용량과 용법을 결정하게 된다. 일반적으로 수십 명에서 수백 명을 대조군(표준치료나 위약)과 시험군(시험약물)으로 나누어 비교 임상 시험을 실시한다. 약물의 유효성과 안전성을 정확히 평가하기 위해 대개 임상 의사와 환자가 어떤 약이 지급되는지 모르는 이중 맹검으로 진행하며, 환자군을 나눌 때도 무작위 배정 방법으로 이루어지게 된다.

임상 2상은 임상 2a상과 임상 2b상으로 나누어지는데, 임상 2a상은 개념 증명 단계다. 후보 약물의 최대 허용 용량 내에서 유효 용량의 안전성과 유효성 평가가 실시되는데, 다양한 용량의 약물을 시험해 최적의 용량을 결정하는 것이 주된 작업이다. 이 단계에서는 약물의 위험성보다 효과가 큰지를 확인하는 개념 증명 단계인 것이다.

임상 2b상은 약효 입증 탐색 단계다. 임상 2a상에서 결정된 투여 용량을 갖고 대조군과 시험군을 나누어 약물의 약효를 확인하는 단계로, 임상 시험 과정에서 가장 어렵고 힘든 고비로 성공 확률이 낮다. 임상 2b상의 결과에 대한 다양한 분석을 통해 임상 3상 시험에 대한 진행 방향을 구체적으로 정하게 되며, 더불어 통계적 유효성을 확보하기 위한 최적화된 표본 크기를 산정하게 된다.

유효성 평가 변수에 대해서는 앞에서 상세하게 설명한 바 있는데, 임상 2상에서도 1차 유효성 평가 지표와 2차 유효성 평가 지표, 그리고 통계 분석 방법에 대한 정의를 미리 정해놓는 것은 두말할 필요가 없다.

특히 임상 2상은 만일 성공한다면 대규모로 엄청난 비용이 소요되는 임상 3상을 목전에 두고 있기 때문에, 가능한 한 임상 2상에서 약효의 입증과 관련한 상세한 데이터를 확보해 통계적 유의성을 고려한 임상 3상의 1차 유효성 평가 지표 설정이 이루어져야 하고, 충분한 검정력 확보를 위해 전략적으로 임상 환자 수를 결정해야 한다.

충분한 검정력이란 시험약이 정말로 약효가 존재하는 경우 임상 시험을 통해 이를 입증할 확률로, [검정력=100%−제2종 오류(실제로 약효가 있는데 신약 승인을 거절할 확률)]로 계산한다. 충분한 검정력을 위해 일반적으로 80%를 목표로 한다.

이러한 일련의 작업이 원활하게 진행되기 위해서는 무엇보다 유효성 평가 지표의 선정이 중요하다. 1차 유효성 평가 지표의 목표 달성 여부에 따라 성패가 좌우되는 것은 변함이 없으나, 다음 단계인 임상 3상을 철저히 준비하기 위해 탐색적으로 활용되는 2차 유효성 평가 지표의 결과도 중요할 수밖에 없다.

임상 3상

임상 시험을 위해 통상 수백 명에서 수천 명의 다국가, 다기관 환자를 대상으로 시험 약물의 안전성과 유효성에 대한 검증 작업이 이루어지는데 보통 수천억 원의 비용이 사용된다. 다국가 다기관에서 이루어지는 이유는 인종별, 국가별 차이를 검증하기 위함이다. 최근 미국 FDA는 중국계 바이오파마의 면역 관문 억제제를 중국에서만 임상이 이루어졌다는 이유로 신약 승인을 거절한 것도 이러한 이유 때문이다.

일반적으로 3년 이상의 장기간에 걸친 임상 시험이 진행되는데, 통계적 유효성을 증명하기 위한 보다 정교한 임상 디자인이 요구된다. 특히 검정력을 확보할 수 있도록 충분한 표본 수를 확보해야 하는데, 현금 흐름상 무작정 검정력을 높이기 위해 환자 수를 늘릴 수도 없는 것이 현실이다.

검정력을 고려한 적정 환자 수를 계산하기 위해서는 약효에 대한 어느 정도 정확한 데이터가 필요하다. 약효에 자신 있다면 임상 시험 환자수를 적게 진행할 수 있지만, 만약 약효에 확신이 없다면 가능한 한 많은 환자 수로 시험군을 만들어 통계적 유의성을 확보해야 하는 것이다.

임상 3상의 성공 확률은 50%대로, 둘 중 하나는 신약 승인을 받는다고 볼 수 있다.

임상 4상

임상 4상은 신약 승인 후 약물의 장기적인 효능과 안전성을 확인하기 위해 실시하며, 시판된 약의 효능을 관계자들에게 효율적으로 알리기 위한 마케팅 차원에서 진행하는 성격도 있다. 신약은 출시 후 기존 약들과 경쟁하게 된다. 그런데 제아무리 좋은 신약이라 하더라도 기존 약들이 오랜 시간 신뢰성과 데이터를 확보하고 있기 때문에, 새로운 약은 많은 데이터 축적을 위한 검증 기간을 필요로 한다. 시장의 니즈를 만족시켜 신약에 대한 신뢰도를 높이기 위한 추가적인 임상 시험을 실시하고, 임상 결과는 적극적으로 학회에 발표해 신약이 조기에 정착해 팔릴 수 있도록 하기 위함이다. 또한 과거 시판된 약의 적지 않은 숫자가 안전성 문제로 허가 취소되었다는 점에서 지속적인 모니터링 차원에서도 중요할 수밖에 없다.

병행 임상(2단계 동시 진행)

임상 1상과 2상, 혹은 임상 2상과 임상 3상을 묶어서 동시에 진행하는 새로운 임상 디자인을 병행 임상이라 하는데, 특히 항암제 임상 시험에서 1상과 2상을 묶어서 실시하는 경우를 흔하게 볼 수 있다. 중대한 질병이나 환자 수가 적은 암이나 희귀 질환 임상 연구에서 자주 사용되는 임상 디자인이다. 2단계의 임상을 동시에 진행하는 만큼 임상 설계의 난도가 높다.

최근 코로나19 백신 개발에서도 병행 임상이 실시되었는데, 이는 촌각을 다투는 중대한 질병의 임상 시험에 해당한다고 볼 수 있다. 세포 치료제, 유전자 치료제의 발전으로 암이나 유전성 희귀 질환의 임상이 증가하면서 통계적 유효성을 치밀하게 고려하는 동시에 비용과 시간을 단축시키는 방향으로 임상 디자인이 발전하고 있는 것이다.

임상 디자인의 예

- **무작위 배정**: 임상 시험의 편의를 줄이기 위한 가장 강력한 수단이 되며 통계적인 유의성을 확보하기 위한 절대적 요건
- **다기관**: 임상 시험을 위해 여러 사이트를 선정해 지역적 다양성을 확보하고 다기관 임상 시험일 경우 층화 무작위 배정 문제를 고려해야 함
- **동시 대조군**: 대조군과 처치군을 비교 평가해야 함
- **이중 눈가림**: 대조군과 처치군 중 어디에 배정되었는지 시험 대상자 본인과 연구자 그룹이 모두 알 수 없게 설계함
- **적응적 디자인**: 임상 시험 중간에 분석 과정을 거쳐 임상 시험을 지속할지 혹은 임상 디자인을 변경할지를 결정하도록 설계한 것으로, 중간의 임상 변경은 사전 임상 계획에 따라 실시되어야 함

임상 시험 단계별 비용

신약이 나오기까지 소요되는 비용은 얼마나 될까? 임상은 초기 임상 단계에서 후기 임상 단계인 임상 3상으로 갈수록 환자 수의 증가로 비용이 급격히 증가하게 된다. 그뿐만 아니라 임상 설계, 임상 시험 수탁 기관(Contract Research Organization, CRO)과의 협업, 임상 병원 관리, 임상 데이터 관리, 임상 통계 등 대규모 자금은 물론 임상 진행과 관련된 방대한 경험과 지식이 요구된다.

도표 2-3에서 보는 바와 같이 임상 후기로 갈수록 비용은 기하급수적으로 늘어나는데, 전체 임상 비용에서 임상 3상이 차지하는 비중은 72%다. 또한 신약 개발에 소요되는 전체 임상 비용 규모도 증가해 현재 2조 원에 육박하는데, 이는 매년 증가하는 추세다.

이렇게 천문학적인 자금을 쏟아부은 시험약이 심사 기관으로부터 약효를 인정받기 위해서는 시험약의 안전성과 유효성을 증명해야 하는

도표 2-3 임상 단계별 임상 비용

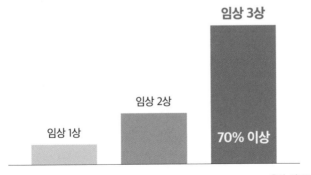

출처: 미국바이오협회

데, 이때 임상 시험 결과에 대한 통계적 유의성과 임상적 유의성 모두를 입증해야 한다. 임상적 유의성이란 관측된 시험약의 약효 크기 값이 의사들이 판단하기에 치료 효과 측면에서 임상적으로 의미가 있다는 말이다. 신약 심사 시 통계 전문가가 시험약의 약효 크기에 대한 신뢰 구간을 구해 전달하면 임상 전문가들은 신뢰 구간을 감안해 약효의 크기가 임상적으로 의미가 있는지 판단하게 된다.

2021년 7월 21일 아델릭스(Ardelyx)가 개발하고 있는 고인혈증 치료제의 승인 실패가 유력하다는 뉴스에 따르면, FDA는 신약물의 결함에 관한 구체적인 내용을 제시하지 않았지만 치료 효과의 크기와 임상적 관련성이 핵심 문제라고 언급해 임상적 유의성이 문제 있음을 시사했다. 임상 시험에서 결과에 대한 통계적 유의성과 임상적 유의성 모두 입증해야만, 심사 기관으로부터 약효를 인정받을 수 있는 것이다.

신약 허가 신청 심사

통상적으로 제출된 서류에 문제가 없을 경우 FDA는 10개월 이내에 신약 허가 신청(New Drug Application, NDA)에 대한 승인 여부를 결정하게 된다. 미국 FDA 안에 7개 분야별 전문가들이 각자의 전문 분야를 담당하며 신약 심사를 진행하는데, 제출된 서류를 검토하는 작업이 주가 되고 때에 따라서는 자료에 대한 현장 검증 작업이 동반되는 경우도 있다. FDA는 검토 과정에서 필요하다면 자문 위원회를 열어 조언을 구할 수 있으며, 회의 결과를 참조해 최종 결정을 내리게 된다. 자문 위원회의 회의 결과는 강제성이 없다.

FDA의 신속 개발 및 심사 제도는 심각한 질환이나 미충족 의료 수요를 해결하기 위한 희귀 질환 치료제 개발을 촉진하기 위한 제도로, 2019년 FDA에서 승인된 신약의 60%가 이 프로그램의 수혜를 입은 것으로 나타났다.

FDA의 신속 개발 및 심사 제도

- **패스트 트랙(fast track):** FDA와의 미팅 횟수 증가 및 질의 기회 부여, 조건 만족 시 가속 허가나 우선 심사 신청 가능, 신약 신청 시 자료를 섹션별로 순차 심사
- **혁신 치료제:** 패스트 트랙 혜택, 임상 1상부터 집중적 지도, 후기 임상 시험의 설계에 대한 의견 교환
- **가속 허가:** 심각한 질환의 1차 결과 변수로 대리 결과 변수나 측정 가능 중간 임상 결과 변수를 사용해 임상 진행, 중간 임상 결과 변수로 항암제 개발에서 종양 크기나 2년 생존율 등을 사용, 시판 후 확증적 임상 시험을 시행해야 함
- **우선 심사:** 신약 심사 기간은 10개월이 표준 심사이나 중증 환자를 위해 6개월로 단축해 심사, 우선 심사에 해당되기 위해서는 현저한 약의 효능과 부작용 개선을 입증해야 함
- **희귀 의약품 지정:** 미국의 경우 환자 수 20만 명 이하, 한국은 2만 명 이하, 개발비 세액 공제, 허가 심사 수수료 감면, 희귀 의약품(fist in class)인 경우 승인 후 특허 기간과 무관하게 7년간 독점권 추가

이 프로그램에는 패스트 트랙, 혁신 치료제 지정, 가속 허가, 우선 심사, 희귀 의약품 지정 등이 포함되어있는데, 대부분 암이나 희귀 유전병,

신경 퇴행성 질환 등 현재 치료제가 없는 중대 질병의 치료제 개발을 독려하기 위해 시간을 단축시키거나 독점 기간을 추가로 부여하고 있다. 예를 들어 희귀 의약품으로 지정되면 신약 승인 후 특허 기간과 상관없이 7년을 추가로 독점권을 부여하고 있다. 희귀 질환은 연구가 많이 진행되어있지 않은 경우가 대부분으로, 기초 연구부터 세부적인 기술적 문제 검토부터 진행해야 하며, 나아가 임상 시험을 완료해 신약으로 승인을 받는다고 해도 특허 기간 20년의 상당 부문이 소요되어 대규모 연구비 회수가 불투명해질 수도 있다. 이러한 바이오 기업들의 고충을 해소하기 위한 일종의 인센티브 제도로 이해하면 된다.

신약과 독점 기간

신약은 물질에 대한 특허를 출원하고 나서 비임상, 그리고 임상 시험을 거쳐 신약 승인 신청 후 심사를 거쳐 신약으로 승인을 얻어야만 비로소 판매할 수 있다. 일반적으로 1개의 신약을 개발하는 데 14년이 걸리는데, 만일 특허권을 인정받지 못한다면 경쟁에 따른 수익 급감의 위험을 감내하면서 어느 누구도 대규모 자금과 시간을 들여 신약을 개발하려 들지 않을 것이다. 이러한 제약 바이오 업체의 고충을 받아들여 20년간 특허권을 부여하고 있다.

물질 특허를 받은 후 신약 개발까지 평균 10~15년이 걸린다. 특허권 인정 기간 20년에서 평균 7년가량 독점 판매가 가능한데, 최대 5년간 특허 연장이 가능해 실질적으로 독점 판매 기간을 12년으로 연장할

특허 기간	특허권 인정 20년	(희귀 의약품) 7년	(특허 연장) 최대 5년
실제 판매	약품 개발 평균 10~15년	독점 판매 기간	

수 있다. 만일 희귀 의약품으로 지정되면 여기에 7년을 추가로 부여받아 20년 가까이 독점 판매가 가능해진다.

임상 시험에 실패하는 여러 가지 이유

물질 개발부터 여러 과정을 거치면서 최종적으로 신약 승인을 받을 확률은 10%가 안 된다. 임상이 진행되는 각 단계에서 1차 유효성 평가 변수에 대한 유의미한 통계 수치를 확보하지 못해 임상이 중단되면 불가피하게 손실이 발생하게 되는데, 후기 임상으로 진입할수록 손실은 더욱 확대된다. 이러한 임상 실패의 원인이 단지 개발 약물이 약효가 없거나 부작용이 심하기 때문일까?

임상 실패로부터 얻어지는 지식들은 앞으로 우리가 바이오텍을 분석하거나 투자 의사 결정을 할 때 매우 중요한 자산이 될 수 있다. 임상 실패에는 다양한 원인이 있는데, 우리가 분석하는 바이오텍들이 임상 과정에서 마주하고 있는 문제점들이 대부분 앞으로 언급하는 내용에 포함되어있으니 관심을 갖고 파악해두기 바란다. 임상 실패의 원인에 대해서는 강승호의 『신약개발에 필요한 임상통계학』에 잘 정리되어있어 많은 부분을 참조해 정리했다.

첫 번째, 편의(bias) 발생이다. 시험약의 약효를 떨어뜨리는 쪽으로 임상 시험 과정상 문제가 발생하는 경우다. 예를 들어 시험약의 제조 공정 과정에서 어떤 원인에 의해 시험약의 성분이 필요한 용량만큼 포함되지 않거나, 시험 약효를 약화시키는 성분이 우연히 혼합되는 경우다. 또 다른 사례는 임상 시험의 대상이 되는 피험자들이 제공된 시험약을 제대로 복용하지 않거나, 다른 약과 혼용해 약효가 감소할 수도 있다. 2021년 초 미국의 바이오텍 사렙타 테라퓨틱스(Sarepta Therapeutics) 는 실시하던 임상 2상 실패의 원인으로 6~7세 위약군이 임상 시작 전부터 증상이 약했던 것이 문제라고 판단해 자연사 코호트(natural history cohort)와 비교 분석한 결과를 제시했다. 자연사 코호트는 특정 질병이 있는 사람들을 시간에 따라 추적 관찰하는 후향적 연구다. 약효와는 관계없이 임상 모집단에 편의가 있어 임상에 실패했다는 주장을 증명하기 위함이다.

두 번째, 용량 선정이다. 임상 시험은 약의 부작용과 약효를 검증하는 과정으로 임상 1상에서 주로 시험약의 안전성에 관해 다양한 용량으로 시험을 거치게 되며, 임상 2상에서 용량별 약효를 시험해 대규모 임상 시험인 임상 3상에 대비하게 된다. 이때 임상 2상 시험 자료를 토대로 결정한 임상 3상의 용량이 필요한 용량 대비 너무 적으면 시험약의 효능을 입증하는 데 실패할 가능성이 높아질 수밖에 없다. 다시 말해 용량을 늘렸으면 성공했을 것을, 용량을 적게 설정해 실패하는 경우가 발생하는 것이다. 반대로 적정 용량 대비 높게 설정해 부작용, 즉 안전성 문제로 실패하는 경우도 생길 수 있다. 시험약의 효능은 입증해도 안전성 문제가 더 크게 발생해 결국 신약 승인에 실패하게 되는 것이다.

세 번째, 검정력이다. 검정력이란 시험약이 약효가 있는 것이 사실일 때, 시험약이 약효가 없다는 가설을 기각하는 확률이다. 즉 옳은 결정을 할 확률인데 대부분의 임상 시험에서 검정력이 80%가 되게 표본의 크기를 결정하고 있다. 100%가 가장 이상적이지만, 비용과 시간을 감안해 80%로 결정하는 것이다. 그러나 검정력이 80%라는 의미는 바꾸어 말하면 실제 약효가 있다 하더라도 약효가 있다는 사실을 입증하지 못할 가능성이 존재한다는 말이다. 또한 검정력을 80%가 되도록 표본의 크기를 결정할 때 고려할 변수인 약효의 크기에 대한 추정치를 입력해야 하는데, 어디까지나 추정치이기 때문에 실제와 괴리가 있을 수 있다. 실제로 약효의 크기가 작다면 검정력 확보를 위해 표본의 크기를 더 크게 해야 하나, 약효의 크기를 정확하게 알기 어렵다는 한계가 있다.

네 번째, 환자 모집단 선정이다. 시험약이 임상 시험을 거쳐 신약 승인을 받을 확률이 9%대지만, 최근 바이오마커 중심의 환자 모집과 시너지를 낼 수 있는 시판 중인 약을 병용하는 임상 시험으로 신약 승인 확률을 높여가고 있다. 기존에는 시험약에 맞는 환자를 좀 더 세부적인 분류 기준으로 나누지 않고 전체 환자를 같은 표본에 포함시켜 임상 시험을 진행함으로써, 결과적으로 약효를 희석시키는 효과를 초래했다. 시험약이 어떤 환자 유형에서 약효를 더 발휘할지에 대해 초기 임상 시험을 진행하면서 적절한 유효성 평가 지표의 선정을 하고 다양한 탐색적 자료를 확보하는 것이 무엇보다 중요하다.

다섯 번째, 우연과 약효다. 시험약이 실제로 약효가 있다 하더라도 검정력이 80%라면 실패할 확률은 20% 존재한다. 10년 이상 물질 개발부터 임상 3상까지 과정을 거쳐 실제로 환자에게 치료제로 사용해도 전혀 손색이 없는, 즉 실제로 약효가 있는 시험 약물이 임상에 실패할 확률이 20%나 된다는 사실에 여러분은 놀랄 수도 있겠다. 바이오텍이 임상 2상이나 임상 3상에서 애매한 통계 수치로 임상에 실패했을 때의 심정을 검정력과 실패 확률에 대한 사실을 알고 나면 충분히 이해할 수 있을 것이다. 이 외에 실제로 약효가 없어서 임상 시험에 실패하는 경우도 있다. 임상 시험에서 임상적으로 유의미한 약효를 입증하지 못해서 임상에 실패한다.

마지막으로 1차 유효성 평가 변수의 선택이다. 1차 유효성 평가 변수는 각각의 임상 단계의 성공과 실패를 결정하는 가장 중요한 평가 변수다. A, B, C라는 3개의 1차 유효성 평가 변수가 있을 때 결정되는 평가 변수에 따라 임상 시험의 결과는 전혀 다르게 나타날 수 있다.

희귀병 등 이전에 연구가 많이 진행되지 않은 경우 유효성 평가 변수가 제대로 정립되어있지 않아 애를 먹는 경우가 많다. 또는 임상이 완료되고 나서 1차 유효성 평가 변수가 잘못 선정되었다는 사실을 인지하기도 한다. 최근 잘못된 1차 유효성 평가 변수의 선택으로 통계적 유의성을 입증하는 데 실패했음에도 불구하고 FDA의 신약 승인 신청 심사가 이루어졌던 메지온이 좋은 사례가 될 수 있다. 회사는 임상 3상에서 선택한 1차 유효성 평가 변수와 2차 유효성 평가 변수가 뒤바뀌었다는 사실을 임상이 끝나고 나서야 다른 연구 결과를 통해 인지했다고 주장했으나 FDA는 신약 신청 승인을 거절했다.

내 주식은 언제
기술 이전하는 걸까

기술 이전 현황과 계약 금액

우리나라 바이오텍의 임상 파이프라인 개수는 양적으로 괄목할 만
한 성장을 보이고 있다. 한국제약바이오협회의 자료에 따르면 우리나라
바이오텍의 임상 단계별 파이프라인은 2018년 대비 2021년 약 3배 증
가한 것으로 나타났다. 단기간에 놀라운 양적 성장을 이루었다. 2021년
기술 이전 실적은 13조, 3,720억 원으로, 기술 수출의 선봉장은 레코바
이오와 알테오젠이다. 이 둘은 항체 약물 접합체, 제형 변경 기술 등 세
계적인 플랫폼 기술을 확보하고 있다는 특징이 있다.

우리나라 바이오텍들이 적극적으로 기술 수출에 나서는 이유는 임

도표 2-5 임상 단계별 파이프라인 현황

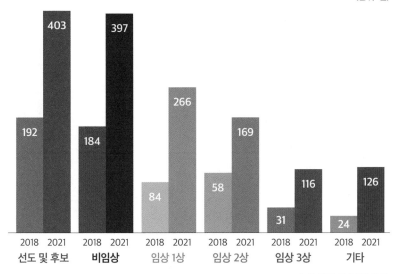

(단위: 건)

출처: 한국제약바이오협회

상 비용이 임상 후기로 진입할수록 기하급수적으로 늘어나는 현실 때문이다. 임상 3상의 경우 수천억 원이 소요되는데, 이는 국내 바이오텍이 감당할 수준을 훌쩍 뛰어넘는다. 후기 임상은 자금력뿐만 아니라 다국적 임상을 위한 임상 설계 능력, 임상 시험 수탁 기관과의 협업 능력, 데이터 관리 능력, FDA 대응력 등 풍부한 경험을 필요로 하는 작업이다. 따라서 우리나라 바이오텍의 경우 대부분 임상 3상까지 끌고 갈 엄두를 내지 못하고 파이프라인 초기 단계에서 기술 수출을 추진해 임상 진행의 자금 부담을 더는 동시에 다음 연구 개발을 위한 자금 확보에 치중하고 있는 것이 현실이다.

도표 2-6에서 보는 바와 같이 기술 이전의 대부분은 비임상 단계에

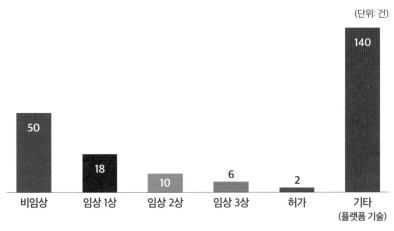

(단위: 건)

비임상 50
임상 1상 18
임상 2상 10
임상 3상 6
허가 2
기타 (플랫폼 기술) 140

출처: 한국제약바이오협회

서 진행된다. 이러한 현상은 뒤에서 살펴볼 글로벌 기술 수출 동향과도 비슷한 흐름으로 이해할 수 있는데, 글로벌 빅파마로서는 가능성 있는 우수한 기술을 타사에 앞서 기술 개발하는 동시에 경쟁사의 기술 개발 가능성을 배제시키는 두 가지 효과를 노릴 수 있는 것이다. 좋은 기술은 비임상 단계에서 50% 이상 수출된다는 점을 꼭 기억하기 바란다.

도표 2-7 질환 분야별 기술 이전 현황을 보면, 2020년 기준 암 치료 제가 거래 건수 293건, 거래 금액 452억 달러로 거래 건수와 금액 측면 에서 압도적 1위를 기록했다. 기술 거래 건수 기준으로 감염병이 2위를, 그리고 거래 금액 기준으로는 중추 신경계가 2위를 나타내고 있다.

도표 2-8에서 2020년 질환별 M&A 현황도 기술 이전과 비슷한 경 향을 보이고 있다. 암 치료제 관련 기업 인수가 153건, 거래 금액 약 1,106억 2,100만 달러로 1위이며, 다음으로 중추 신경계가 118건으로

도표 2-7 질환 분야별 기술 이전 현황(2020년)

치료 분야	거래(건)	거래 금액(100만 달러)
항암제	293	4만 5,275
감염병	125	2,019
중추 신경계	90	2만 4,347
면역 치료제	60	1만 1,083
안과 질환	37	2,668
대사 질환	26	3,720
장 질환	19	257
심장 질환	14	801

출처: 글로벌데이터(GlobalData)

도표 2-8 질환별 M&A 현황(2020년)

치료 분야	거래(건)	거래 금액(100만 달러)
항암제	153	11만 621
중추 신경계	118	9만 582
감염병	82	7만 1,175
면역 치료제	75	8만 9,713
심장 질환	74	9만 6,013
장 질환	23	1,127
호흡기 질환	22	3,810
대사 질환	28	7만 2,036
안과 질환	22	4만 4,785

출처: 글로벌데이터

2위, 거래 금액 기준으로는 심혈관 질병이 2위를 나타내고 있다.

도표 2-9에서 글로벌 바이오 기업의 개발 단계별 기술 이전 현황을 보면, 2020년 기준 물질 개발과 전임상 단계에서 약 55% 이상이 기술 이전 되고 있으며 이러한 경향은 해가 거듭할수록 더욱 뚜렷해지고 있다. 우리나라 바이오텍의 현황도 이와 비슷하며, 이는 빅파마의 신약 물질 선점 전략에서 비롯된다. 또한 신약 개발 가능성을 증명하는 개념 증명 단계인 임상 2상에서 좋은 데이터를 보여준 물질들의 기술 이전도 활발한 것을 알 수 있다. 우리나라 바이오텍도 전임상 단계에서 기술 수출이 이루어지지 않았다면 임상 1상보다는 임상 2상의 결과를 확인한 후에 글로벌 빅파마에 기술 이전하는 전략을 고려해봐야 한다. 투자자

도표 2-9 개발 단계별 기술 이전 현황(2020년)

임상 단계	거래(건)	거래 금액(100만 달러)
물질 개발	190	3만 6,619
전임상	184	3만 3,235
임상 1상	67	1만 4,935
임상 2상	107	1만 5,424
임상 3상	52	1만 2,234
신약 신청 전	24	5,491
신약 신청	12	63
승인 결정 전	9	825
신약 승인 거절	6	226
시장 철수(상품화 후)	1	-

출처: 글로벌데이터

들도 전임상 단계에서 기술 수출이 이루어지지 않은 기술은 적어도 임상 2상이 끝나야 기술 수출 가능성이 커진다는 점을 염두에 둔 투자 전략이 요구된다.

글로벌 빅파마가 임상 1상이 아닌 임상 2상의 결과가 좋은 기업에 주목하는 이유는 임상 1상의 성공 확률은 63%로 높은 편이나, 임상 2상은 30% 초반대에 불과해 대부분 임상 2상에서 탈락하기 때문이다. 그래서 살아남는 기술을 확인한 후에 기술 도입에 나서는 것이다. 이러한 기술 이전의 특징을 잘 기억해둔다면 투자 기업의 향후 기술 이전 가능성을 어느 정도 파악할 수 있다.

다음으로 기술 이전 계약 금액에 대해서 알아보자. 기술 이전 거래 금액은 선급금(upfront)과 성과급(milestone)으로 구성된다. 성과급은 다시 단계별 기술료와 로열티로 나뉜다. 단계별 기술료는 각 임상 단계별로 목표를 달성할 때 지급되는 금액이며, 로열티(royalty)는 신약이 출시될 때에 해당되며 일반적으로 매출의 일정 부분을 지급하게 된다.

글로벌 기준으로 전체 계약 금액에서 선급금으로 지급되는 비율이 물질 개발과 전임상 단계에서는 5~9% 수준이며, 임상 후기 단계로 진입할수록 그 비율이 늘어나 10~20%대까지 상승하게 된다. 안타까운 점은 우리나라 바이오텍의 경우 선급금 비율이 대개 2% 안팎에 머무르고 있어 기술의 우수성을 충분히 인정받고 있지 못하고 있는 상황이며, 서둘러 기술을 수출하려는 성향이 강해 교섭력을 충분히 발휘하지 못한다는 느낌을 지울 수가 없다. 바이오텍이 충분히 제 실력을 발휘할 수 있도록 조금은 참고 기다려주는 바이오 투자자의 역할이 요구되는 부분이기도 하다.

기술 이전 전략

앞에서 우리나라 바이오텍과 미국이나 유럽의 바이오텍이 설립 초기에 성공하기 위해 취하는 보유 기술과 시장 수요를 파악하는 전략이 출발점부터 크게 차이가 있다는 점을 언급한 바 있다. 글로벌 시장에서 신약 개발에 성공하는 조건은 약효가 뛰어난 기술이 아니라 빅파마가 기술 도입(License In, L/I)하고 마케팅하는 기술이라는 말이 있다. 이는 글로벌 빅파마의 동선을 파악하고 철저하게 시장 중심적 기술 개발 전략을 펼쳐야 한다는 의미로 해석된다.

또한 빅파마들은 기술 시장의 동향에 따라 적극적으로 기술을 도입한 후 회사 정책의 변경에 따라 반환하는 경우가 많은데, 이때 약효의 문제는 단지 25%에 불과하다고 한다. 따라서 약효에 문제가 없다면 반환이 이루어졌다고 크게 실망할 필요는 없다. 기술을 도입한 빅파마의 회사 내부 정책 변경에 의한 우선순위에서 밀렸을 뿐, 반환 후 재수출되어 좋은 결과를 보인 파이프라인의 예를 많이 찾아볼 수 있기 때문이다.

향후 우리나라 바이오텍은 물질 개발 초기 단계에서부터 빅파마의 기술과 파이프라인을 분석해, 보유하고 있는 기술력으로 그들에게 필요한 부분을 채워줄 수 있는 물질을 전략적으로 선정하고 개발해야 한다. 즉 물질 개발 단계부터 기술 이전을 염두에 두고 꼼꼼하게 FDA 기준에 맞추어 데이터나 자료를 준비해나가야 한다.

또한 BD(Business development, 사업 개발) 전문가를 확보해 학회나 컨퍼런스(conference), 파트너링 미팅(partnering meeting), 해외 네트워크 등을 통해 기술 개발 현황을 적극적으로 홍보할 필요가 있다. 규모가 작은 바이오텍에서 전부 구색을 갖추기 어렵다고 생각할 수 있지만, 반드시 필요한 부분에 대해서는 적극적으로 투자해 기술을 세계적으로 인정받도록 만들어가야 한다.

임상 결과 발표 전에
왜 주가가 요동치는 걸까

임상 결과 발표 전에 주가가 오르는 이유는 성숙하지 못한 시장에서 나타나는 현상으로, 사춘기라고 표현하고 싶다. 사춘기에는 논리와 이성으로 움직이지 않으며 어디로 튈지 모르고 표현하는 방법도 서투르다.

이해가 안 되는 주가 움직임의 예를 들어보면, 임상 2상이 몇 달 앞으로 다가온 기업의 주가가 크게 상승 후 하락하는 경우다. 시장에서는 임상 2상 결과 발표가 임박했다는 기사가 올라오고 임상 결과 전에도 기술 수출이 이루어질 수 있으며, 만약 성공한다면 대규모 기술 수출은 물론, 보유하고 있는 다른 파이프라인의 가치가 같이 올라가기 때문에 주가에 긍정적으로 작용할 것이라는 증권사의 분석 보고서도 나온다. 주가는 임상 성공을 이미 확정 지은 것처럼 빠른 속도로 올라가며 일반 투자자들을 유혹한다. 상승하는 주식의 그래프는 항상 아름답게 보이기 마련이다. 유혹은 항상 뿌리치기 어려워 이성을 마비시키고 나도 모르는 사이에 주주가 되어있다. 이렇게 빠른 속도로 주식이 상승할 때는 다 이유가 있기 마련이라고, 주식 매수에 대한 자기 합리화를 하며 불안함을 떨쳐버리려 애쓴다.

그런데 막상 임상 결과 발표가 한 달여 앞으로 다가오자, 주가가 정말 무서운 속도로 급락한다. 주가가 올라갈 때 정확한 이유를 몰랐으니 내려가는 이유를 알 턱이 없다. 그렇게 주가는 다시 원위치로 와있고 손실은 눈덩이다. 그런 상황에서 이제 임상 결과가 발표될 차례다. 상황이 이렇게 되고 보니 아무래도 임상 2상에 실패한 것 같다는 생각이 들어 견딜 수가 없다.

자, 그러면 한 가지 짚고 넘어가보자. 임상 2상은 무엇인가? 임상 2상은 약물의 안전성과 유효성을 동시에 검증하는 임상 단계 중 가장 어려운 고비에 해당한다. 성공 확률도 30% 정도 수준에 그치고 있어 바이오 기술에 따라 다소 차이는 있지만 성공시키기 매우 힘든 난관이다. 우리나라 바이오 기업들이 실시한 임상 2상도 성공 확률이 약 30%대를 기록해, 글로벌 통계치와 유사한 흐름을 보이고 있다. 즉 10건 중 7건이 실패한다는 이야기로 주주 입장에서는 흥분보다는 불안과 초조한 마음으로 결과를 지켜보게 된다. 임상 2상까지 오기 위해 얼마나 많은 연구 인력들이 노력을 쏟아왔을 것이며, 또 투자자들의 귀한 돈은 얼마나 많이 투자되었겠는가? 그러한 노력과 투자가 임상 실패와 함께 치명적인 가치 하락을 경험하게 될 가능성이 높은 단계가 임상 2상이다. 그러니 흥분보다는 긴장감이 맞다.

도표 2-10을 보면 압타바이오는 2021년 11월 임상 2상이 발표될 예정이었는데, 주가는 7월 중순을 기점으로 오르기 시작해 이미 2개의 큰 산을 만들었다. 임상 결과 발표와 상관없이 주가가 거의 2배 상승했는데, 뉴스 기사를 찾아봐도 주가 상승을 뒷받침할 재료는 무상증자 이외에 없었다. 그런데 임상 2상 결과 발표 몇 달 전에 기술 이전 가능성이 있다는 성급한 기사가 여러 번 출현했으며, 임상 2상이 성공한다면(항상 주요 판단 변수가 가정으로 처리되고 있는 점에 유의해야 한다) 주가가 상승할 것이라는 분석 보고서도 발표되었다. 그러나 기업 분석 보고서의 내용은 성공을 가정하는 분석이기에 투자 결정 시 무조건적인 참고는 금물이다. 오랜 투자 경험에 의하면 가정은 투자와 상극이다.

도표 2-10 압타바이오의 주가 그래프

출처: 네이버 금융

자금 여력이 두둑한 빅파마라고 하더라도 임상 2상 결과 발표가 코 앞인 상황에서 결과를 확인하기 전에 바이오텍의 파이프라인을 기술 도입하기는 쉽지 않을 것이다. 임상 2상은 성공하기 어려운 만큼 기다려서 결과를 확인하고 기술 도입하는 것이 합리적이다. 더욱이 이 회사가 개발하고 있는 기전은 기존 개발사들이 연속해서 실패한 경험이 있어 더욱 긴장하고 지켜봐야 하는 상황이었고, 게다가 이 기술로 다양한 적응증에 도전하고 있었기 때문에 실패에 대한 충격은 다른 회사보다 클 가능성이 높았다. 물론 성공한다면 문제 없지만, 성공 확률은 정확히 30%를 조금 넘는 수준이라는 것을 명심해야 한다.

　　그렇다면 미국의 경우는 어떠한가? 우리는 임상 결과 발표 몇 달 전부터 주가가 요동치지만, 미국은 임상 2상 결과가 발표되기 전에는 별다른 움직임이 없다. 오랜 경험을 통해 결과 발표 전의 매매가 아무 소용없다는 것을 터득한 것이다. 한마디로 성숙한 시장이다. 그러나 임상 결과가 발표되고 나면 그때부터 임상 결과 내용에 따라 그에 상응한 주가 움직임을 새롭게 형성해, 주가는 한동안 지속되는 경향을 보인다.

　　정리하면 임상 시험 결과 발표 전의 주가 상승과 하락은 경험 부족에서 발생하는 미성숙한 시장의 모습이라고 생각하며, 향후 우리나라도 투자에 대한 지식과 경험이 쌓여가면서 이러한 현상은 점차 개선되리라고 생각한다.

회사는 임상 성공이라는데 주가는 왜 떨어질까

　압타바이오 사례로 다시 한번 설명하겠다. 이 기업은 전술한 바와 같은 우여곡절을 겪은 후 임상 2상의 결과를 발표했다. 보통 임상 2상의 결과가 성공적으로 발표될 경우 주가는 1.5배 이상 상승한다. 30%대의 어려운 관문을 통과했으니 글로벌 빅파마에 기술 수출할 가능성도 높아졌다고 보기 때문이다. 그러니 마땅히 주가는 급등으로 보답하는 것이 순리다. 그런데 임상 결과 발표 후 임상에 성공했다는 회사의 발표와는 반대로 주가는 급락을 면치 못했다. 회사가 주장하는 성공적인 임상 결과가 왜 투자자의 신뢰를 받지 못한 것인가?

　이 기업은 2개의 플랫폼 기술을 보유하고 있는데 그중에서 가장 앞서 있는 APX-115 당뇨병성 신증 임상 2상의 결과가 발표된 것이었다.

그러면 회사가 발표한 임상 2상 결과 발표 내용을 분석해보자. 발표 내용의 가장 중요한 부분만을 발췌하면 아래의 두 문장으로 요약된다.

1. 기저치 대비 평균 UACR 변화율 약 20% 감소
2. 기저치 대비 약 40% 이상 통계적으로 유의하게 감소

회사의 CTO(Chief Technology Officer, 최고 기술 경영자)는 발표 과정에서 친절하게 2번의 수치가 더욱 중요하다고 설명을 덧붙였다. 임상 결과 해석에 대한 지식이 있는 사람이 들어도 2번이 1차 유효성 평가 지표로 오해를 불러일으킬 수 있는 발표 내용이었다.

회사가 명확하게 1차 유효성 평가 지표에 대한 설명을 하지 않았으니 잘 모르는 투자자들로서는 성공했다고 생각하거나, 그래도 조금 지표를 볼 줄 아는 투자자는 어떤 것이 1차 유효성 평가 지표인지 일일이 찾아서 확인하는 불편함을 겪어야 했다. 임상 현황을 확인할 수 있는 미국국립보건원(National Institutes of Health, NIH) 홈페이지(ClinicalTrials.gov)에서 체크한 결과는 아래와 같았다.

도표 2-11에서 보는 바와 같이 1번 지표가 1차 유효성 평가 지표임이 분명하다. 임상 결과의 당락을 결정짓는 가장 중요한 지표는 단연 1차 유효성 평가 지표로 결과는 P 밸류로 표시된다. 2차 유효성 평가 지표는 아무리 통계 결과치가 의미 있게 나온다 하더라도 임상 결과에는 전혀 영향을 미치지 못한다는 점을 명심해야 한다. 결과 발표에서 보는 바와 같이 2번의 2차 유효성 평가 변수에 대한 통계적 분석은 이루어져 있는데 반해, 1번 지표는 통계적 유의성에 대한 언급이 없었고 이에 대한

도표 2-11 APX-115 1차 유효성 평가 지표

NIH) U.S. National Library of Medicine

ClinicalTrials.gov

Home >   Search Results >   Study Record Detail

Safety, Tolerability and Renal Effects of APX-115 in Subjects With Type 2 Diabetes and Nephropathy

Outcome Measures

Primary Outcome Measures ❶ :

1. Mean change in urine albumin to creatinine ratio (UACR) in APX-115 group compared to placebo group [Time Frame: week 12]

출처: 미국국립보건원

구체적인 해명을 하지 않아 시장의 혼란은 불가피했던 것으로 보인다.

1차 유효성 평가 지표가 통계적으로 유의미하다는 적시가 없는 것은 임상이 통계상 실패했기 때문이라는 해석으로 이어져 기관 투자가의 집중적인 매도로 매물이 쏟아졌다. 회사는 주가 하락의 원인을 기관 투자가들의 집중 매도로 돌렸다. 그리고 자체 내부 분석 결과 전체 환자를 대상으로 한 임상도 사전에 설정된 목푯값을 충족했고, 최종 결과는 임상 시험 수탁 기관으로부터 2022년 2분기에 수령하는데 아마 결과는 비슷할 것이라고 뉴스를 내보냈다. 그러나 시장은 이러한 회사의 대응에 큰 신뢰를 보이지 않았고 주가도 부진을 면치 못하며 그 어렵다는 임상 2상에 성공한 기업의 주가라고는 도저히 믿을 수 없는 그래프를 만들어버렸다.

도대체 무엇이 어디서부터 잘못된 것일까? 회사의 임상 결과 발표와 대응에 여러 가지 미숙한 부분들이 관찰되었다. 임상 결과 발표는 명쾌해야 한다. 데이터가 나오지 않았으면 '아직 모른다'가 정답이고 데이터

가 나왔다면 1차 유효성 평가 지표의 통계적 유의성을 발표하면 그것으로 끝이다. 이런 상황에서도 회사는 투자자와의 소통보다는 수출 가능성 기사만을 내보냈으니 시장과의 신뢰 회복은 요원할 수밖에 없다.

2022년 2분기에 임상 시험 수탁 기관으로부터 결과 분석 데이터를 받는다고 하니 임상 결과는 조만간 밝혀질 것이다. 그러나 임상 성공과 실패의 진실 여부를 떠나 바이오 기업에 대한 투자자들의 불신의 골이 한층 더 깊어졌다는 사실이 참으로 안타깝다.

서론에서 바이오 주식 투자는 내용을 이해하기 어려워 다른 어떤 산업보다 도박의 속성을 짙게 내포하고 있기 때문에, 기업은 투자자와의 신뢰 확보에 더욱 신경을 써야 한다고 강조했다. 바이오 기업은 투자자의 신뢰를 잃고는 존속할 수 없다. 장기간 영업 적자를 지속하면서도 회사가 연구를 이어갈 수 있는 것은 CEO(Chief Executive Officer, 최고 경영자)와 기업의 연구진들에 대한 일반 투자자들의 믿음에서 비롯된다는 것을 잊지 말아야 한다.

일반 투자자들도 임상과 관련한 세세한 내용까지 파악하기는 어렵다고 하더라도 기본적인 점검 내용과 지식을 숙지해 임상이 일정대로 진행되고 있는지, 그리고 임상 결과가 원래 검증하고자 하는 목적을 달성했는지 스스로 파악할 수 있는 눈을 길러야 한다. 앞서 설명한 유효성 평가 지표의 의미와 통계 수치를 읽는 방법만 익혀둔다면 어렵지 않게 임상 결과 발표의 큰 줄기를 파악할 수 있다. 일반 투자자들의 매서운 눈이 우리나라 바이오 산업을 더욱 투명하고 한 차원 높은 수준으로 끌어올릴 수 있다고 믿는다.

임상 시험 관련 기밀의
사전 유출, 가능할까

신약 개발은 성공 확률이 높지 않을 뿐만 아니라 임상 단계별 통계 결과치가 시장에 미치는 영향력이 크다. 특히 임상 3상의 경우 신약 승인과 직결되기 때문에 개발 관계자는 물론 투자자들의 관심이 집중될 수밖에 없다. 따라서 임상 시험 결과가 최종 발표될 때까지는 해당 임상 시험 관련자들은 임상 시험 결과를 절대 누설하지 말아야 할 의무가 있다. 신약 개발과 관련된 임상 기밀 유지의 중요성, 그리고 기밀 유지 관련 월가의 사례를 강승호의 『신약개발에 필요한 임상통계학』 내용을 참조해 설명하고자 한다.

임상 결과 발표 전 정보 입수

임상 시험이 종료되었으나 아직 최종 보고서가 발표되지 않은 시점에 월가의 금융 회사들이 임상 시험에 참여한 의사들에게 전화하는 방법이다. 2002년 아이시스 제약(Isis Pharmaceuticals)의 주가가 폐암 치료제 임상 시험 진행 시 최종 보고서가 나오기 일주일 전부터 20% 이상 급락한 일이 있었는데, 이는 추후 임상 시험에 참여한 의사들이 기밀 유지 서약을 어기고 월가의 금융 회사에 기밀 정보를 발설해 발생한 일인 것으로 밝혀졌다.

이중 맹검의 맹점을 활용

현재 대부분의 임상 3상 시험은 피험자와 의사 모두 피험자들이 받게 되는 약을 모르는 상태인 이중 맹검 방식으로 임상이 이루어진다. 그러나 어떤 시험약은 특정한 부작용으로 어느 피험자가 시험약을 투여받았는지 알 수 있는 경우가 있는가 하면, 반대로 임상 약물의 약효가 너무 좋게 나타나 임상 의사가 위약인지 시험 약물인지 구분할 수 있는 경우도 있다.

예를 들어 결장암 치료약인 임클론 시스템스(ImClone Systems)의 얼비툭스(Ervitux)의 경우 발진을 유발하는 부작용이 있어 임상 시험에 참가 중인 의사들에게 전화를 걸어 돈을 지불하고, 발진 증상을 보인 환자들의 종양 크기가 줄어들었는지 직접 조사했다고 한다. 이렇게 여러 의

사들에게 물어본 정보를 종합해서 시험약의 성공 여부를 정확히 예측할 수 있었다고 전하고 있다.

임상 중간 이중 맹검 해제 검토 정보 입수

임상 시험 도중에 이중 맹검이 해제되도록 디자인된 경우, 시험약과 대조약의 안전성을 비교한 완벽한 자료를 검토한 의사들에게서 자세한 정보를 입수한 경우다. 적응형 임상(adaptive design)의 맹점을 파고든 수법이다.

안전성이 우려되는 적응형 임상 시험에서는 데이터안전성모니터링위원회(Date Safety Monitoring Board, DSMB)를 만들어 임상 시험에 참여하는 의사들과는 독립적인 의사들이 임상 도중에 피험자들의 안전을 위해 모든 임상 데이터를 검토한다. 이때 데이터안전성모니터링위원회는 모든 임상 데이터를 검토하게 된다. 그런데 기밀을 절대 발설하지 말아야 하는 데이터안전성모니터링위원회 소속 의사들에게서 시험약과 대조약에 관련된 안전성 데이터를 완벽하게 얻을 수 있었다고 한다. 2005년 폐동맥 고혈압 발병 기전에 관여하는 엔도텔린-1(Endothelin-1, ET-1)에 대한 수용체 길항제로서 폐고혈압 치료제로 개발 중이었던 텔린(Thelin)에 대한 임상 시험 때 발생한 사건이다. 간 손상 위험이 치료 이익을 상회한다는 판단하에 결국 미국 FDA에서는 승인을 거절하게 된다.

금융 업계도 한 다리 건너 물어보면 누구인지 다 알 정도로 업계가 좁다고들 말한다. 제약과 의사 업계도 크게 다르지 않아 서로 같은 학교

선후배, 학회 모임 등으로 서로 얽혀있어 기밀을 유지하며 일을 해나가기 쉽지 않은 구조임은 분명해 보인다.

신라젠과 헬릭스미스

우리나라 바이오 기업들의 임상 3상이 전부 실패로 끝난 2019년에 임상 결과 발표 전부터 주가가 빠진 사례가 있는데, 바로 신라젠과 헬릭스미스다.

먼저 신라젠은 2019년 8월 2일 "당사는 8월 1일 9시(미국 샌프란시스코 기준)에 독립적인 데이터안전성모니터링위원회와 펙사벡(Pexa-Vec) 간암 대상 임상 3상 시험의 무용성 평가 관련 미팅을 진행했으며, 진행 결과 데이터안전성모니터링위원회는 당사에 임상 시험 중단을 권고했다"고 발표했다. 임상에 관한 내용을 배웠으니 이제 여러분은 당시 어떤 일이 일어났는지 내용을 명확하게 이해할 수 있을 것이다. 신라젠이 적응형 임상을 시행하고 있던 중, 데이터안전성모니터링위원회가 임상 자료를 검토해 이제 임상을 그만하는 것이 좋겠다고 권고한 내용이다.

임상 단계별 성공 확률에서 언급했듯이 임상 3상 성공 가능성은 50%를 상회해 둘 중 하나는 신약 승인 가능성이 있다고 봐야 한다. 그런데도 불구하고 신라젠의 주가는 임상 발표 6개월 전부터 추세적으로 빠지는 모습을 보였다.

다음으로 헬릭스미스의 임상 3상 발표 상황을 되짚어보자. 헬릭스미스는 2019년 9월 23일 당뇨병성 신경병증 치료제 미국 임상 3상 결과

도표 2-12 신라젠의 주가 그래프

출처: 네이버 금융

도표 2-13 헬릭스미스의 주가 그래프

출처: 네이버 금융

를 앞두고 외국인과 기관의 매도가 이어지면서, 임상 발표가 있는 한 주 동안만 외국인이 363억 원어치의 주식을 순매도했다. 발표 당일 18시 9분 공시에서 헬릭스미스는 당뇨병성 신경병증 임상 3상 일부 환자에서 위약과 약물 혼용 가능성이 발견되었으며, 피험약 혼용 가능성으로 플라시보와 엔젠시스(VM202)의 효과가 크게 왜곡되어 명백한 결론 도출이 불가능해졌다고 발표했다.

위의 두 기업의 경우 내부적으로 어떤 일이 일어났는지 정확하게 알 수는 없다. 그러나 분명한 것은 바이오텍을 믿고 투자한 바이오텍 투자 1세대의 신뢰를 크게 무너뜨린 것만큼은 분명해 보인다.

지금까지 임상 시험 관련 기밀의 사전 유출 가능성이 예상되거나 확인된 미국과 우리나라 기업의 임상 3상 실패 당시의 주가와 매매 동향을 확인해보았다. 미국의 사례는 벌써 20년 전의 일로 지금의 실제 상황은 알 수 없다. 우리나라 2개 기업의 사례도 임상 3상 실패 발표 전 매매 동향을 통해 임상 실패 발표 전부터 주가는 떨어지고 있었으며, 이에 외국인은 매도, 개인은 매수로 대응했다는 사실을 확인할 수 있을 뿐이다.

제약 바이오의 임상 시험은 병에 시달리며 고통받는 우리 가족과 이웃을 구할 수 있는 시험 약물이 실제 약효가 있는지 엄격한 정보관리의 틀 안에서 확인해야 하는 작업이다. 고로 보다 엄격한 정보 관리와 투자자 보호가 필요해 보인다.

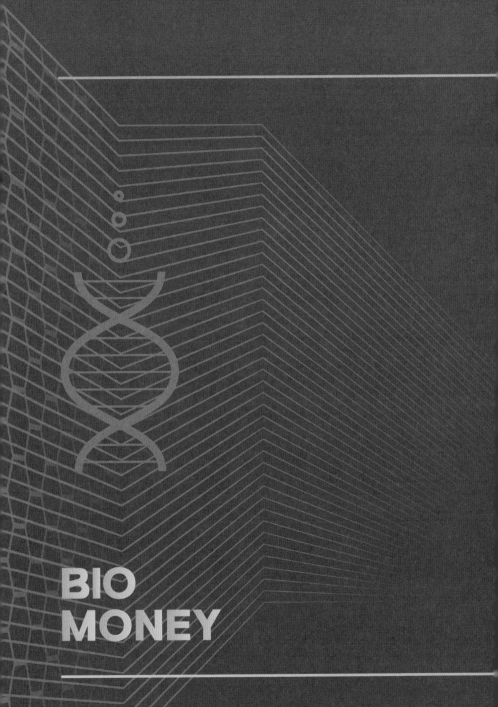

BIO
MONEY

PART 3

바이오 세부 섹터와
기술 이해하기

세포 그리고
다양한 바이오 기술

지금까지 바이오 산업을 이해하기 위한 과학적 지식과 산업의 속성에 대해 알아보았다. 지금부터는 바이오텍들이 실제 어떤 기술을 이용해서 치료제를 개발하고 있는지 세부 섹터의 기술에 대해 자세하게 알아보기로 하자.

핵산 치료제

도표 3-1은 바이오를 네가지 큰 섹터로 분류했는데, 가운데 작은 원이 세포의 핵과 관련된 기업이다. 먼저 CRISPR-Cas9 기업으로 분류되

는 툴젠, 크리스퍼 테라퓨틱스, 인텔리아 테라퓨틱스, 에디타스 메디신 등 DNA를 편집해 희귀 유전병을 치료하는 기업이다.

이들 기업은 CRISPR-Cas9 사용권을 확보해 in vivo(체내에 직접 치료제를 투입하는 방식)와 ex vivo(체외에서 치료제를 투여하는 방식)로 임상 시험을 진행 중이다. 크리스퍼 테라퓨틱스가 ex vivo 임상 2·3상 진행 중으로 가장 앞서고 있고, 2022년 내에 임상을 마치고 신약 승인을 신청할 계획이다. 만일 2023년 상반기에 유전자 편집 치료제가 FDA의 신약 승인을 얻는다면 혁신 바이오텍 주식에 큰 힘이 될 전망이다.

인텔리아 테라퓨틱스는 in vivo 방식으로 직접 체내에 유전자 가위를 투여하는 임상 1상에서 양호한 임상 결과를 발표해 기대를 모으고 있다. 에디타스 메디신도 흑암시를 적응증으로 임상 1·2상을 진행 중으로, 고용량과 어린이를 대상으로 한 임상 결과가 2022년 상반기 안에 발표될 예정이다. 우리나라 기업 툴젠도 2022년 임상 진입을 목표로 연구 개발에 속도를 내고 있다.

피티씨 테라퓨틱스는 DNA로부터 잘못 전사된 pre-mRNA를 스플라이싱(splicing, 전사된 mRNA중에서 아미노산으로 번역될 부분만 남기고 제거하는 과정)해 정상 mRNA를 만드는 바이오텍이다. pre-mRNA 돌연변이가 원인인 다양한 희귀 질환 치료제를 개발하기 위해서 동사의 플랫폼 기술인 스플라이싱 조절 기술, 스플라이싱 종결 기술, 전사 조절 기술로 10개 이상의 임상을 진행하고 있으며 이미 승인된 희귀 질환 치료제를 확보하고 있다.

그리고 코로나19 백신처럼 우리 몸에 필요한 단백질을 생산하기 위해 mRNA를 지질 나노 입자(Liguid Nano Particle, LNP)에 탑재해 체내에 전달하는 치료제를 만드는 기업이 있다. 미국의 모더나와 최근 mRNA 백신 개발 분야 진출을 선언한 셀트리온, mRNA 원재료 생산 투자 계획을 발표한 삼성바이오로직스와 에스티팜 등이 대표적이다. 모더나는 코로나19 백신 성공을 발판으로 다양한 백신 개발을 활발하게 진행하고 있는데, 독자적 개발은 물론 빅파마와의 공동 개발도 적극적으로 추진하고 있다. mRNA 백신 및 치료제 개발에 필요한 기술들이 특허로 묶여있어, 모더나의 경쟁력은 견고할 것으로 전망한다. 삼성바이오로직스는 위탁 생산(Contracted Manufacturing Organization, CMO)인 mRNA 원료 생산으로 사업의 영역을 확장해나가고 있으며, 셀트리온은 미국 바이오텍과 협업해 mRNA 백신 개발을 위한 독자적인 기술 확보에 박차를 가하고 있다.

그 왼쪽을 보면 siRNA가 있다. siRNA는 과다하게 생산되거나 잘못된 접힘 구조를 갖는 단백질을 제거하는 기전의 치료제로, 관련 기업으로는 미국의 앨나일램 파마슈티컬스와 한국의 올릭스가 있다. 앨나일램 파마슈티컬스는 온파트로라는 siRNA 치료제를 세계 처음으로 신약 승인받아 siRNA 가능성을 입증한 기업이다. 현재 희귀 질환 치료제 3개와 고지혈증 치료제 1개 등 siRNA 치료제 4개를 승인받아 안정성과 성장 가능성을 겸비한 M&A 대상 1순위 기업으로 꼽힌다. 이들 DNA 치료제와 RNA 치료제를 묶어서 핵산 치료제라 일컫는다.

세포 치료제

세포 치료제를 살펴보면 우리에게 익숙한 CAR-T 치료제 킴리아 (Kymriah)를 개발하는 노바티스를 확인할 수 있다. CAR-T는 다양한 암세포의 단백질을 타깃해 개발되고 있으며, 혈액암의 경우 킴리아와 같은 CD19과 B세포 성숙 항원(B Cell Maturation Antigen, BCMA)을 타깃하는 아베크마(Abecma) 등이 있다. CD19 타깃 CAR-T 치료제는 킴리아를 포함해 4개가 신약 승인을 받았으며, B세포 성숙 항원을 타깃하는 T세포 치료제도 최근 실타셀(Cilta-cel)이 최종 신약 승인되어 2개가 상업화되었다. 고형암은 아직 치료제 개발이 더딘 상황인데 HER2(Human Epidermal Growth Factor Receptor Type2, 사람 상피 세포 증식 인자 수용체 2형)와 메소텔린(Mesothelin, 세포와 세포가 달라붙어 신호로 전달할 수 있도록 도와주는 단백질)을 타깃으로 연구 개발이 한창이다. 우리나라 기업으로는 CD19과 B세포 성숙 항원을 타깃으로 혈액암 치료제를 개발하고 있는 큐로셀과 CD19 및 고형암 HER2를 타깃하는 앱클론이 있다.

다음으로 유도 만능 줄기세포(induced Pluripotent Stem Cells, iPSC)를 유전자 조작해 NK세포(Natural Killer Cell, 자연살해세포)로 분화시키는 페이트 테라퓨틱스, 마찬가지로 유도 만능 줄기세포를 이용해 저면역 T세포를 만들고 있는 비임상 바이오텍 사나 바이오테크놀로지 등이 있다. 세계적인 NK세포 치료제 개발 기업 페이트 테라퓨틱스는 미국에서 가장 많은 유도 만능 줄기세포 관련 특허를 보유하고 기성품 NK세포 치료제를 개발하고 있어, 높은 프리미엄을 받고 있다. 세포 분화 기술뿐만이 아니라 유전자 조작 기술까지 확보해, 업계 최고 수준의 융합 기술을 NK세포 치료제 개발에 접목시키고 있다.

우리나라 NK세포 치료제 개발 업체로는 지씨셀과 엔케이 맥스 등이 있다. 지씨셀은 녹십자랩셀과 녹십자셀이 합병해 새롭게 출범한 회사로, NK세포, T세포, 성체 줄기세포 치료제 파이프라인을 갖고 있다. 그뿐만 아니라 위탁 개발 생산(Contract Development Manufacturing Organization, CDMO), 세포 치료제라는 성장성 높은 캐시 카우(cash cow)를 확보하고 있어 성장성과 안정성을 확보한 보기 드문 유망주다.

단백질, 펩티드 치료제

단백질을 이용한 항체 치료제를 개발하는 기업으로 우리나라의 레고켐바이오와 알테오젠이 있다. 이 두 기업은 우리나라 바이오 수출의 일등 공신 역할을 담당하고 있으며, 항체 약물 접합체 분야에서 글로벌 경쟁력을 확보하고 있다.

항체 약물 복합체는 타깃을 찾아가는 항체의 장점과 화학 항암제의 장점만을 모아놓은 치료제, 레코켐바이오가 비임상 시험에서 경쟁사 대비 탁월한 치료 효과를 보여주었다. 만일 중국사에 기술 이전된 임상 1상에서도 양호한 효능과 안전성을 입증한다면, 플랫폼 기술에 대한 가치 상승은 물론 추가적인 기술 수출 가능성이 더욱 높아지게 된다. 그동안 누적된 기술 수출의 마일스톤(milestone, 신약 개발 단계별 목표 달성 시에 수취하는 돈)이 유입되기 시작하면서, 2022년부터 현금 흐름도 호전되기 시작한다. 향후 회사의 성장 전략에도 변화를 주어 가능성 높은 파이프라인은 자체 개발로 신약에 도전한다는 계획도 세우고 있어 장기적으로 높은 성장성이 기대된다.

프로탁(PROteolysis TArgeting Chimeras, PROTAC)은 우리 세포에 이미 존재하는 재활용 시스템을 활용하는 기술로, 암세포의 내성을 극복할 수 있는 새로운 기술로 각광받고 있다. 지금까지는 타깃 단백질에 포켓이나 결합 사이트가 발견되지 않아 질병의 원인이 되는 단백질의 극히 일부만이 치료제 개발로 이어지고 있는데, 프로탁은 낮은 수준의 접촉만으로도 타깃 단백질을 분해할 수 있어 내성 극복은 물론 기존에 의약품으로 표적화할 수 없는(undruggable) 영역까지 도전할 수 있다는 장점이 있다.

프로탁은 유비퀴틴 프로테아좀 시스템(Ubiquitin Proteasome System, UPS)을 이용하는데, 우리 세포는 더 이상 필요치 않은 단백질에 유비퀴틴(ubiquitin)이라는 단백질을 여러 개 붙여 프로테아좀에서 잘게 부수어 재활용하는 기작을 갖고 있다. 미국의 아르비나스가 임상 단계로 가장 앞서나가고 있고, 우리나라 기업들도 개발 초기 단계이기는 하나 여러 바이오텍들이 기술 개발에 관심을 보이고 있다.

AI로 치료제가 될 수 있는 약물을 발굴함으로써 시간과 비용을 대폭 절감하는 연구가 최근 급속도로 발전하고 있다. 대표적으로 신테카바이오, AI 진단 관련 비상장업체 루닛이 이에 해당된다. AI 바이오텍의 경쟁력은 프로그래밍(programming) 기술은 물론 얼마나 양질의 데이터를 확보하고 있는가에 달려있으며, 치료제 연구 개발 실적 또한 중요하다. 미국의 대표적인 AI 업체 리커전 파마슈티컬스의 경우 자체 치료제 개발은 물론 여러 빅파마와 공동 개발 협업을 진행하면서 레퍼런스 (reference)를 확보해나가고 있다.

다른 바이오 기술과 마찬가지로 AI 기술도 국내 시장만을 바라봐서는 경쟁력이 없다. 양질의 데이터 확보와 레퍼런스에서 격차가 벌어지고 있어 초기에 해외 시장으로 치고 나가는 실력과 과감함을 보여주지 못한다면 시간이 지날수록 성공 가능성은 줄어들 수밖에 없다. 그런 측면에서 비상장 업체 루닛은 경쟁력 있는 제품을 주무기로 적극적으로 해외 진출하고 메이저 의료 기기 업체들과 기술 협업을 만들어냄으로써 가능성을 보여주고 있다.

메드팩토와 오스코텍은 항체보다 작은 저분자 화합물로 타깃 단백질의 활성을 저해하는 약물을 개발 중이다. 메드팩토는 TGF 베타 (Transforming Growth Factor beta, 전환 성장 인자 베타)의 권위자인 김성진 대표가 이끄는 유망 바이오텍으로, 면역 관문 단백질이 저발현되는 대장암 환자를 대상으로 TGFR1(전환 성장 인자 베타 수용체 1)을 타깃하는 저분자 약물을 키트루다(Keytruda)와 병용 임상 3상 시험을 준비하고 있다. 머크(Merck)로부터 키트루다를 무상으로 받아 주목을 받았으나, 다른 파이프라인인 비소 세포 폐암 환자에서 치명적인 부작용이 발생하면서 주가에 영향을 받았다. 부작용은 면역 항암제에서 발생한 것으로, 동사의 백토서팁(Vactosertib)과는 무관하다는 것이 회사의 입장이다. 국내 개발 31호 비소 세포 폐암 신약 렉라자(Leclaza)의 원개발사인 오스코텍은 저분자 화합물 개발 기술력에서는 국내 최고 수준으로, 현재 자가 면역 치료제와 항암제를 임상 개발 중이다. 다만 임상 비용 증가에 따른 재무 구조 개선이 요구된다.

마지막으로 항체의 역할을 하는 화학 항체를 만드는 압타머(Aptamer)는 압타머사이언스와 압타바이오가 초중기 임상을 실시하고 있다. 이들 업체는 임상 2상에서 압타머의 개념 증명 여부에 따라 플랫폼 기술 보유 기업으로 새롭게 가치 평가를 받을 수 있을 것으로 전망한다.

약물 전달 기술

이제부터는 앞에서 열거한 치료제들이 개발되는 데 필요한 기반 기술인 약물 전달 기술의 현황과 새롭게 떠오르는 신기술에 대해 살펴보기로 한다. 이러한 기반 기술의 혁신은 당면한 기술적 한계를 극복하면서 바이오 산업의 성장을 이끌 것이다.

아직까지 전달 기술은 대부분의 핵산 치료제를 원하는 세포로 보내지 못해 제한적인 적응증에 머무르고 있는 것이 현실이다. 아무리 좋은 치료제라 하더라도 원하는 장소로 전달하지 못한다면 치료제로 작동할 수 없게 된다는 점에서 전달 기술은 부가 가치가 높은 기술 중의 하나로 인정받고 있다.

코로나19 백신을 빠른 시간 내에 개발할 수 있었던 것도 지질 나노 입자를 전달체로 사용해, 온파트로라는 siRNA 치료제를 개발한 경험이 있기 때문이다. 지질 나노 입자는 인지질, 이온화 지질, PEG(Polyethylene Glycol, 폴리에틸렌글리콜), 콜레스테롤 등 형태를 유지하면서 RNA를 안전하게 타깃까지 전달하기 위한 세부 기술들을 포함하고 있는데, 관련한 특허는 대부분 제네반트 사이언스(Genevant Sciences)가 소유하고 있다. 우리나라도 에스티팜이 지질 나노 입자 특허를 도입했을 뿐만 아니라 자체적으로 전달체를 개발하고 있다. 삼양홀딩스는 독자적으로 mRNA 전달 시스템을 개발하는 동시에 국내 바이오텍과 협업해 백신 개발 연구도 진행하고 있다.

세포 간 정보 전달 역할을 하는 세포 밖의 작은 소포 엑소좀(exosome)은 전달 세포의 단백질이나 RNA 등 다양한 고분자 물질을 전달해 수용세포의 기능에 변화를 주는데, 특정 단백질을 엑소좀 표면에 부착해 원하는 조직으로 찾아가도록 할 수 있는 약물 전달 시스템이다. 아직 개발 초기 단계의 기술이지만, 생체 적합성이 높고 타깃화가 가능해 주목을 받고 있다. 개발사로는 미국의 코디악 바이오사이언스가 임상 단계로 가장 앞서고 있으며, 우리나라의 비상장 바이오텍 일리아스바이오로직스가 임상 진입과 더불어 2022년 상장 예정이다.

아데노 연관 바이러스(Adeno Associated Virus, AAV)는 상대적으로 면역원성이 낮아 활발하게 치료제의 벡터(vector)로 개발되고 있으나, 적재 용량의 한계가 있어 약물을 더 작게 만드는 방향으로 기술 개발이 이루어지고 있다. 한 번의 투여로 몇 년간 유전자를 발현할 수 있다는 장점을 갖고 있으며, 아데노 연관 바이러스 벡터로 글리베라(Glybera)와 졸겐스마(Zolgensma)와 같은 희귀 질환 치료제가 개발되었다.

세포 투과(Cell Penetrating, CP)는 뇌혈관 장벽(Blood Brain Barrier, BBB)을 뚫고 뇌로 약물을 전달하는 기술로, 현재 투여 약물의 2% 이하만이 뇌로 전달되고 있어 전달 효율 개선이 절실한 상황이다. 셀리버리가 독자 기술로 파킨슨 치료제를 개발하는 동시에 기술 수출을 시도하고 있고, 2022년 IPO 예정인 바이오오케스트라가 타깃 mRNA를 침묵시키는 치료제인 ASO(Antisense Oligonucleotides, 안티센스 올리고뉴클레오타이드)를 효율적으로 뇌로 전달하는 기술을 개발해 관심을 끌고 있다.

그 외 다양한 기술

바이오시밀러(biosimilar, 바이오 의약품 분야의 복제약) 개발과 함께 항체 개발 업체들을 위한 전문 항체를 생산하는 업체로, 셀트리온과 삼성바이오로직스가 있다. 같은 분야에서 세계적인 경쟁력을 확보하고 있는 이들 기업에 대해서는 뒤에서 보다 자세하게 현재 사업의 구조와 향후 사업 전개 방향에 대해 기술하도록 하겠다.

우리 몸의 유익균을 활용해 대장 감염병, 아토피 등 자가 면역과 뇌 질환 치료제까지 연구 개발 중인 마이크로바이옴은 2022년 세계 최초 신약 승인이 기대되는 세레스 테라퓨틱스와 한국의 임상 2상 기업 고바이오랩을 들 수 있다. 면역 세포의 70% 이상이 몰려있는 장 속 마이크로바이옴과 면역 세포의 정보 전달과 기능 변화 기전을 이용해 암 치료제와 자가 면역 치료제를 개발하고 있는데, 만일 올해 세레스 테라퓨틱스가 신약 승인을 받는다면 더욱 주목을 받을 것으로 전망된다. 마이크로바이옴은 아직 개발 초기 단계이며 미국과의 기술 격차가 크지 않아 우리 기업들이 세계적인 경쟁력을 확보할 수 있는 분야이기도 하다.

마지막으로 요즘 새롭게 떠오르고 있는 바이오 세포 3D 프린터로 간 모사체 같은 인공 장기에 도전하고 있는 오가노이드 전문 바이오텍 티앤알바이오팹이 있다. 이 기업은 유도 만능 줄기세포 분야로 새롭게 진출하면서 사업의 영역을 확장해나가고 있다는 점이 인상 깊다. 현재 3D 프린터로 다양한 3차원 하드 인공 구조물 생산에서 높은 기술력을 보유하고 있으며, 창상 피복재 같은 소프트 제품 연구에서도 성과를 보이기 시작했다.

지금까지 바이오 섹터를 한눈에 요약해보았다. 과거에는 불가능해 보였던 기술들이 새로운 기술의 도움을 받아 사용 가능한 기술로 재탄생되는 경우도 있고, 기존에 없었던 새로운 개념의 기술이 나타나 기존 기술을 대체하기도 한다. 앞에서 언급한 바이오 섹터의 세부 분류도 시간이 지나면서 지각 변동이 일어나 새로운 형태를 갖출 것이라는 사실만큼은 분명해 보인다. 우후죽순처럼 늘어난 유전자세포 치료제 임상 파이프라인 중에서 어떤 기술이 어떻게 세부 기술적 난관을 헤쳐 나가며 좋은 임상 데이터를 발표하는지 관심을 갖고 지켜보자.

그러면 지금부터 최근 각광을 받고 있는 바이오 기술 중에서 가장 혁신적인 몇몇 기술들에 대해서 자세하게 살펴보기로 하겠다.

바이오 산업의 또 다른 혁신, 딥마인드의 아이소모픽 랩스

AI의 바이오 산업 진입

2021년 11월 4일 미국 알파벳(Alphabet)의 딥마인드(Google Deepmind)가 아이소모픽 랩스(Isomorphic Labs)의 설립을 전격적으로 발표했다. 딥마인드라면 이세돌과의 바둑 대결로 온 세계의 관심을 모았던 바로 그 기업이다. 당시 AI에 적대감을 느끼며 TV를 지켜보던 기억이 생생하다. 표정도 없고 기침 소리 하나 없는 AI는 절대 강자의 분위기를 풍겼으며, 대국을 거듭할수록 그 철벽같은 견고함이 더욱 강화되는 느낌을 주었다. 그 딥마인드가 아이소모픽 랩스라는 명함을 갖고 바이오 업계에 본격 진출한 것이다.

여기서 한 가지 질문이 생긴다. 왜 딥마인드는 많고 많은 산업 중에 바이오 산업을 선택한 것일까? 정답은 돈이 되기 때문이다. AI가 가장 잘 적용될 수 있으며 또한 높은 부가 가치를 거둘 수 있는 곳이 바이오라는 결론을 얻었을 것으로 추측해본다. 프라이스 워터하우스 쿠퍼스 컨설팅에서 설문 조사한 AI 활용 가능 산업 순위의 데이터를 보면 딥마인드의 행보에 어느 정도 고개가 끄덕여진다.

설문 조사 결과 AI가 가장 많이 활용될 수 있는 분야는 헬스케어이며, 구체적으로는 환자 데이터 분석을 통한 정확한 진단 지원, 잠재적인 전염병의 조기 발견, 의료 영상 처리 및 진단 분야에서 향후 활약이 기대된다는 내용으로 요약된다. 우선 데이터의 사용 권한과 관련한 문제점 그리고 데이터를 AI에 사용될 수 있도록 수집하고, 가공해야 하는 기술적인 숙제를 안고 있지만, 사람 몸에서 발생하는 오믹스(DNA, RNA, 단백질 등), 심혈관 관련 정보, 호르몬 수치 정보 등 그야말로 처리하기 어려울 정도의 방대한 정보가 쉴 새 없이 생산되고 있다는 점은 AI가 관심을 가질 만한 첫 번째 산업으로 충분하다.

헬스케어 시장 규모도 딥마인드의 AI 진출 이유다. 헬스케어 시장은 우리나라에서 시가 총액이 가장 큰 삼성전자가 속해있는 반도체 시장과 자동차 산업을 합쳐놓은 규모를 능가한다. AI는 과학적인 실험에 근거해 아날로그(analogue) 방식으로 발전해온 기존의 바이오 시장에 메기 역할로 활력을 불어넣음으로써, 신약 개발 방식을 획기적으로 개선시킬 것으로 기대를 모으고 있다. 암이나 신경 퇴행성 질환, 희귀 유전병의 치료제 개발을 위한 임상을 진행하는 데 2조 원 가까이 들어간다고 하니, 만일 AI가 임상 과정의 각 단계별 문제점을 효율적으로 해결해 비용 절감 측면에서 혁신을 만든다면 부가 가치를 나누어 가질 자격이 생기는 것이다. 현재 FDA에 의해 승인된 신약의 약 40%가 구조 생물학, 즉 단백질의 구조와 관련이 있다고 하니 향후 AI의 활약이 기대된다. 시장은 크지만 신약 개발 과정은 고비용 구조인 헬스케어 시장에서 AI가 활약해 비용을 낮추면서 수익을 창출할 수 있다는 판단으로 딥마인드는 아이소모픽 랩스를 만들어 바이오 산업에 진출한 것이다.

그렇다면 도대체 AI로 무엇을 하겠다는 것인가? 내용이 조금 어렵게 느껴질 수 있지만 결국 또 단백질 이야기다. 아이소모픽 랩스는 한마디로 AI로 구조 생물학에 도전하겠다는 것이다. 단백질과 같은 생체 고분자의 입체 구조를 고해상도로 연구하는 생물학의 한 분야가 구조 생물학이다.

AI와 구조 생물학

생체 분자의 구조에 기반해 신약 개발을 시도하는 것을 구조 기반 약물 설계(Structure Based Drug Discovery, SBDD)라 일컫는데, 우리가 흔히 말하는 항체 치료제는 표적이 되는 특정 단백질에 결합해서 단백질의 기능을 억제시키거나(억제제) 활성화해(활성제) 질병을 치료하게 된다. 고장난 표적 단백질에 결합해서 기능을 억제해 항암제로 작용하는 것이다. 그러나 이 표적 단백질을 제어하는 항체는 말처럼 만들기가 쉽지 않다. 표적 단백질에 대한 구체적인 정보, 즉 구조에 대한 이해 없이는 공략한다 해도 목적을 달성하기 어려우나, 만약 우리가 표적 단백질의 3차원 입체 구조를 알 수 있다면 보다 결합력이 강화된 치료 물질을 쉽게 설계할 수 있을 것이다. 타깃하는 대상이 어떻게 생겼는지 알고 공격하는 것과 모양을 전혀 모르는 상태에서 잡으러 들어가는 것은 결과가 다를 수밖에 없다.

코로나19가 발병하고 코로나19 단백질의 구조가 5주 만에 밝혀져 백신 개발로 이어지는 데 구조 생물학이 상당 부분 기여했다. 2020년 미국 FDA가 승인한 53개의 약물 중에서 40%에 해당하는 21개가 단백질 구조를 활용해서 개발된 약물이라는 점에서 구조 기반 약물 설계의 중요성을 실감할 수 있다. 그러면 현재 단백질의 구조는 어떤 방법으로 연구되고 있는지 알아보자.

특정 단백질의 입체 구조를 확인하기 위해서는 X선 회절 방법과 극저온 전자 현미경이 사용되고 있는데, 입체 구조를 직접 확인 가능한 X선 회절 방법은 극도로 밝은 빛이 필요하기 때문에 방사광 가속기를 사용하므로 시간도 시간이지만 고가일 수밖에 없다. 그런데 여기에 인공지능이 도전장을 내민 것이다. 실험과 관찰을 통한 실험실의 구조 생물학에서 프로그래머가 자리 잡고 있는 컴퓨터실의 AI 구조 생물학으로 또 다른 가능성을 시사한 것이다.

자, 그러면 앞에서 배운 단백질의 생성 과정을 복습해보자. 구조 생물학의 목적은 단백질의 3차원 구조를 정확히 알아 예측하는 것이니, 단백질의 생성 과정을 살펴보는 것이 중요할 수밖에 없다. 유전자는 단백질을 만드는 설계 도면이 적혀있는 염기 서열 구간으로 이 염기 서열을 한 줄로 받아 적은 것이 mRNA다. 이렇게 만들어진 mRNA는 세포질의 리보솜에서 염기 3개당 1개의 아미노산으로 번역되고, 아미노산이

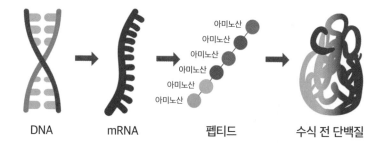

도표 3-2 단백질 생산 과정

아미노산
아미노산
아미노산
아미노산
아미노산
아미노산

DNA　　　mRNA　　　펩티드　　　수식 전 단백질

여러 개 결합된 펩티드가 만들어진 후 소포체에서 다양한 접힘 효소의 도움을 받아 단백질이 된다.

과거 과학자들은 단백질의 구조를 밝히기 위해 아미노산으로 구성되어있는 펩티드와 단백질과의 관계를 분석하는 데 집중했다. 그러다 DNA 염기 서열이 아미노산의 종류를 결정하고 이 아미노산들의 화학적인 작용에 따라 단백질의 구조가 결정된다는 생각에 미치자, DNA에서 바로 단백질의 구조를 예측하는 방법을 찾기 시작한다.

그런데 보통 단백질은 수백 개 이상의 아미노산으로 이루어지는데, 문제는 아미노산의 종류가 20개나 된다는 것이다. 이들 아미노산은 물에 잘 녹는 극성과 그렇지 않은 비극성, 그리고 극성은 다시 전하를 갖고 있는 아미노산과 전하를 갖고 있지 않은 아미노산으로 나뉜다. 단백질은 다양한 종류의 아미노산이 다양한 결합 방식에 의해 3차원 입체 구조를 형성하기 때문에, 그 복잡성으로 인해 앞에서 살펴본 것과 같은 고가의 장비들이 사용되어야 예측할 수 있는 난제다.

알파고(AlphaGo)와 스타크래프트 2(Starcraft 2)로 어느 정도 자신감이 붙은 구글 딥마인드 CEO 데미스 하사비스(Demis Hassabis)는 본격

아미노산 생산과 아미노산 분자 구조

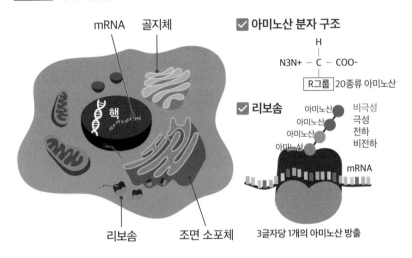

CASP 대회에서의 알파폴드의 성적

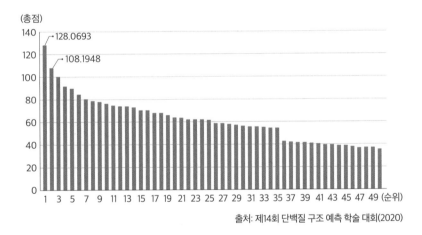

출처: 제14회 단백질 구조 예측 학술 대회(2020)

적으로 과학 문제를 해결해보기 위해 2018년 단백질 구조 예측 학술 대회인 CASP 13에 처음 참가하게 된다. 이들은 딥마인드의 AI 알파폴드 1(AlphaFold 1)으로 자유 모델링 부문(주형이 주어지지 않는)에 참가했는데, 2위와 큰 점수 차로 1위를 기록해 주위를 깜짝 놀라게 했다. 그뿐만 아니라 그다음 해인 CASP 14에도 딥마인드는 좀 더 업그레이드된 알파폴드 2를 갖고 참가해 다시 한번 큰 주목을 받게 된다.

알파폴드 2는 딥러닝과 텐션 알고리즘 기술(아미노산 클러스터의 작은 부분들을 맞춘 다음 이들을 다시 결합해 큰 부분을 결합하는 방식)을 결합해 예측 능력을 크게 개선했다. 성적에 고무된 딥마인드는 코로나19 같은 감염병에 신속히 대응할 수 있고, 단백질 포켓이나 틈과 잘 결합하는 신약 개발에서도 충분히 성과를 낼 수 있다고 자신감을 내비쳤다. 또한 세포 안에서 핵심 기능을 수행하는 단백질 복합체 구조를 해명하도록 알파폴드를 훈련시키겠다는 향후 계획도 발표했다. 하나의 단백질 구조 예측뿐만 아니라 단백질 복합체 간에 서로 상호 작용하는 아미노산 서열 또한 다중 정렬 분석을 통해 알아낼 수 있게 되었는데, 이것은 상호 작용하는 단백질 복합체의 구조도 어느 정도 예측 가능하다는 것을 의미한다.

이러한 딥마인드의 성과에 업계는 찬사를 아끼지 않았다. 과거에 몇 년씩 걸리던 작업을 단 며칠로 단축시켰다는 것이다. 컬럼비아대학교(Columbia University)에서 생체 분자 머신러닝을 연구하는 모하메드 알퀴라이시(Mohammed Alquraishi) 교수도 자신의 트위터 페이지에 단백질 구조 예측 연구는 결론이 났으며 부수적인 해결 과제는 있지만 핵심 문제는 해결되었다고 평가했다.

하지만 업계의 냉정한 평가도 이어졌다. 그들은 도메인이나 폴드 예측에 한정된 성과라고 의미를 축소시켰다. 모하메드 알퀴라이시 교수는 알파폴드의 성과는 전체 단백질이 아닌 단일 도메인에 대한 것이며 몇 가지 잘못된 예측 결과도 있어, 코너 케이스(corner case, 환경 변수 또는 조건에 따라 발생하는 문제)는 남아있는 상황이라고 평가했다.

또한 학습 모델인 만큼 언제나 다른 방법들과 비교를 통해 여러 번 증명을 거쳐야 한다는 의견도 있다. 대체적으로 매우 대단한 도약이긴 하지만, 아직은 더 지켜볼 필요가 있다는 반응이었다. 어떤 연구자는 딥마인드가 비오픈 소스 프로그램을 제공하면서 과학자들이 자유롭게 공유하는 연구 데이터를 사용해 수익을 창출하려 할 것이라고 전혀 다른 시각에서 우려감을 나타냈다.

요약하자면 대단한 성과이기는 하지만 아직 좁은 범위 내에서의 성공으로 봐야 하며, 실제 사람 몸에 적용했을 때 제대로 작동하는지에 대해서는 좀 더 지켜봐야 한다는 것이다. 더불어 업계에서는 조속히 딥마인드가 관련한 논문을 발표하고 소스를 공개할 것을 한목소리로 요구했다.

그러나 딥마인드는 이러한 요구에 명확하지 않은 태도를 보여 오픈 소스 문화를 공유하고 있는 AI 연구자들의 반감을 사기 시작했다. 상업성을 띄는 알파벳의 자회사 딥마인드가 원래의 목적인 이익 추구에 충실하면서 색깔이 전혀 다른 오픈 소스 문화와 코드를 맞추기란 생각보다 쉽지 않았을 것이다.

알파폴드 상업화 전략 그리고 로제타폴드

딥마인드의 애매한 태도와 이에 대한 업계의 반감은 로제타폴드(RoseTTAFold)라는 멋진 작품을 탄생시키는 계기가 되었다. 로제타폴드는 화학과 생명 공학을 기반으로 하는 워싱턴대학(University of

Washington)의 인공 지능이다. 2021년 7월 15일 AI 로제타폴드를 활용해 단백질 해독에 성공한 워싱턴대학교가 〈사이언스〉에 논문을 발표하게 되는데, 공교롭게도 같은 날 그동안 명확한 입장을 보이지 않던 딥마인드가 〈네이처〉지에 논문을 발표한다. 로제타폴드가 딥마인드를 서둘러 표면 위로 드러나도록 만든 형국이 되었는데, 어떻게 보면 로제타폴드가 등장할 수 있었던 것은 딥마인드가 알파폴드 2의 논문 공개일을 확정하지 않기 때문이다. 딥마인드가 논문을 공개하지 않더라도 학계에서 알파폴드 2를 재현한다면 연구자들도 최신 기술의 혜택을 받을 수 있다는 것이 로제타폴드의 개발 동기였으므로, 딥마인드와 로제타폴드가 서로를 자극했다고 볼 수 있다.

딥마인드는 논문과 소스 코드를 공개한 후 1주일이 지나 알파폴드 2로 만든 단백질 구조 예측 데이터베이스 사이트를 오픈했는데, 이 데이터베이스에는 2만 개 인간 단백질과 20종 유기체를 포함한 35만 개 단백질 구조의 데이터베이스를 제공하고 있다. 사이트에 들어가 원하는 인간 단백질을 입력하면 인간 단백질 구조 98.5%에 대한 3차원 구조의 단백질 형상을 얻을 수 있다. 딥마인드는 단백질 정보 은행의 17만 개 데이터베이스를 토대로 아미노산 서열과 구조에 대한 딥러닝을 진행해 결괏값을 얻었다고 한다.

다시 로제타폴드 이야기로 돌아가자. 탁월한 성능을 가진 알파폴드 2가 있음에도 불구하고 로제타폴드에 관심이 쏠리는 이유는 구글의 수준 높은 AI 전문가와 인프라 없이 알파폴드 2와 버금가는 수준의 단백질 구조 예측 AI를 개발해냈다는 점 때문이다. 로제타폴드의 개발진들은 AI 전문가가 아닌 화학이나 생물학 전공자들로 구성되었는데, 특히 우리나라 백민경 박사가 주도해 더욱 관심을 끌고 있다. 워싱턴대학교의 백민경 박사는 이전의 CNN(Convolutional Neural Networks)에서는 바로 옆 픽셀만을 중시하지만 단백질 구조 파악을 위해서는 멀리 떨어진 정보도 필요하다며, 어텐션(Attention)을 활용하면 전체 투입 정보를 보고 연관도에 따라 정보를 가져오도록 조정하는 것이 중요하다고 설명한다. 다시 말하면 실제 바로 이어져 있는 바로 옆의 아미노산만 중요시하는 것이 아닌 연관된 아미노산 전체에 대한 정보가 중요하며, 이러한 시도가 뛰어난 성능의 비결이라고 설명하고 있는 것이다.

더 나아가 로제타폴드는 신약 개발에 활용 가능한 타깃 단백질 구조 예측 성능에 대한 검증을 마쳤다고 한다. 여러 단백질 간 상호 작용 여부도 파악 가능하며 활성 혹은 불활성 구조에 맞는 모델을 만들어내는 것도 확인했으며, 실제 세계 140여 개 연구 그룹에서 다운로드를 했다고 한다.

이제 딥마인드의 아이소모픽 랩스와 비 아이소모픽 랩스의 진검승부가 벌어질 것이 예상된다. 딥마인드라는 메기가 바이오에 또 다른 혁신을 만들어내면서 새로운 판도라의 상자가 열렸다. 알파폴드와 로제타폴드는 단백질 구조 예측 분야에서 활성을 가속화하는 양성되먹임 트랙(track)에 올라선 것이다. 시간이 지날수록 DNA와 단백질 간의 관계는 보다 명확해지면서 제약 산업 전반에 큰 파장을 미칠 것으로 전망된다.

셀트리온, 삼성바이오로직스의
바이오시밀러

바이오시밀러 생산 기술

셀트리온과 삼성바이오로직스는 세계적인 바이오시밀러 개발 역량을 가진 우리나라를 대표하는 바이오 기업이다. 시가 총액이나 투자 규모 매출액 등에서 다른 바이오텍과는 체급이 다르며 세계적인 경쟁력을 갖추고 있어 많은 투자자의 관심을 받고 있는 기업이기도 하다. 그런데 막상 "바이오시밀러가 뭐예요?"라고 물으면 정확하게 답변하는 투자자가 드물다. "오리지널(original) 의약품과 비슷하게 만드는 거 아닌가?" 하고 말끝을 흐린다. 맞다. 바이오시밀러란 생물에서 유래한 오리지널 의약품의 구조를 거의 동일하게 모방한 약품으로 약효도 비열등하다.

특허가 만료된 화학 의약품을 똑같이 만든 것을 제네릭(generic)이라 하고, 단백질 의약품을 모방해서 만든 것이 바이오시밀러다. 제네릭은 구조와 분자량이 작은 화학 합성 의약품이며, 바이오시밀러는 구조가 크고 복잡한 단백질인 점이 다르다. 제네릭은 구조와 분자량이 작다 보니 화학적인 방법으로 합성해 생산할 수 있지만, 바이오시밀러는 너무 복잡해 도저히 인간이 독자적으로 합성해 생산할 수 없다. 그래서 바이오시밀러를 만들기 위해서 다른 생물의 힘을 빌리게 되는데 그게 중국 햄스터 난소세포(Chinese Hamster Ovary cell, CHO cell)다. CHO세포에 인간이 필요로 하는 단백질을 생산해내는 유전자를 넣으면 CHO세포는 알아서 치료제인 단백질을 만든다. 물론 온도와 pH 등 CHO세포가 일할 수 있는 환경을 만들어줘야 한다.

CHO세포에 인간의 유전자를 삽입하는 것은 앞에서 배운 4개 바이오 혁신 기반 기술 중 하나인 재조합 DNA 기술을 이용한다. 염색체와는 별도로 존재하는 작은 원형 고리 플라스미드에 치료제를 만들어낼 수 있는 사람의 유전자를 삽입한다. 그리고 이것을 대장균이나 CHO세포에 삽입하면 세포가 증식하며 목적 단백질인 치료제를 대량 생산하게 되는데, 우리는 세포 속에서 목적하는 단백질만을 순수하게 정제해 치료제로 사용하면 된다.

여기서 잠시 앞에서 배운 내용을 복습할 겸, 우리가 CHO세포에 넣어준 인간 유전자가 어떻게 단백질로 생산되는지 자세하게 살펴보기로 하자. 플라스미드에 넣어준 인간 유전자가 mRNA를 전사해내고 mRNA는 리보솜에서 각종 접힘 효소에 의해 3차원 구조로 접혀 모양을 갖추게 된다. 여기까지는 아직 완전한 단백질이 아니다. 골지체로 옮겨져 앞

도표 3-5 재조합 DNA 기술

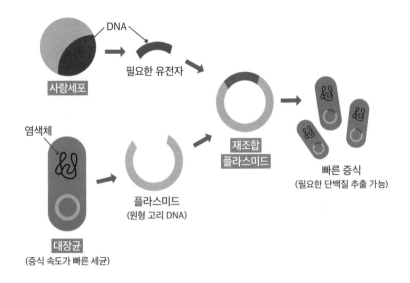

으로 어떤 곳에서 어떤 역할을 할 것인지를 결정하는 수식 과정이 남아 있기 때문이다. 당이나 지질로 수식이 끝나야 비로소 온전한 단백질로 기능할 수 있다.

연구자들이 수식과 단백질 기능의 연관 관계를 확인하기 위해 단백질에 수식된 당을 제거한 후 움직임을 관찰한 실험 결과, 단백질이 본래의 기능을 상실하는 것을 확인했다. 이처럼 수식은 그냥 단순한 모양이 아니라 단백질의 기능을 좌우하는 매우 중요한 조건의 하나다. 똑같은 아미노산 서열로 이루어져 있어도 세포의 종류, 생산되는 조건에 따라 번역 후 변형 과정이 달라지는 매우 민감한 작업이다. 따라서 생산하는 빛, 보관 온도, pH, 염의 농도를 잘 결정하는 것이 노하우다.

도표 3-7의 왼쪽이 오리지널 의약품이고 오른쪽이 바이오시밀러다.

단백질 의약품 생산 과정

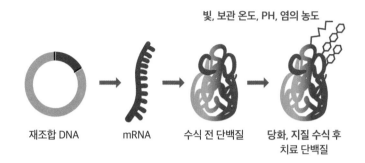

빛, 보관 온도, PH, 염의 농도

재조합 DNA → mRNA → 수식 전 단백질 → 당화, 지질 수식 후 치료 단백질

오리지널 의약품, 바이오시밀러

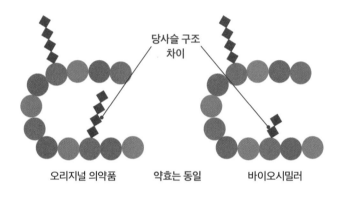

당사슬 구조 차이

오리지널 의약품   약효는 동일   바이오시밀러

둘의 차이를 구분하기 어려울 정도로 비슷하다. 아미노산의 구성과 접힘 구조는 거의 완벽하게 같으나 수식에서 차이가 난다. 당사슬(수식) 구조를 보면 오리지널 의약품은 당의 개수가 4개인데 반해 바이오시밀러는 당 2개로 구성되어있다. 그럼에도 불구하고 약효가 비열등하기 때문에 약으로 인정받을 수 있는 것이다.

삼성바이오로직스와 셀트리온의 경쟁력

2021년 말 기준 동물 세포 배양 시설 세계 순위는 로슈(Roche), 삼성 바이오로직스, 론자(Lonza)순이며, 이들은 지속적으로 증설해 향후에도 순위를 지켜나갈 전망이다. 반면 4위 이하는 중국의 우시 바이오로직스 (Wuxi Biologics), 후지필름(Fujifilm), 셀트리온이 빠른 CAPA(Capacity, 생산 설비) 증설을 앞세워 새롭게 10위 안으로 진입하면서 순위 변동이 예상된다.

삼성바이오로직스와 셀트리온은 세계적인 바이오시밀러 개발 역량 및 자본력을 바탕으로 과감한 CAPA 증설에 나서고 있다. 삼성바이오로직스는 4개 공장 62만L 생산 능력으로 항체 바이오 의약품 위탁 생산 기준 세계 1위를 기록하고 있으며, 추가로 5, 6공장을 신설할 예정이다. 셀트리온은 현재 바이오시밀러 5개를 보유하고 있고, 6개 파이프라인을 개발하고 있다. 생산 CAPA는 3공장 완공 시 20만L를 확보하게 되며, 4공장은 20만L 규모로 계획하고 있어 향후 높은 성장성이 예상된다. 또한 세계적인 기술력과 빠른 의사 결정 그리고 과감한 실행 능력이 삼성 바이오로직스와 셀트리온 경쟁력의 원동력이다.

삼성바이오로직스와 셀트리온은 같은 항체 의약품을 생산한다는 특징을 공유하고 있지만 사업 구조는 서로 다른 측면이 많다. 두 기업의 사업 부문과 각 사업 부문의 특징을 비교 분석해 이해를 돕고자 한다.

도표 3-8 글로벌 동물세포 기반 CAPA 순위 및 전망

회사(나라/사명)	2021년 순위	2025년 순위(전망)
스위스/로슈	1	1
한국/삼성바이오로직스	2	2
스위스/론자	3	3
독일/베링거인겔하임	4	6
미국/바이오젠	5	10
스위스/노바티스	6	-
프랑스/사노피	7	-
미국/존슨앤존슨	8	7
미국/브리스톨마이어스퀴브	9	-
미국/암젠	10	9
중국/우시 바이오로직스	-	4
일본/후지필름	-	5
한국/셀트리온	-	8

출처: 한국바이오협회

삼성바이오로직스

삼성바이오로직스의 사업 구조는 크게 3개의 부문으로 나뉘어있다. 항체 의약품을 생산하는 위탁 생산 부문, 세포주(동일한 유전적 특징을 갖는 세포의 계통) 개발 및 의약품 생산 공정 서비스를 제공하는 위탁 개발(Contracted Development Organization, CDO) 부문, mRNA 등 핵산 치료제 원료를 생산하는 유전자세포 치료제 부문 등이다.

위탁 생산 부문은 4공장 완공 시 62만L CAPA를 보유하게 되며, 자회사인 삼성바이오에피스에서 개발한 바이오시밀러를 생산해주거나 다른 바이오 회사의 계약 주문을 받아 제품을 생산하게 된다.

위탁 개발 부문은 신약을 개발하는 바이오파마나 바이오텍으로부터 신약 개발에 필요한 세포주를 개발하거나 물질 생산, 완제 의약품, 임상 시험 수탁까지 원스탑으로 서비스를 공급하는 것을 목표로 한다. 경쟁력 있는 서비스를 제공하기 위해 샌프란시스코(San Francisco)에 R&D 센터를 설립해 운영하고 있다.

위탁 개발 부문의 또 다른 가치는 고객이 일단 위탁 개발을 맡겨 한번 인정을 받으면, 자연스럽게 위탁 생산으로 고객이 유입되는 효과가 있다는 것이다. 신약 개발은 시간과의 싸움이다. 효과나 부작용 측면에서 큰 차이가 없다면 일단 선점하는 것이 상업화에서 중요하다. 삼성바이오로직스는 발생 가능한 문제점을 미리 고민하고 대비하는 삼성 특유의 문화를 바탕으로, 타사 대비 보다 빠른 시간 안에 고품질 제품과 서비스를 제공하는 능력이 뛰어나다. 이를 바탕으로 향후 신약 개발 고객이 더욱 확대될 것으로 전망된다.

신규 분야인 유전자세포 치료제는 현재 위탁 생산 1, 2, 3공장 일부를 리모델링해 mRNA 원액을 생산할 예정으로, 향후 5, 6공장이 신설되면 유전자세포 치료제 CAPA는 크게 확대될 것이다. 최근 유전자 치료제 파이프라인이 급증하는 가운데 mRNA 백신이 급성장하고 있고, siRNA도 희귀 질환뿐만이 아니라 만성 질환으로 신약 승인을 받으면서 시장이 더욱 확대되고 있어 동사의 장기 성장성은 밝다. 단, 주요 핵산 치료제 핵심 기술이 촘촘하게 특허로 묶여있어 생산과 개발에 필요한

위탁 생산	위탁 개발	유전자세포 치료제
항체 의약품(62만L)	세포주 개발 및 의약품	mRNA, siRNA
- 1공장	생산 공정 서비스	- 1, 2, 3공장(mRNA 원액
- 2공장	- 샌프란시스코 R&D 센터	설비) 리모델링
- 3공장		- 5, 6공장 예정
- 4공장		

기술 및 인력 확보는 향후 과제로 남아있다.

또한 삼성바이오로직스가 바이오시밀러를 개발하기 위해 미국의 퇴행성 뇌 질환 치료제 개발사인 바이오파마 바이오젠(Biogen)과 합작해 만든 삼성바이오에피스 지분을 전량 인수하면서 보다 원활한 의사 결정이 가능해졌다. 이에 향후 신약 개발 사업에 본격적으로 뛰어들 수 있다는 주장이 설득력을 얻고 있다. 제약 바이오 산업은 신약 개발에 오랜 시간이 소요될 뿐만이 아니라 많은 인력과 개발 노하우가 필요하기 때문에 단기간에 선두 그룹과의 격차를 좁히기 어렵다. 따라서 삼성이 신약 개발 시장에 본격적으로 뛰어든다면 대규모 자금력을 활용한 바이오파마급 M&A가 최적의 선택안이 될 것으로 예상한다.

셀트리온

우리나라 기업 중 가장 먼저 바이오시밀러 시장을 개척한 기업은 셀트리온이다. 셀트리온은 현재 5개의 바이오시밀러 의약품을 승인받아 판매하고 있으며, 최근 정맥주사형(intravenous injection, IV주사형)에서 피하주사형(subcutaneous injection, SC주사형)으로 환자의 편의성을 제고한 새로운 제형의 제품을 시장에 발 빠르게 출시하며 기술력을 증명하고 있다. 셀트리온도 삼성바이오로직스와 마찬가지로 3개의 사업 부문을 보유하고 있으나 색깔은 전혀 다르다.

위탁 생산 부문 이외에도 화학 의약품을 생산하고 판매하는 글로벌 케미컬 프로젝트(Global Chemical Project, GCP) 부문을 강화해나가고 있는데, 셀트리온의 비전에도 명확하게 제시되어있듯이 차세대 바이오 의약품뿐만이 아니라 케미컬 의약품 개발이 업의 한 축을 구성하고 있다. 동사는 청주에 케미컬 의약품 공장을 보유하고 있으며 2020년 일본 빅파마 다케다(Takeda)의 아시아태평양지역(APAC) 프라이머리 케어(Primary Care) 사업 부문의 18개 제품을 양수한 것도 자체 글로벌 유통망을 구축해 전 세계 화학 의약품 시장에서 주도권을 확보하려는 전략의 일환으로 해석할 수 있다. 다케다로부터 양수한 약품은 꾸준한 성장성을 보이는 품목들로 향후 매출 성장률 증가에 기여할 뿐만 아니라 셀트리온의 신사업 진출에 든든한 캐시 카우 역할을 해줄 수 있다.

다음으로 신약 개발 부문이다. 코로나19 항체 치료제 렉키로나(Regkirona)를 시작으로 바이오시밀러를 넘어 신약 개발에 본격적으로 뛰어든 셀트리온은 최근 각광받고 있는 항체 약물 접합체를 신성장 동력으로 낙점하고 항체 약물 접합체 개발사인 익수다 테라퓨틱스(IKsuda Therapeutics) 지분 17.79%를 확보했다. 항체 약물 접합체는 항체와 약물을 연결하는 구조로 되어있어 항체 생산에 뛰어난 셀트리온의 강점을 살리면서 기존 사업과도 시너지를 낼 수 있어 유리하다.

도표 3-10 셀트리온 사업 구조

위탁 생산	글로벌 케미컬 프로젝트	신약 개발
바이오시밀러 5개 보유 및 6개 개발 중 - 1공장(cGMP) - 2공장(cGMP) - 3공장(증설 중)	- 다케다 사업 부문 양수 - 케미컬 의약품(청주)	- 항체 약물 접합체 신약 개발 - 코로나19 치료제 항체 - mRNA 백신 플랫폼

또 다른 신약 개발 사업으로 mRNA 백신 플랫폼을 구축해나가고 있는데, 2020년 미국 트라이링크 바이오테크놀로지(TriLink BioTechnologies)와 제휴를 맺고 코로나19 변이형 백신뿐만 아니라 항암 백신 개발에 필요한 RNA 기술을 확보한다는 계획이다. 차세대 캡핑(capping) 기술을 포함한 RNA 개발과 관련한 자체 원천 기술을 확보하고 mRNA 생산 기술도 갖추어, 백신 파이프라인을 개발하고 임상에 필요한 치료 물질도 자체적으로 생산할 예정이다.

지금까지 삼성바이오로직스와 셀트리온의 사업 구조를 비교 분석해보았다. 두 회사는 주력 사업인 항체 치료제 생산이라는 위탁 생산 사업을 공유하고 있지만 그 외 사업에서는 뚜렷한 차이점을 보이고 있다. 삼성바이오로직스의 경우 아직까지 신약 개발 사업에 본격적으로 뛰어들지 않으면서 차기 사업으로 성장성 높은 핵산 치료제 원료 생산에 일단 주력하는 모습이다. 하지만 향후 빅파마로 성장해가기 위해서는 거대 시장이며 고부가 가치인 신약 개발 사업에 반드시 진출할 수밖에 없기 때문에 두 회사의 사업 구조는 확산 후 다시 수렴할 것으로 전망한다.

희귀 질환을 치료하는
CRISPR-Cas9 기술

CRISPR-Cas9의 작동 원리

CRISPR-Cas9 기술을 갖고 있는 미국의 인텔리아 테라퓨틱스 (Intellia Therapeutics)는 처음으로 유전자 가위를 사람의 몸속에 직접 집어넣어 특정 유전자를 잘라내는 in vivo 임상 시험을 진행 중이다. 각종 유전 질병의 원인은 유전자의 변이에 의한 경우가 대부분이므로 근본적인 치료를 위해서 유전자를 편집하는 CRISPR-Cas9 기술이 새로운 대안으로 떠오르고 있다. CRISPR-Cas9을 이해하기 위해서는 먼저 유전자가 어떻게 이루어져 있는지 알아야 한다.

앞서 세포의 핵 속에는 염색체 23쌍이 들어있고 히스톤 단백질에

DNA 두 가닥이 촘촘하게 감겨있는데, 특정 단백질을 생산할 때 해당 유전자를 발현시켜 mRNA를 전사한 다음 리보솜에서 단백질을 생성하게 된다는 것을 설명했다.

그런데 만일 유전자에 이상이 생기면 어떤 일이 일어날까? 유전자에 이상이 있다는 것이 무슨 의미인지부터 알아보는 것이 좋겠다. DNA는 염기 서열 이중 가닥으로 이루어져 있고, DNA 특정 구간의 유전 정보를 유전자라고 했는데, 유전자의 유전 정보는 염기 서열의 순서를 의미한다. 그런데 이 염기의 순서가 바뀌어있거나 누락, 반복되거나 혹은 유전자 자체가 2개 있는 등 유전자 돌연변이가 발생하는 경우, 그 유전자에서 만들어지는 단백질은 당연히 이상이 생기게 된다. 흔히 볼 수 있는 단백질 이상은 단백질 기형이나 단백질 과다 생산, 단백질 미생산 등으로 희귀 질병의 주요 원인이 된다.

우리 몸속의 세포에 있는 전체 혹은 특정 구간의 DNA 염기 순서를 알아내는 방법이 NGS다. 유전병의 원인인 유전자 변이를 파악하고 유전자를 편집하려면 당연히 어느 유전자의 어느 곳에 돌연변이가 생겼는지 알기 위해 정확하게 유전자 서열을 밝혀내야 한다.

이해를 돕기 위해 예를 들자면, 먼 산에 노루도 있고 토끼도 있다는 사실은 알고 있지만, 정확히 사냥감이 어디에 있는지도 모르고 그 사냥감을 정확히 맞출 총도 없었다. 그러던 어느 날 망원경을 갖게 되어 사냥감이 어디에 있는지 망원경을 통해서 정확히 알게 되었다. 그리고 또 얼마 지나지 않아 사냥감을 쏠 수 있는 총도 갖게 되어 드디어 사냥감을 보고 쏘는 것이 가능해졌다. 정리하면 핵 속의 유전자 서열을 NGS(망원경)로 빠르게 밝혀내고 CRISPR-Cas9(총)으로 절단할 수 있게 되었다는 의미다.

이전에 개발된 유전자 가위는 결합 특이성이 높은 단백질을 만들기 위해 많은 시간과 비용이 소요되었다. 이러한 문제점을 해결해준 것이 3세대 유전자 가위인 CRISPR-Cas9이다. CRISPR-Cas9은 DNA를 절단하는 Cas9과 원하는 염기 서열을 찾아가 확인할 수 있는 gRNA로 구성되어있다.

우리 몸속의 유전자 서열을 확인했으니 이제 유전자 돌연변이가 있는 세포로 CRISPR-Cas9을 전달해 2개의 중복된 유전자 중 1개를 절단해보자. 타깃하는 유전자는 AAAGGGTTTCCC'N'GG라는 염기 서열을 갖고 있으며 이 유전자를 CRISPR-Cas9으로 잘라내고자 한다. 여기서 'N'이란 이 자리에 A, G, C, T 중 어느 염기가 와도 좋다는 의미다. 도표

도표 3-11 CRISPR-Cas9

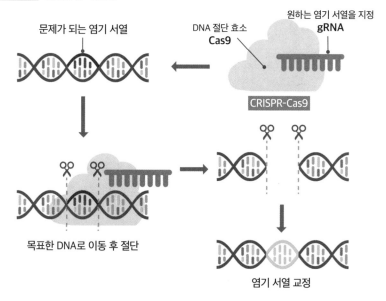

원하는 염기 서열을 지정
gRNA

DNA 절단 효소
Cas9

문제가 되는 염기 서열

CRISPR-Cas9

목표한 DNA로 이동 후 절단

염기 서열 교정

3-12는 우리가 세포 속으로 전달한 CRISPR-Cas9이 타깃 유전자에 접근해 PAM(유전자 가위가 절단하려는 표적 DNA를 인식하도록 돕는 일종의 알림판)을 확인한 후 gRNA의 염기 서열과 타깃 유전자의 염기 서열을 대조(염기 결합 부위)해보는 장면이다.

만일 gRNA의 염기 서열과 타깃 유전자의 염기 서열이 상보적으로 일치한다면 Cas9은 DNA를 절단 도메인으로 잘라내게 된다. 이렇게 잘려진 유전자의 양 끝에는 임의의 염기 서열이 삽입되거나 양 끝의 염기가 제거되면서 높은 확률로 유전자로서의 기능을 상실하게 된다.

참고로 세포에서 CRISPR-Cas9으로 특정 유전자를 편집하기 위해서는 gRNA와 Cas9을 만들 수 있는 mRNA를 전달체에 담아 세포로 전달하게 된다. 앞에서 이미 학습한 것처럼 세포 안으로 들어간 mRNA는 리보솜에서 Cas9 단백질을 생산한 후 gRNA와 결합해 CRISPR-Cas9으로 기능하게 된다.

도표 3-12 **CRISPR-Cas9의 작동 원리**

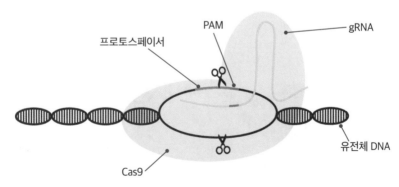

출처: Rainha, J.; Rodrigues, J.L.; Rodrigues, L.R.(2021년 11월 13일),
'CRISPR-Cas9: A Powerful Tool to Efficiently Engineer Saccharomyces cerevisiae. Life'

CRISPR-Cas9의 한계

이러한 CRISPR-Cas9은 무엇이든 원하는 대로 편집하는 요술 지팡이로 생각할 수 있지만, 사실 CRISPR-Cas9의 기능은 유전자 절단에 머무르고 있는 것이 현실이다. 미국의 CRISPR-Cas9 기술을 보유한 3개 회사 모두 유전자를 절단해 비정상적인 단백질이 생산되지 않도록 하는 임상 시험을 진행하고 있다. 원하는 대로 유전자 편집이 이루어지기 위해서는 CRISPR-Cas9을 타깃하는 유전자의 염기 단위 수준으로 정확하게 보내고 돌연변이 염기를 원하는 염기로 교체 가능해야 하는데, 현재로서는 기술적인 한계를 갖고 있다.

먼저 CRISPR-Cas9이 타깃할 수 있는 대상은 한정적이다. CRISPR-Cas9이 타깃 유전자를 찾아가기 위해서는 표지판 역할을 하는 타깃 유전자의 PAM을 Cas9이 먼저 인식해야 하는데, 현재 Cas9이 인식 가능한 PAM은 NGG에 머무르고 있어 주위에 NGG가 풍부한 유전자만 Cas9으로 절단할 수 있을 뿐 T, C, A 자리에서는 기능하지 못한다는 한계가 있다. 결과적으로 염기 단위의 유전자 편집이 어려운 이유다. 그래서 미국 에디타스 메디신(Editas Medicine)이 T(티민)군을 인식할 수 있는 새로운 CRISPR-Cas12a(Cpf1)을 개발해 임상 적용하고 있는 등 유전자 가위 관련 바이오텍들은 모든 PAM을 인식할 수 있는 CRISPR-Cas9 개발에 속도를 내고 있는 상황이다.

CRISPR-Cas9이 개선해야 할 부분은 오프 타깃(off target, 타깃을 벗어남) 문제다. 대부분의 치료제는 부작용이 있기 마련이지만 유전자 가위는 잘못 기능하면 목숨이 위태로울 수 있어 가장 우려되는 부분인데,

gRNA와 상보적인 DNA 서열이 불일치함에도 불구하고 Cas9 단백질의 절단 기능이 작동한다는 점이다. Cas9 아미노산 서열 변경으로 gRNA와 DNA 사이의 특이성에 의존하도록 정확도를 개선해나가고 있다.

CRISPR-Cas9의 혁신과 바이오텍

CRISPR-Cas9의 오프 타깃, 즉 gRNA와 타깃 DNA가 일치하지 않는 허용 범위가 염기 2개 이상이며, 프레임이 어긋나서 절단 위치의 정확성도 떨어지는 편이다. 이러한 문제점을 개선한 것이 CRISPR-Cas12a로 오차 허용 범위가 염기 2개 이하이며, 절단 위치의 정확성도 프레임이 정확히 일치하는 정교함을 보여주고 있다.

코넥스에서 코스닥으로 이전 상장하고 CRISPR-Cas9 특허를 보유하고 있는 툴젠은 다양한 변이를 발생시킨 CRISPR-Cas9을 유도 진화 실험 방법을 통해 최적화함으로써 오프 타깃을 대폭 개선한 논문을 발표하고 특허를 받았다.

앞에서 설명했지만 현재 CRISPR-Cas9은 유전자의 절단 기능에 그치고 있다. 에디타스 메디신의 설립자기도 한 브로드 연구소(Broad Institute)의 데이비드 류(David Liu)는 유전자를 절단 후 교정까지도 가능한 프라임 에디팅을 개발했다.

프라임 에디터(Prime editor)는 PEG RNA(Prime Editing Guide RNA, 프라임 에디팅 가이드 RNA)와 변형된 Cas9, 그리고 역전사 효소로 이루어져

있다. 복잡해 보이지만 알고 보면 단순하다. 타깃 DNA의 염기 서열과 상보적으로 결합하는 PEG RNA는 CRISPR-Cas9에서의 gRNA와 역전사 효소가 주형으로 삼는 template RNA를 포함한다. CRISPR-Cas9의 Cas9은 타깃 DNA의 두 가닥을 자르는 반면, 프라임 에디팅(Prime editing)은 한 가닥만 잘라낸 후 역전사 효소로 교정하고자 하는 염기 서열을 만들고 나서 더 이상 필요 없는 기존의 염기 서열을 잘라버림으로써 돌연변이 유전자를 교정하게 된다.

우리는 앞에서 전사라는 용어를 배웠다. 전사는 DNA로부터 mRNA를 중합하는 과정을 의미하는데, 반대로 RNA로부터 거꾸로 DNA를 중합하는 과정을 역전사라고 말한다. 역전사 효소(단백질)를 함께 넣어주면 필요한 DNA의 염기 서열을 만들어낸다고 이해하면 된다.

도표 3-13 프라임 에디터의 구성 및 역전사 진행 모식

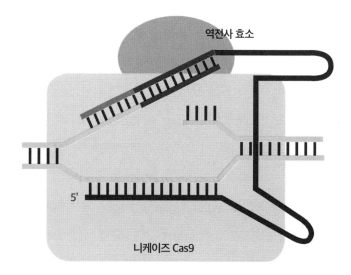

최근에는 CRISPR-Cas9의 크기를 줄이는 쪽으로도 연구가 이루어지고 있다. CRISPR-Cas9은 비교적 큰 편으로, 타깃세포로 전달하는 데 어려움을 겪는다고 한다. 이러한 문제점을 개선하기 위해서 2020년 노벨상을 수상한 제니퍼 다우드나(Jennifer Doudna) 교수가 2018년 창업한 맘모스 바이오사이언스(Mammoth Bioscience)는 기존보다 크기가 절반 정도밖에 안 되는 작은 초소형 CRISPR-Cas 시스템을 이용해 유전자 치료제 및 진단 기술을 개발하고 있다고 밝혔다. 그뿐만 아니라 미국 스탠퍼드대학교(Stanford University)는 기존 CRISPR-Cas 시스템에서 사용되던 Cas9, Cas12a보다 절반 이하 크기의 작은 미니어처 dCas12f를 개발하기도 했다.

CRISPR-Cas9의 다양한 기능

CRISPR-Cas9 기술은 유전자 편집 이외에도 다양한 바이오 분야에서 활용할 만한 가치가 있다. 가위 역할을 하는 Cas9의 기능을 없앤 후 유전자 발현에 반드시 필요한 RNA 중합 효소와 같은 단백질과 결합하도록 만들어 CRISPR 억제제로 사용할 수 있다. 반대로 특정 단백질과 결합해 특이 유전자를 발현하도록 만드는 CRISPR 활성제로도 사용할 수 있다.

또 다른 활용 사례는 CRISPR 후성 유전학이다. 염색체의 33억 염기서열은 히스톤이라는 단백질 복합체에 감겨있는데, 히스톤 단백질은 후성 유전적 조절 기능도 담당하고 있어 유전자를 발현 혹은 침묵시키기도 한다. 가령 같은 유전자를 공유하는 일란성 쌍둥이도 어떤 삶을 살아왔는가에 따라 전혀 다른 모습을 하게 되는데, 이는 두 사람의 생활 습관과 건강 관리 여부 등 후성 유전적 환경 차이에서 기인하는 것이다. 즉 같은 유전자를 갖고 있어도 담배나 술 등 잘못된 습관으로 인해 DNA와 히스톤 단백질과의 후성 유전적 조절 환경에 균열이 발생한다면 단백질 이상 발현과 억제 등의 형태로 영향을 주어 병으로 이어질 가능성이 있다.

가위 기능을 없애버린 Cas9은 후성 유전적 조절자와 결합해 타깃 DNA에 메틸기(-CH3, 유전자를 꼭 싸매는 작용)를 첨가함으로써 타깃 유전자 발현을 억제하거나, 히스톤 단백질에 에틸기(-C2H5, 유전자를 느슨하게 풀어주는 작용)를 붙여 DNA의 발현을 활성화하는 후성 유전적 조절자로 활용할 수 있다. DNA가 메틸화되어 히스톤 단백질에 단단히 묶여있다면 유전자를 발현시키는 단백질이나 중합 효소들이 접근하기 어려워져 자연스럽게 발현이 억제된다는 것은 쉽게 상상할 수 있다.

유도 가능 크리스퍼(inducible CRISPR)는 절단 기능을 없앤 Cas9과 활성화 인자 그리고 빛을 받아 활성화 인자를 조절하는 스위치 단백질로 구성된다. 스위치 단백질이 빛을 받으면 활성화 인자가 DNA와 결합해서 타깃 유전자를 활성화하도록 유도할 수 있다. 이러한 기술의 활용으로 암세포 분열을 억제해 암 치료제를 개발하거나, 세포의 칼슘 통로를 조절해 신경 치료제로 개발하고 있다.

이렇듯 CRISPR-Cas9 기술은 NGS와 더불어 바이오 혁신의 주역이라 할 만하다. 그동안 접근하지 못했던 새롭고 다양한 모달리티(modality, 치료 접근 방법)를 제공함으로써 불가능의 영역으로 인식되었던 희귀 유

도표 3-14 CRISPR-Cas9의 다양한 기능

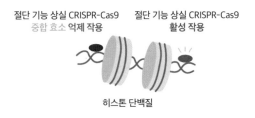

절단 기능 상실 CRISPR-Cas9
중합 효소 억제 작용

절단 기능 상실 CRISPR-Cas9
활성 작용

히스톤 단백질

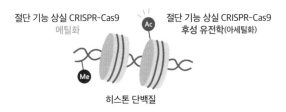

절단 기능 상실 CRISPR-Cas9
메틸화

절단 기능 상실 CRISPR-Cas9
후성 유전학(아세틸화)

히스톤 단백질

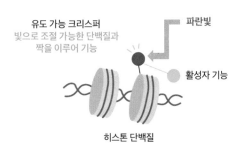

유도 가능 크리스퍼
빛으로 조절 가능한 단백질과
짝을 이루어 기능

파란빛

활성자 기능

히스톤 단백질

전 질환의 치료 가능성을 제시함은 물론 식품 분야에서도 혁신을 일으키고 있다.

놀라운 개발 속도,
mRNA와 siRNA

코로나19 바이러스로 갑자기 우리와 친숙해진 mRNA는 단백질을 만들기 위해 DNA를 복사한 전령 정도로 이해하면 된다. 그렇다면 대체 mRNA 기술은 어떤 것인가? 우리 세포가 반드시 만들어내야 하는 단백질이 만들어지지 않을 때 DNA의 복사본인 mRNA를 치료제로 세포에 넣어주면 리보솜에서 필요한 단백질을 만드는 원리다.

코로나19 백신인 mRNA 백신을 예로 들어보자. 우리 몸은 코로나19 바이러스를 처음 만났기 때문에, 우리 몸에는 이 바이러스를 물리칠 항체를 만들어낼 유전자가 없다. DNA가 없으니 당연히 mRNA와 항체인 단백질을 만들 수 없다. 이제 우리는 코로나19 바이러스를 물리칠 항체인 단백질을 만들기 위해 코로나19 바이러스의 돌기 부분에 해당하는 스파이크 단백질을 코딩할 수 있는 mRNA를 만들어 우리 몸속에 넣어주면, 우리 세포는 mRNA를 번역해 스파이크 단백질을 생산한다. 이때 스파이크 단백질(코로나19 단백질의 일부분)의 출현에 깜짝 놀란 면역 체계 B세포는 스파이크 단백질과 결합해 무력화시킬 수 있는 중화 항체를 만들어 대응한다. 이러한 B세포의 일부는 이후 기억 세포로 몸에 장기간 남아 코로나19 바이러스의 침입을 대비하게 되는 것이다.

그러면 그동안 배운 바이오 지식을 총동원해 mRNA 기술과 siRNA 기술이 무엇이고 어떤 차이점이 있는지 자세히 알아보자. 앞서 배웠듯이 만일 DNA에 문제가 있다면, 즉 유전자 돌연변이에 의해 원하는 단백질이 만들어지지 않거나, 기형 단백질 혹은 너무 많은 단백질이 만들어진다면 심각한 희귀 질병이 발생한다. 이러한 희귀 질병을 치료하기 위한 방법으로 CRISPR-Cas9 유전자 가위를 치료제로 연구가 진행되고 있으나 아직 초기 임상 단계이며, 치료 범위를 넓히기 위해서는 몇 가지 해결해야 할 문제점을 안고 있다는 점도 배웠다. 그런데 이러한 유전자 돌연변이에 의한 희귀 질환을 치료할 수 있는 다른 핵산 치료제가 있는데, 그것이 바로 mRNA와 siRNA다.

siRNA의 작동 원리

다시 한번 도서관을 상상해보자. 도서관의 큰 방에 양쪽으로 23칸 높이의 책 선반이 옆으로 쭉 늘어서 있다. 우리가 로봇(단백질)을 만들어야 하는데 A로봇, B로봇, C로봇이 필요하기는 하나 지금 당장은 A로봇을 만들어야 하는 상황이다. 그래서 책장 속 많은 책들 중에서 A로봇을 만드는 방법이 적혀 있는 『A로봇』책을 뽑아서 도서관에 있는 복사기로 2,000페이지 전부 다 복사했다(전사). 그리고 도서관에서 나와 로봇 공장으로 가서 책 복사본을 보여주니 A로봇을 만들어주었다(번역). 세포에서 A라는 단백질을 생산하는 과정은 이렇게 비유할 수 있다.

그런데 DNA 돌연변이로 유전자 염기 서열에 문제가 있다면 어떻게 될까? 위의 비유로 설명을 하면 책의 내용에 이상이 있고, 그 책을 복사한 복사본도 마찬가지로 로봇을 만드는 방법이 잘못 기술되어있을 것이다. 잘못된 설명서를 참고해 생산한 로봇도 당연히 불량품일 수밖에 없다. 즉 돌연변이 DNA는 잘못된 mRNA를 만들어내고, 기형 단백질을 생산해낸다.

이때 A단백질 siRNA 치료제를 타깃세포로 보내면, A단백질(A로봇)을 만드는 책의 복사본인 A단백질 mRNA를 공장으로 전달되는 중간에

도표 3-15 DNA·RNA·단백질 작동 원리

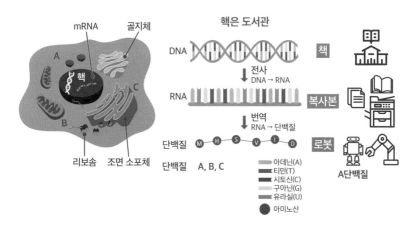

서 가위로 잘라버려 A단백질이 생산되지 않도록 한다. 주의할 점은 우리가 만든 siRNA 치료제는 특이성이 있어서 B단백질이나 C단백질의 mRNA가 아닌 A단백질 mRNA만을 타깃한다는 것이다.

mRNA의 작동 원리

siRNA를 이해했으니 이제 mRNA로 넘어가자.

다시 도서관 이야기로 돌아가서, 이번에는 R로봇을 만들고자 한다. 그런데 도서관 선반의 책을 전부 찾아보았으나 R로봇과 관련한 책이 없는 것이 아닌가? 책이 없으니 당연히 복사본인 mRNA를 중합할 수 없고, 공장인 리보솜에 보여줄 것도 없어 R로봇을 만들 수 없는 난감한 상황이다. 코로나19 백신은 우리 면역 체계의 항체를 유도하는 항원으로, 목숨이 걸린 약이라고 생각하면 그냥 넘어갈 수 없다. 그러면 어떻게 하면 좋은가? 도서관에 책이 없다고 손 놓고 있을 수 없으니 신약 개발 회사가 대신 책의 복사본인 mRNA를 만들어 면역 세포 안으로 넣어주면 되지 않을까? 지질 나노 입자라는 전달체에 탑재된 복사본을 세포 안으로 전달하고 전달한 mRNA가 리보솜으로 들어가 우리가 원하는 단백질(R로봇)로 번역될 것이다. 즉 mRNA 기술은 유전자인 책이 없어도 단백질을 생산할 수 있도록 복사본인 mRNA를 만들어 세포 안으로 넣어주는 핵산 치료제인 것이다.

mRNA 혁신 기업 모더나

　mRNA 백신은 코로나19 이전에는 아직 약으로 만들어본 적 없는 개념의 신약 물질이었다. 2019년 mRNA 백신 분야에서 가장 앞서나가던 모더나도 임상 2상을 진행하고 있어 가능성만 보여주고 있었을 뿐, 그 누구도 신약을 장담할 수 없었던 상황이었다. RNA는 혈관 속에 들어가면 깨지기 쉽다는 게 큰 문제였다. 그런데 백신 연구 과정에서 물질 개발이 빠르다는 RNA의 특성이 강점으로 부각되었고, 앨나일램 파마슈티컬스(Alnylam Pharmaceuticals)가 RNA 전달체로 사용한 적이 있는 지질 나노 입자 기술을 모더나가 적용해 촌각을 다투는 감염병에 적시 대응하면서 세간의 이목을 집중시키게 된 것이다.

　다시 말하면 모더나가 글로벌 넘버원 siRNA 회사인 앨나일램 파마슈티컬스가 신약 개발 과정에서 사용한 지질 나노 입자를 똑같이 전달체로 사용하면서 백신 개발에 성공한 것이다. 백신을 개발하기 위해서는 10년 이상 장기간이 소요되는 것이 보통이지만, 코로나19라는 특수한 상황이 mRNA 백신 개발을 1년 이내로 앞당김으로써, 즉 세계적인 팬데믹(pandemic)이 오히려 바이오 제약 산업의 발전을 촉진했다. 이후 모더나는 엄청난 시가 총액 상승과 함께 글로벌 빅파마와 기술 제휴를 이루어내면서 도표 3-16에서 보듯 다양한 임상 파이프라인을 보유한 글로벌 바이오 기업으로 성장하게 되었다.

　모더나는 필자가 2019년 말 모 증권사에 미국 나스닥 바이오 자문 포트폴리오로 제공한 7개 종목 중 하나로, 남다른 관심을 갖고 장시간 지켜보았다. 당시 mRNA보다는 신약 기술로서 검증이 끝난 siRNA를 더

출처: 모더나 홈페이지

선호했으나, 2019년 초 추천한 siRNA 종목인 애로우헤드 파마슈티컬스(Arrowhead Pharmaceuticals)가 4.5배 상승하면서 가격 부담을 느껴 모더나로 포트폴리오를 변경했다. 당시 바이오 산업을 크게 5개의 섹터로 나누었는데, 그중 1개의 섹터가 RNA였다. 그때 나눈 섹터는 지금도 뼈대를 유지하면서 세부 섹터로 가지를 뻗어나가고 있다.

RNA 기술의 장점 및 높은 성장성

RNA 기술의 전망이 밝은 이유는 CRISPR-Cas9만큼이나 혁신적이지만 상대적으로 위험성이 낮고, 모든 유전자를 대상으로 신약 개발이 가능하기 때문이다. 다시 말해 신약 물질을 개발하는 기간이 어느 기술보다도 빠를 뿐만 아니라 성공 가능성이 높다는 장점을 지니고 있다.

도표 3-16 모더나 파이프라인을 보라. 이것이 1개의 기업의 파이프라인이라고 누가 상상이나 하겠는가? 여러분은 RNA 기업, 즉 특허를 보유한 siRNA와 mRNA 플랫폼 기업은 엄청난 개수의 파이프라인을 확보해 임상을 진행하고 있다는 점에 주목할 필요가 있다. 코로나19 백신에서 보여준 것처럼 신약 물질 개발에 소요되는 시간이 짧기 때문에 가능한 것이며, 모더나뿐만 아니라 모든 RNA 기업의 특징이다. 속단처럼 들릴 수 있겠지만 여러분은 향후 3~5년 사이에 매년 1개 이상의 RNA 신약이 쏟아지면서 관련 업체들의 추세적인 주가 상승을 목도하게 될 것이다. 특히나 3년 후부터는 성장 곡선이 가팔라지며, 개발 속도가 더욱 빨라질 것으로 추정된다. 이것이 바로 필자가 RNA 섹터를 강조하는 이유다.

2018년 이후 siRNA 임상 파이프라인이 수적으로 크게 성장했다. 초기에 임상 진입한 파이프라인은 2024~2025년부터 순차적으로 신약 허가 시기에 진입하게 되는데, 이로써 mRNA 파이프라인과 더불어 소위 RNA 치료제 전성 시대를 맞이하게 될 것이다. 많은 RNA 파이프라인이 희귀 질환을 적응증으로 하기 때문에 신속 개발 및 심사 제도의 수혜를 받을 가능성이 높아, 신약 승인 시기도 앞당겨질 것이다.

파이프라인이 아무리 많다 하더라도 성공 가능성이 떨어진다면 의미가 퇴색된다. 그런데 도표 3-17에서 보듯이 siRNA 기술의 임상 성공 확률은 13%대로, CAR-T에 이어 두 번째로 높다. 희귀 질환과 심혈관 및 대사 질환 모두를 공략할 수 있고, 물질 개발 기간이 3~5개월로 짧다는 점, 그리고 성공 확률이 다른 기술 대비 월등이 높다는 장점을 고려할 때 siRNA, mRNA 기술은 프리미엄을 받아 마땅하다.

mRNA가 필요한 단백질을 만들어내기 위함이라면 siRNA는 불필요하게 과다한 단백질을 제거하는 기술이다. 필요 이상으로 과다 생산되어 세포 내 축적되거나 유전자 변이에 의해 기형적인 단백질 접힘 구조가 형성될 때 비대 흉터나 겸상적혈구 등이 희귀병으로 나타나게 되는데, 이를 siRNA 기술로 치료하는 것이다.

도표 3-17 **모달리티별 임상 개발 성공 확률**

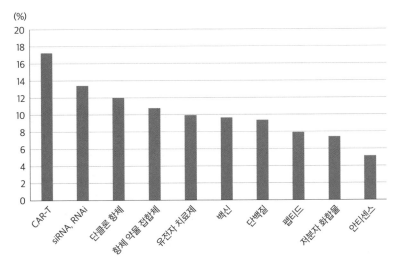

출처: 현대차증권

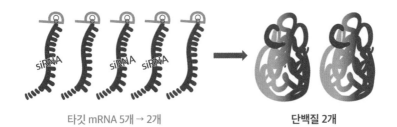

도표 3-18 siRNA 기전

타깃 mRNA 5개 → 2개   단백질 2개

다시 말하면 유전병으로 2개만 만들어야 하는 단백질을 매일 5개씩 만든다고 가정한다면, 나머지 3개는 사용되지 않고 몸속에 축적되어 병으로 발전하게 되는데 이때 siRNA를 치료제로 사용한다면 siRNA가 세포로 들어가 타깃하는 mRNA를 절단함으로써 타깃 단백질의 농도를 낮추게 된다.

siRNA 관련 기업들

최근에 siRNA에 대한 제약 바이오 업계의 관심이 뜨겁다. 2018년 앨나일램 파마슈티컬스가 파티시란(Patisiran, 제품명: 온파트로)이라는 희귀병 아밀로이드증(TTR 단백질이 잘못 접힌 채로 축적되면서 발생하는 질병) 치료제 신약 승인을 시작으로 지보시란, 루마시란 등 4개의 siRNA 치료제가 FDA의 승인을 받았으며, 지금은 노바티스에 인수된 더메디슨컴퍼니(The Medicine Company)와 협업해 만든 신약 인클리시란이 EMA(European Medicines Agency, 유럽의약품청)의 승인을 받았다. 2021년 12월에는 미국

FDA에서도 승인받았다.

앨나일램 파마슈티컬스가 만든 치료제들은 희귀 질환 치료제들로 혁신 치료제로 지정된 반면, 인클리시란은 심혈관 계열인 LDL-콜레스테롤(Low Density Lipoproten Cholesterol) 강하제로 심혈관 및 대사 질환에서도 신약이 가능한 기술임을 증명했다. 인클리시란은 PCSK9 단백질의 mRNA를 제거하는 기전으로 같은 PCSK9(Proprotein Convertase Subtilisin/Kexin Type 9) 단클론 항체인 암젠(Amgen)의 레파타(Repatha)나 사노피(Sanofi)의 프랄런트(Praluent)와 비슷한 강력한 효과를 보이면서도 부작용은 양호하게 나타냈다(이들 약품은 단백질을 직접 공략하는 치료제로 적응증은 같으나 기전은 다르다). 그러나 인클리시란의 결정적인 강점은 치료 횟수다. 기존 항체 치료제인 레파타나 프랄런트는 연간 26회를 투여해야 하나, 인클리시란은 연 2회로 동일한 효과를 내는 편리성을 갖추고 있다. siRNA의 특징이자 강점이다. 글로벌 제약 바이오 산업 및 기업 분석 기업인 이밸류에이트 파마(Evaluate Pharma)는 인클리시란의 2024년 매출을 15억 2,000만 달러로 예상하고 있는데, 경쟁 상대인 레파타나 프랄런트의 시장 점유율은 줄어드는 반면, 인클리시란은 치료 횟수 강점을 무기 삼아 지속적으로 시장을 확대해갈 것으로 전망했다.

siRNA 기술이 기술적으로 검증 과정이 끝나면서 기술 수출과 M&A도 속도가 붙고 있다. 언급한 대로 인클리시란을 만든 더메디슨컴퍼니는 노바티스에 인수되었고, 2021년 11월 노보 노디스크가 다이서나 파마슈티컬스(Dicerna Pharmaceuticals)를 약 78%의 프리미엄을 얹어 원화약 4조 원에 인수하기로 전격 발표했다. 이로써 siRNA 기술을 보유한 6개 주요 기업 중 2개가 인수되었다. 기술 이전은 2020년 5건에 이어

도표 3-19 siRNA 기술 수출 동향

기술 수출회	기술 수입회	연도	거래 규모 (1,000만 달러)	타깃 적응증	임상 단계
올릭스	떼아(Théa)	2020, 2019	81	안과 질환 4개	전임상
	비공개 (유럽 소재 바이오사)	2020	1,000만 달러 이내 연구 자금 지원 ▶메가딜	간 질환 (GalNAc)	물질 발굴
앨나일램	리제네론 (Regeneron)	2019	>100	안과 질환, 신경계 질환, 보체 매개성 질환	전임상
	사노피(Sanofi)	2018	>100	혈우병 등 출혈 질환	임상 3상
	비어(Vir)	2017	>100	만성 B형 간염, 코로나19 등 감염병	임상 2상
다이서나	로슈(Roche)	2019	>170	만성 B형 간염	임상 2상
	노보 노디스크 (Novo Nordisk)	2019	타깃 물질 당 36 ▶메가딜	간 질환, 당뇨, 비만, 희귀병 등 30개	전임상
	일라이 릴리(Eli Lilly)	2018	타깃 물질 당 35 ▶메가딜	심혈관 대사 질환, 신경변성 등 10개	전임상, 임상 1상
	알렉시온(Alexion)	2018	>64	보체 매개성 질환	전임상
	베링거인겔하임 (Boehringer Ingelheim)	2017	>20	비알콜성 지방간염	전임상
애로우헤드	호라이즌(Horizon)	2021	>70	통풍	전임상
	다케다(Takeda)	2020	>100	알파-1 항트립신 관련 간 질환	임상 2상
	얀센(Janssen)	2018	>370	만성 B형 간염 등 3개	임상 2상
사일런스 (Slience)	다케다(Takeda)	2020	1,000만 달러 이내 연구 자금 지원 ▶메가딜	비공개	비공개
	아스트라제네카 (AstraZeneca)	2020	>420	심혈관, 신장, 대사, 호흡기 질환	전임상
	말린크로트 (Mallinckrodt)	2019	>210	보체 매개성 질환 관련 3개	물질 발굴, 임상 1상

출처: 올릭스 IR북(2021)

2021년 11월 기준 애로우헤드 파마슈티컬스 2건, 올릭스 1건 등 3건의 기술이 이전되었다. 올릭스의 기술 이전은 중국 항서제약(중국 4위 제약 업체)에 이루어진 것으로, 중국이 새롭게 siRNA 파이프라인 확보에 나서고 있는 점이 인상적이다.

다이서나 파마슈티컬스가 노보 노디스크에 인수된 후 언론에서는 노바티스가 앨나일램 파마슈티컬스를 인수할 가능성이 크다고 보도하고 있다. 글로벌 빅파마들이 현재 많은 현금을 확보하고 있고, 주주들은 이들이 기술 유망한 바이오 기업을 인수에 나서길 원하고 있는데 siRNA 1위 업체인 앨나일램 파마슈티컬스가 탐나는 인수 대상이라는 것이다.

siRNA 기술 성장 전망

siRNA 기술의 성장성을 좀 더 구체적으로 알아보기 위해 향후 신약 승인될 siRNA 치료제의 개수를 추정해보자. 우선 siRNA 5개사(앨나일램 파마슈티컬스, 애로우헤드 파마슈티컬스, 다이서나 파마슈티컬스, 사일런스 테라퓨틱스, 올릭스)의 임상 파이프라인을 전부 합산해보면, 전임상 24개, 임상 1상 12개, 임상 2상 14개, 임상 3상 3개로 집계된다.

siRNA의 신약 성공 확률은 앞에서 살펴본 바와 같이 다른 기술 대비 CAR-T와 함께 가장 높은 편에 속한다. 여타 기술의 평균 신약 성공 확률이 9~10%인 반면, siRNA는 13%를 상회한다. 일반적인 임상 성공 확률을 기반으로 일부 상향 조정한 각 임상 단계별 siRNA 성공 확률로 계산한 5개 기업의 신약 개발은 4년간 약 4.6개로 매년 1개 이상의 신약이 승인될 것으로 계산된다. 4년 이후는 승인 개수가 조금씩 상승할 것으로 전망되며 이렇게 신약 승인 개수가 상승하는 이유는 크게 세 가지에 기인한다.

첫째, siRNA의 임상 성공 확률 상향 가능성이다. 임상을 진행하는 노하우가 쌓이고 비슷한 적응증으로 파생해나가면서 성공 확률은 더욱 높아질 수밖에 없다.

둘째, 다른 기술의 개발 물질 대비 화학적 구성이 단순해 개발 기간이 3~5개월 정도로 짧다.

셋째, 활발한 기술 수출이다. 대부분의 siRNA 기업들은 물질 개발의 리드 타임(lead time)이 짧은 관계로 개발과 기술 수출이 활발하게 일어나게 되는데, 물질을 개발해 넘겨주면 상대방이 개발을 전적으로 책임지며 개발하거나, 애로우헤드 파마슈티컬스와 같이 임상을 어느 정도 진행시킨 단계에서 더 높은 가치를 받고 기술 이전 계약을 체결하게 된다. 기업이 놓여있는 상황에 따라 조금씩 다른 전략을 취하게 되지만 siRNA 업체들이 기술 이전을 활발하게 한다는 공통점이 있다.

지금까지 살펴본 대로 siRNA 기술은 기술적으로 완숙 단계로 들어서면서 향후 10년간 수많은 희귀 질환 치료제나 심혈관 및 대사 질환 치료제로 승인을 받게 될 전망이다. 치료제 1개당 시가 총액 4조~5조 원 정도로 본다면, 향후 4년 내에 현재 siRNA 5개사의 시가 총액은 3배 이상 성장하게 될 것이다. 이러한 전망이 가시권에 들어오면서 대규모 현금을 보유하고 있는 글로벌 빅파마의 계산도 빨라지고 있는데, 아직 siRNA 기술을 확보하지 못한 빅파마가 많기 때문이다. 이제 siRNA의 성장은 그 누구도 부정할 수 없다.

업계 순위를 바꿀 거대 시장,
알츠하이머 치료제

알츠하이머 현황

알츠하이머(Alzheimer's Disease, AD)란 치매를 일으키는 가장 흔한 퇴행성 뇌 질환으로, 기억력을 포함한 인지 기능의 악화가 점진적으로 진행되는 병을 일컫는다.

치매를 일으키는 시기별 위험 요인에는 어떤 것들이 있을까? 치매에 취약한 유전자를 갖고 태어날 수 있으며, 초년기에는 교육 수준의 부족이 위험 요인이 된다. 중년기에는 고혈압이나 비만이 주요 요인이고 노년기에는 당뇨나 신체 활동 부족, 우울증, 사회적 고립 등이 치매의 주요 위험 요인이다.

미국 노인 인구의 약 10%가 알츠하이머로, 2017년 기준 관리 비용만 18조 9,000억 원이 지불되고 있다. 미국국립보건원은 알츠하이머 판단 기준을 임상 진단에서 바이오마커로 변경해, 사전에 질병 발생 가능성을 측정하도록 했다. 바이오마커란 몸 안의 변화를 알아낼 수 있는 지표로, 알츠하이머의 바이오마커는 아밀로이드 베타(amyloid beta)와 타우 단백질(tau protein)이며 뇌척수를 통한 진단법에서 혈중 측정법으로 발전하고 있다. 알츠하이머 치료제 개발 현황을 살펴보면 2020년 기준으로 136개의 파이프라인이 임상 진행되고 있다.

2020년 기준 알츠하이머 치료제 개발 임상 3상 연구의 35%가 아밀로이드 기반 약물로 주류를 이루고 있다. 아밀로이드 베타 기전은 병적인 아밀로이드 생산을 막기 위해 베타 분비 효소와 감마 분비 효소를 억제하는 치료제를 만드는 시도에서 시작되었다.

그러면 이제부터 아밀로이드베타 기전의 치료제 개발 동향에 대해서 알아보기로 하자.

아밀로이드 베타 기전과 관련 기업

도표 3-20은 신경 세포로, 앞서 세포의 구조에서 학습한 내용을 떠올리면서 살펴보자. 우선 인지질 이중층이 보이고 그 위쪽은 세포 밖, 아래는 세포 안이다. 정상적인 사람의 경우 알파 분비 효소에 의해 APP(Amyloid Precursor Protein), 즉 아밀로이드 프리커서 단백질이 두 동강 나는 것을 확인할 수 있다.

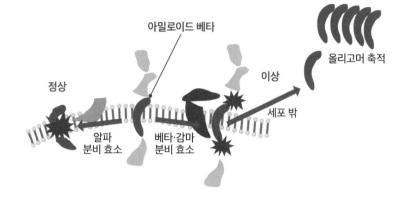

반면 비정상적인 경우 그림의 오른쪽에서 보는 것처럼, 아밀로이드 베타가 베타 분비 효소와 감마 분비 효소에 의해 절단이 되지 않으면서 세포 밖에서 서로 뭉쳐 올리고머(oligomer)를 형성한다. 치료제는 치매 백신이라고 불리는 항체를 기반으로 뇌에 침착된 아밀로이드 플라크(Amyloid Plaque)나 올리고머(엉킴)를 제거하는 면역 약물과 병적인 아밀로이드 자체의 생성을 억제하기 위해 베타·감마 분비 효소를 억제하는 억제제로 구분해볼 수 있다. 감마 분비 효소의 임상은 중단된 상태이며, 베타 분비 효소 억제제의 임상은 계속 진행 중이다.

머크의 베루베세스타트(Verubecestat), 일라이 릴리(Eli Lilly)의 라나베세스타트(Lanabecestat), 바이오젠과 에자이(Eisai)의 엘렌베세스타트(Elenbecestat) 등이 베타 분비 효소 억제제로서 아밀로이드 프리커서가 잘못 절단되는 것을 막는 기전으로 연구 개발되었지만, 모든 임상이 효과 입증에 실패하며 중단되고 말았다. 연이은 실패의 경험을 토대로 연구자들은 면역 치료는 치매 증상이 나타나기 전에 투약하는 것이 효과적이고, 부작용인 뇌부종은 충분히 조절 가능하므로 충분한 용량의 투약이 중요하다는 사실을 깨닫게 된다.

또한 약물의 목표는 아밀로이드 플라크가 아니고 독성을 지닌 올리고머이므로 향후 연구에서는 올리고머 제거에 집중할 것을 제시하며, 아밀로이드 단백질 형성의 다양한 단계에 작용할 수 있는 단클론 항체 개발에 집중했다. 여기서 단클론 항체란 동일한 면역 세포에서 생성되는 하나의 항원에만 특이적으로 결합하는 항체를 말하는 것으로, 1개의 면역 세포를 다량으로 세포 분열시켜 항체를 만들게 되므로 똑같은 항체를 갖게 되는 원리다.

그런데 아밀로이드 베타 분비 효소 억제제와 마찬가지로 아밀로이드 올리고머를 타깃으로 하는 단일 항체 치료제도 큰 효과를 거두지 못했다. 일라이 릴리의 솔라네주맙(Solanezumab), 로슈의 간테네루맙(Gantanerumab)과 크레네주맙(Crenezumab), 바이오젠과 에자이의 아두카누맙(Aducanumab)이 모두 실패로 돌아갔다.

아두카누맙은 2019년 3월 중간 결과 분석에서 효과 입증에 실패하면서 중단을 발표했으나 2019년 10월 CTAD(Clinical Trials on Alzheimer's Diseaase, 알츠하이머 임상 학회) 국제 심포지엄에서 기존 발표를 뒤집고 고용량의 아두카누맙이 효과가 있었다고 발표하면서 알츠하이머 치료제로는 처음으로 조건부 승인을 받았다. 그러나 현재는 약효와 부작용으로 구설수에 오르내리고 있다. 미국 FDA는 10년간 조건부로 신약 승인하면서 임상 4상을 실시하는 조건을 붙였다. 현재 환자의 사망 소식과 치료 환자 35%에서 뇌가 부어오르는 부작용이 발생하면서 유럽의약품청의 승인에 대한 부정적인 의견이 감지되고 있는 상황이다. 하지만 아두카누맙이 효과나 부작용으로 많은 논란이 있지만, 첫 알츠하이머 치료제 신약으로 가능성을 열어준 것만은 확실하게 인정해야 한다.

또 다른 아밀로이드 베타의 기대주인 일라이 릴리의 도나네맙(Donanemab)은 FDA 신속 승인을 위한 본격적인 절차에 돌입했다. 도나네맙은 N3pG라는 아밀로이드 베타의 변형된 형태를 표적으로 하는 항체 후보 물질이다. 아밀로이드 베타 올리고머와 결합해 응집체 형성을 방지하는 기전이라는 점에서 아두카누맙과 유사하다고 볼 수 있어, 아밀로이드 베타 감소와 인지 기능 개선에 대한 불확실성은 공유하고 있다. 일라이 릴리는 도나네맙과 아두카누맙을 직접 비교 임상해 풍부한 데이터를 도출해냄으로써 차별화해나간다는 전략이다. 2022년 중순 조기 승인을 위한 도나네맙 초기 데이터를 FDA에 제출할 계획이며, 2023년 초 승인을 위한 논의가 가능할 것으로 예상하고 있다.

또 다른 약물인 로슈의 항아밀로이드베타 항체인 간테네루맙은 2,000명 이상의 참가자를 대상으로 임상 3상을 진행 중이며, 2022년 하반기 종료가 예상된다. 이 임상 시험을 통해 아밀로이드 플라크가 의미 있게 감소했음을 입증하는 데이터를 확보하는 것이 목적이다.

타우 기전과 관련 기업

다음으로 두 번째 바이오마커인 타우 단백질 기전의 알츠하이머 치료제 개발 현황에 대해서 알아보자. 타우는 신경 세포의 미세 소관 다발을 안정화시키는 미세 소관 결합 단백질이다.

신경 세포는 한쪽이 길게 늘어져 나와 있는 축삭이라는 독특한 모양을 하고 있다. 축삭은 튜블린(tubin)이라는 구형 단백질로 이루어진 튜브 형태의 미세 소관의 집합체이며, 타우는 미세 소관을 서로 결합하는 결

도표 3-21 신경세포

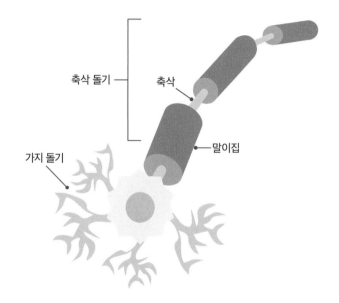

축삭 돌기

축삭

말이집

가지 돌기

도표 3-22 타우 탱글

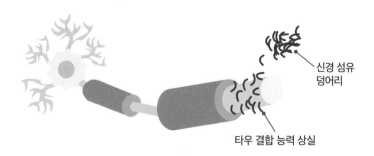

신경 섬유
덩어리

타우 결합 능력 상실

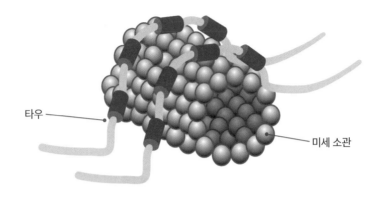

도표 3-23 타우와 미세 소관

타우

미세 소관

합 단백질이다. 타우는 미세 소관의 곳곳에 분포하면서 결합 기능을 담당하고 있는데, 이 타우가 결합 능력을 상실해 떨어져 나가 서로 엉킴으로써 신경 섬유 덩어리를 형성해 질병을 발생시킨다고 알려져 있다. 즉 NLRP3 인플라마좀(inflammasome)이 과인산화를 유발하는 효소를 발생시켜 타우 단백질을 세포 골격에서 분리해 덩어리로 축적되도록 유도한다는 것이다.

업계가 타우 단백질에 대해서 관심을 갖게 되는 이유는 아밀로이드 가설에 기인한다. 아밀로이드 베타가 쌓이고 타우 단백질에 영향을 주게 되면 뇌세포가 손상되면서 알츠하이머가 발생한다는 것이 주요 골자다. 즉 타우가 직접적인 발병의 원인이라는 것이다. 알츠하이머의 임상 증상은 아밀로이드 베타의 노인성 플라크보다는 타우 신경 섬유 덩어리로 보다 잘 설명되는데, 응집된 타우 단백질은 알츠하이머 환자 뇌에서 가장 특징적인 병리 단백질인 것이다.

알츠하이머 환자들의 뇌척수액을 분석해보면 타우 단백질의 농도가

3배 가까이 증가해있기 때문에, 이를 알츠하이머 진단의 중요한 바이오 마커로 활용되고 있다. 세포에 존재하는 타우는 재활용 센터인 리소좀과 유비퀴틴 프로테아좀 시스템을 통해 분해되는데, 비정상적으로 과다하게 분포하는 타우 단백질을 처리하는 세포의 단백질 분해 시스템이 제대로 작동하지 않게 됨에 따라 신경 세포에 독성을 초래한다고 볼 수 있다.

그러면 타우 단클론 항체의 개발 현황에 대해서 알아보자. 애브비 (AbbVie)와 바이오젠이 진행성 핵상 마비 환자를 대상으로 진행하던 타우 항체의 임상 2상은 2019년 중단되었다. 또한 스위스의 에이씨 이뮨 (AC Immune)이 제넨텍과 협력해 개발 중인 알츠하이머 치료제 세모리네맙(Semorinemab)도 임상 중간 단계 시험에서 1차 유효성 평가 지표 2개 중 1개밖에 만족시키지 못했으며, 2차 유효성 평가 지표도 목표에 미달하는 성과를 발표했다.

그런데 실패한 타우 항체들은 모두 N-말단(N-terminus, 아미노 말단) 아미노기(amino group)를 타깃하는 항체라는 공통점이 있다. 단백질은 여러 아미노산이 펩티드 결합에 의해 연결되어있는 구조여서 아미노산의 한쪽 끝은 아미노기가, 다른 한쪽 끝은 카르복실기(carboxyl)가 위치하게 된다. 단백질의 한쪽 끝이 N-말단이면 반대쪽은 C-말단 (C-teminus, 카르복실기 말단)이 된다. 기존의 타우 단백질 타깃 항체는 모두 선형 타우 단백질의 동일한 한쪽 끝을 공략했다는 것이다.

또 다른 타우 N-말단 항체로 일라이 릴리의 자고테네맙(Zagotenemab)의 임상 2상 결과 발표가 남아있는 상황이다. 그리고 로슈와 브리스톨 마이어스 스퀴브(Bristol Myers Squibb, BMS)가 타우 중간 부위 에피토프

(epitope)를 타깃하는 항체를 사들이는 큰 규모의 딜을 체결하면서, N-말단 이외의 부위를 공략해 성과를 내겠다는 전략을 추진 중이다.

아밀로이드 베타 기전은 신경 세포 밖의 올리고머를 제거하는 데 집중하는 반면, 타우 기전은 신경 세포 돌기 속, 즉 세포 내부의 단백질 덩어리를 공략하는 치료제로 정리된다.

바이오젠의 아두카누맙 상업화 고전에도 불구하고, 알츠하이머 치료제 개발에 대한 시장의 관심은 점점 뜨거워지고 있다. 어떤 치료제보다도 거대한 시장을 형성하고 있어 누가 제대로 된 알츠하이머 치료제를 개발하는가에 따라 업계의 순위가 뒤바뀔 수 있을 정도의 슈퍼 블록버스터(super blockbuster) 탄생이 가능하기 때문이다. 앞서 살펴본 것과 같이 알츠하이머 치료제 개발은 물질에 대한 전임상 과정부터가 쉽지 않은 여정이며 타깃하는 바이오마커조차 불명확한 상황이지만, 보다 근본적 원인을 찾고자 하는 노력과 다중적 접근법이 시도되고 있고, 이 거대 시장에 대한 투자자들의 꾸준한 관심이 필요하다.

세포 치료제
(T세포/NK세포)

CAR-T의 작동 원리와 관련 기업들

우리 몸속에는 세균이나 바이러스가 침입하거나 혹은 암세포가 발생했을 때, 바로 출격해 적을 제압하는 면역세포가 있다. 대표적으로 호중구, 대식세포, NK세포, 수지상세포 등이 있으며, 이들을 자연 면역이라 한다. 침입자의 조각을 탐식해 활성화된 수지상세포는 림프절로 이동해 T세포와 B세포를 활성화시키는데 활성화된 T세포는 세포 독성 T세포가 되어 침입자들을 공격하고, B세포는 이들을 무력화시키는 항체를 만들어 공격한다. 이들 T세포와 B세포를 획득 면역이라 칭한다.

도표 3-24 면역 체계

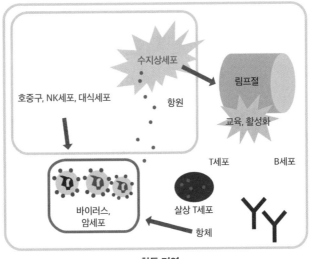

자연 면역

수지상세포

림프절

호중구, NK세포, 대식세포

항원

교육, 활성화

T세포   B세포

바이러스,
암세포

살상 T세포

항체

획득 면역

공격수인 T세포는 세포 표면에 적과 아군을 구별할 수 있는 T세포 수용체(T Cell Receptor, TCR)을 사용해, 감염된 세포가 만들어내는 펩티드를 수용체로 인지해서 적을 구별하게 된다. 즉 검열을 받는 세포의 MHC-1(Major Histocompatibility Complex, 주조직적합성-1)에 제시된 펩티드를 T세포 수용체로 검사해 적을 명확히 한 후 사살하는 방식이다.

그런데 암세포가 이러한 T세포의 공격에 내성을 갖게 되면서 MHC-1을 T세포에 제시하지 않게 되고, T세포는 적과 아군을 구별하지 못하니 공격하지 않게 된다. 이러한 암세포의 내성을 적발해 공격하는 스마트한 T세포 수용체를 갖도록 인위적으로 조작한 T세포가 바로 CAR-T다. CAR(키메릭 항원 수용체)는 표적 항원을 인지하는 세포 밖으로 돌출된 부위와 세포 내부로 신호를 전달하는 부위로 구분되는데, 이것이 키메릭이라는 이름을 갖게 된 이유다.

어떤 항원을 표적으로 할 것이며 어떤 신호 전달 부위를 사용할 것인가에 따라 다양한 CAR-T를 만들 수 있다. 암세포에서만 발현하고 정상세포에서는 발현하지 않는 항원이 가장 이상적인 타깃이 될 수 있겠지만, 실제로는 세포들이 대부분의 항원을 공유하고 있어 구분하기 어렵다. 설사 그러한 항원을 찾았다 하더라도 환자 특이적이어서 범용성이 떨어질 수도 있다. 이러한 특이성의 한계는 암을 표적해 만들어진 CAR-T가 정상세포를 공격하게 되는 부작용으로 이어지는 문제점을 낳고 있으며, 임상 실패의 주요 원인 중 하나로 지목되고 있다.

예를 들어 CD19는 B세포가 발현하는 항원으로, B세포의 다양한 분화 과정에서 발현하는 항원이다. 이 항원을 타깃으로 CAR-T를 만들 경우, 혈액암뿐만이 아니라 정상적인 B세포도 타격을 받을 수밖에 없다. 그러나 타격이 치명적이지 않았기 때문에 어느 정도는 감수할 수 있는 양호한 표적으로 여겼다. 그런데 뜻하지 않은 신경 독성이 발생하게 되어 원인을 조사한 결과 뇌혈관 주변 세포에서 CD19를 발현한다는 것을 알게 되었고 이것이 CAR-T세포의 타깃이 되어 부작용이 발생한다는 것이 밝혀졌다. 이처럼 표적을 선정하는 작업은 매우 어려우며 항상 부작용의 위험이 도사리고 있다.

전 세계 출시된 CAR-T 치료제는 노바티스의 킴리아, 길리어드 사이언스(Gilead Sciences)의 예스카타(Yescarta)와 테카투스(Tecartus), 브리스톨 마이어스 스퀴브의 브레얀지(Breyanzi)와 아베크마(Abecma) 등 5가지다. 킴리아와 예스카타의 놀라운 혈액암 치료 효과에 고무된 바이

도표 3-25 2021년 세계 CAR-T 치료제별 시장 점유율

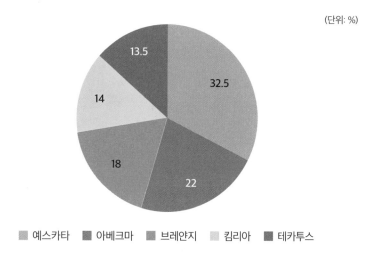

(단위: %)

■ 예스카타 ■ 아베크마 ■ 브레얀지 ■ 킴리아 ■ 테카투스

도표 3-26 CAR-T 치료제 임상 건수

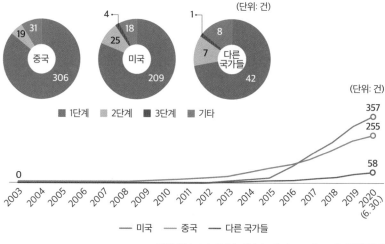

(단위: 건)

■ 1단계 ■ 2단계 ■ 3단계 ■ 기타

(단위: 건)

— 미국 — 중국 — 다른 국가들

출처: Wei et al., Cellular&Molecular Immunilogy 18, 792(2021)

오텍의 적극적인 CAR-T 치료제 신규 진출로 2021년 현재 각국에서 수많은 임상 파이프라인이 진행되고 있다.

킴리아를 비롯해 출시된 5개의 CAR-T는 모두 환자의 T세포를 이용한 자가 CAR-T다. 환자의 T세포를 추출해 CAR를 도입한 후 다시 환자에 주사하는 생산 과정이 복잡하며 치료제 생산 기간도 3주 정도 걸려 위급한 환자에게 사용할 수 없다는 단점이 있다. 그뿐만 아니라 가격도 상당한 고가여서 접근 가능성이 떨어진다. 우리나라의 식약처도 노바티스의 킴리아를 승인했으나 투약값이 4억 6,000만 원이며, 환자의 혈액에서 T세포를 추출해 미국 공장에서 제조하기 때문에 치료제를 생산하는 기간도 더 늘어날 수밖에 없다는 불편함이 있다. 이에 따라 공여자(건강한 사람)의 혈액을 활용해 CAR-T를 만들어놓았다가 필요한 환자가 생겼을 경우 바로 치료할 수 있는 타가 CAR-T의 수요가 큰 상황이다.

T세포의 세포 독성 문제와 고형암에 약한 단점 그리고 기성품 문제를 보완하기 위한 방안으로, 최근에 NK세포 연구가 활발히 진행되고 있다.

NK세포의 작동 원리와 관련 기업들

NK세포는 다양한 탐지기로 암을 살상하는 능력을 갖고 있어, 여러 암에 대해 효과적으로 항암 면역 치료를 할 수 있다. 앞에서 설명한 바와 같이 암세포는 면역 세포의 공격을 회피하기 위한 전략으로 MHC-1을 없애버린다. T세포가 더 이상 적으로 인식하지 못하도록 하기 위해서다. 그러나 NK세포는 보유하고 있는 다양한 감지 장치로 암세포나 바이러스를 구분해내서 다른 특별한 자극 없이도 무기인 퍼포린(perforin)과 그랜자임(granzyme)을 분비해 살상한다. 그리고 동시에 다른 면역세포들에 공격하라는 신호 물질을 전달한다. NK세포는 자기세포뿐만 아니라 건강한 타인세포도 활용이 가능해 기성품 치료제로 개발되고 있다는 점도 T세포와 차별화되는 요소다.

현재 NK세포 치료제 기술은 초기 단계로, 빅파마의 활발한 기술 도입이 이루어지고 있다. 2020년 11월 사노피가 타가 NK세포 기반 치료제 개발 기업 키아디스(Kiadis)를 3억 5,900만 달러에 인수했다. 우리나라의 지씨셀도 미국 관계사 아티바 바이오테라퓨틱스(Artiva Biotherapeutics)

도표 3-27 NK세포 면역 체계

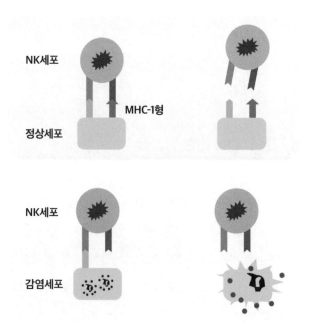

를 통해 머크와 제대혈 유래 NK세포 치료제를 18억 8,000만 달러에 기술 이전 계약을 체결했다. 유도 만능 줄기세포 유래 NK세포 치료제 개발사인 미국의 페이트 테라퓨틱스는 얀센과 유도 만능 줄기세포 유래 CAR-NK세포(키메릭 항원 수용체 발현 자연살해세포), CAR-T세포 치료제 최대 4종을 개발하는 31억 달러 규모의 계약을 체결하면서 계약금과 지분 투자로 1억 달러를 받았다.

NK세포를 확보하는 방법은 세 가지다. 몸속의 말초 혈액에서 추출하는 방법, 태반에서 유래한 NK세포를 얻는 방법, 유도 만능 줄기세포를 분화시켜 얻는 방법이다. 항암 능력이 높게 활성화된 NK세포를 임상에 사용할 수 있을 정도로 충분히 배양하는 것이 관건이다. NK세포는 다른 세포와 비교해 배양하기 까다로운 것으로 알려졌는데, 사용하는 배지나 공배양(섞어서 배양하는 것)하는 세포의 종류 등 배양 조건에 따라 항암 효과에 차이가 발생하는 것으로 알려져 있다.

NK세포는 동결 보관 및 해동이 배양만큼이나 중요하다. 수확한 NK세포는 생존 기간이 짧기 때문에 동결 보관이 반드시 필요한데, 동결 전에 최적의 숙성 기간을 확립해두어야 한다. 환자를 치료하기 위해 다시 해동할 때도 온도와 희석 첨가물 및 농도를 체계화해 NK세포의 생존 수 증가와 살상 능력을 유지하는 것이 중요하다.

클레드 테라퓨틱스

그러면 향후 세포 치료제가 어떠한 방향으로 발전해갈 것인지에 대해서 자세히 살펴보자. 미국 기업 사나 바이오테크놀로지와 클레드 테라퓨틱스(Clade Therapeutics)가 어떤 세포 치료제 연구 개발에 집중하고 있는지 파헤쳐봄으로써 질문의 대답을 구하고자 한다.

클레드 테라퓨틱스는 최근 시리즈 A로 8,700만 달러를 유치했다고 발표했다. 원화로 약 1,000억 원을 그것도 시리즈 A에 받은 것은 기업 가치를 상당히 높게 평가받았다고 할 수 있다. 도대체 어떤 연구 개발이기에 투자자들의 주목을 끈 것일까? 클레드 테라퓨틱스는 하버드 줄기세포 연구소(Harvard Stem Cell Institute)의 채드 코완(Chad Cowan) 교수가 설립한 회사인데, 코완 교수는 사나 바이오테크놀로지 설립에도 참여한 경력을 갖고 있다. 사업 목적은 면역 시스템을 회피할 수 있는 유도 만능 줄기세포와 이 줄기세포를 치료용 세포로 분화시키는 자체 플랫폼을 개발하고, 면역 세포(특히 T세포)로 항암 치료제를 개발하겠다는 것이다. 개발 계획을 좀 더 자세히 살펴보면 유도 만능 줄기세포를 기반으로 유전자 조작에 의한 면역 회피 시스템을 도입한 후, T세포나 B세포로 분화시켜 항암세포 치료제로 만들겠다는 것이 요지다.

비상장 기업인 관계로 아직 타깃하는 암의 종류와 같은 구체적인 사업 내용을 확인하기는 어렵지만 주요 사업 내용이 사나 바이오테크놀로지와 매우 닮아있다는 것만은 확실하다. 그렇다면 우리는 고밸류에이션 IPO 공모로 논란이 되고 있는 사나 바이오테크놀로지의 연구 개발 현황을 점검해봄으로써 높은 밸류에이션을 받는 미래형 T세포 치료제의 조건을 밝혀낼 수 있을 것이다.

사나 바이오테크놀로지

    사나 바이오테크놀로지는 2020년 IPO하면서 5억 8,800만 달러의 공모 자금을 끌어들여 2018년 이래 세 번째로 큰 규모를 기록했다. 특이한 점은 IPO 당시 설립 후 3년이 채 안 되었으며 임상 단계의 파이프라인도 보유하고 있지 않았음에도, 비임상 상장 기업으로는 시가 총액이 가장 큰 기업이라는 또 다른 기록을 세우기도 했다(2021년 11월 5일 시가 총액 42억 4,500만 달러). 사나 바이오테크놀로지가 높은 밸류에이션을 받을 수 있었던 가장 큰 이유는 과거 셀진(Celgene)에 90억 달러에 매각된 쥬노 테라퓨틱스(Juno Therapeutics)를 설립한 인력들이 다시 뭉쳤다는 것이다. 사나 바이오테크놀로지는 2022~2023년 임상 시험 계획 승인 신청을 제출하겠다는 계획으로 연구 개발을 진행하고 있고, 1조 원의 현금을 보유하고 있어 향후 유동성 문제는 없지만, 높은 기대감 속에 지나친 고밸류에이션에 상장되어 큰 폭의 주가 하락세를 면치 못하고 있다. 그러나 우리의 관심은 사나 바이오테크놀로지의 주가보다는 그들이 만들고자 하는 세포 치료제의 기술적 특징이다.

도표 3-28 **사나 바이오테크놀로지의 주가 그래프**

출처: 시킹알파(Seekingalpha)

그러면 사나 바이오테크놀로지가 야심차게 만들어보겠다는 T세포 치료제는 어떤 모습인지 자세하게 살펴보기로 하자. 사나 바이오테크놀로지는 T세포 치료제가 환자에 주입될 때 환자의 면역 체계로부터 공격을 회피할 수 있는 유도 만능 줄기세포 유래 저면역세포 치료제를 만든다는 계획이다. 환자의 T세포가 아닌 유도 만능 줄기세포를 기반으로 만들어진 세포 치료제이므로, 환자 몸속에서 암세포와 싸우기 위해서는 우선 환자의 면역 체계인 T세포나 NK세포에 적으로 인식되지 않아야 한다.

먼저 건강한 공여자로부터 얻은 유도 만능 줄기세포에 CRISPR-Cas9을 집어넣어 MHC-1, MHC-2 유전자를 제거한다. MHC-1, 2 유전자가 기능하지 않으면 세포의 표면에 발현하는 MHC-1, 2를 만들어 내지 않기 때문에 않아 환자의 T세포 공격을 회피할 수 있게 된다.

T세포의 공격을 막아냈으니 다음은 NK세포 차례다. 앞에서 학습한 것처럼 NK세포는 MHC-1, 2의 유무와 관계없이 다양한 탐지기 작동으로 적을 색출한 후 화학 무기를 사용해 살상하는 전천후 공격수다. 세포의 표면에 발현하는 CD47은 인체에서 정상적으로 생성되는 단백질로, 면역계가 자기세포를 공격해서 죽이는 것을 막기 위한 "나를 공격하지 마세요"라는 신호로 작용한다. 이 신호가 제대로 작동하지 않을 때는 면역 세포가 건강한 세포까지 공격해, 면역 물질의 과다 분비 현상인 사이토카인(cytokine) 폭풍이 발생할 수 있기 때문이다.

그러므로 MHC-1, 2가 제거된 유도 만능 줄기세포에 환자 NK세포로부터의 공격을 회피하기 위한 CD47을 과발현시키도록 유전자를 도입한다. 사나 바이오테크놀로지가 보유하고 있는 약물 전달 시스템인 퓨조좀(Fusosome)에 약물을 넣어 전달하면 유도 만능 줄기세포의 수용체(receptor)와 퓨조좀의 돌기 단백질인 퓨소젠(fusogen)이 결합한 후 내포 작용에 의해 적재된 CD47 DNA가 세포질로 들어온다. 그리고 핵으로 들어가 염색체에 자리 잡고 CD47 단백질을 발현시킨다. 만들어진 CD47 단백질은 골지체에서 마지막으로 수식 과정을 거친 다음 유도 만능 줄기세포 표면으로 자리를 옮겨 환자의 면역 세포가 공격하는 것을 막아내는 역할을 하게 된다.

이렇게 T세포와 NK세포의 공격을 막아내도록 유전자 조작된 유도 만능 줄기세포는 T세포나 B세포 등 필요에 따라 다양한 세포 치료제로 분화시켜 환자가 발생할 때마다 바로 대응할 수 있는 기성품 치료제(off the shelf therapies)로 개발될 수 있다.

사나 바이오테크놀로지는 아직 임상 단계의 파이프라인이 없으며 퓨소젠 기술 기반의 in vivo 비임상 파이프라인과 저면역 기술을 활용한 ex vivo 비임상 파이프라인을 보유하고 있다. 대부분 T세포이며 적응증은 고형암보다는 혈액암에 집중되어있어, T세포의 문제점으로 지적되는 혈액암 중심에서 벗어나지 못하고 있는 모습이다. 일단 치료제가 환자 몸속에 들어가 치료 효과의 지속성을 늘리도록 하는 데 집중하는 것으로 예상한다.

동물 실험을 통해 동사의 기술로 제작된 유도 만능 줄기세포 기반 저면역세포는 면역 반응 테스트에서 T세포와 B세포 모두 유효성을 확인했으며, 향후 다른 부작용에 대한 검증 실험이 이루어질 것으로 예상된다.

차세대 세포 치료제의 방향

클레드 테라퓨틱스와 사나 바이오테크놀로지의 세포 치료제 연구개발 동향을 통해 살펴본 바와 같이, 세포 치료제는 유도 만능 줄기세포를 기반으로 하면서 유전자 제거나 도입을 통해 새로운 기능을 추가한 후 다양한 세포 치료제로 분화시키는 방향으로 나아가고 있다.

유도 만능 줄기세포 유래 NK세포 치료제 선두 주자인 페이트 테라퓨틱스도 2021년 초 인상적인 임상 결과를 발표하면서 기대를 모았으나, FT516의 추가 자료 업데이트에서 치료되었던 환자에서 암 재발이 발생한 결과를 보고했다. 환자의 면역세포 공격에 의해 NK세포가 사멸해 약물 효과의 지속성에 문제점이 발생한 것이다. 향후 투여 횟수를 늘리거나, 생체 내 지속성을 늘리는 기능을 추가하거나, 혹은 사나 바이오테크놀로지의 전략과 같이 저면역세포 치료제를 만드는 등 다양한 방향으로 돌파구를 찾는 작업이 진행될 전망이다.

이상과 같이 우리는 바이오 산업의 세부 섹터에 대한 개괄과 그중에서도 가장 핵심적인 기술들에 대해 자세히 살펴보았다. 한 번에 기술에 대한 이해를 완성할 수 없다. 한 가지 기술을 설명하기 위해서는 다른 생소한 개념을 사용할 수밖에 없기 때문에, 당연히 이해하는 데 어려움을 겪을 수 있다. 하지만 반복해서 학습한다면 반드시 전체 기술을 이해할 수 있다고 생각한다. 뒷부분을 읽고 나면 자연스럽게 해결되는 경우가 많기 때문에, 이해가 되지 않는 부분이 있다 하더라도 포기하지 않는 것이 중요하다.

바이오 산업의 기본적인 과학 지식이나 세부 기술 지식, 그리고 바이오 산업의 독특한 속성을 이해했다면, 이제부터 바이오 주식을 분석하는 데 가장 중요하다고 할 수 있는 바이오 기업 가치 탐색을 위한 접근법과 정보 수집 방법 그리고 투자할 기업이 갖추어야 할 조건과 포트폴리오 구성 방법을 알아보기로 하겠다. 기업 분석 과정에서 적절히 써먹을 수 있는 실전 지식들을 정리했으니 포기하지 말고 계속 따라오길 바란다.

BIO
MONEY

PART 4

바이오 기업
분석의 틀

매출도 없는데
시가 총액은 왜 높은 거야

　도표 4-1은 코스닥에 상장되어있는 바이오텍 압타바이오의 대차 대
조표와 손익 계산서다. 일반 증권사 HTS(Home Trading System, 홈트레이
딩 시스템)에서 클릭 두 번으로 간단히 확인할 수 있다. 바이오텍은 금융
시장에서 자금을 빌려 연구 개발하는 현금 흐름을 갖고 있기 때문에 금
리나 자금 동향에 대한 민감도가 높다. 즉 금융시장이 위축되면 바이오
텍에 자금 경색이 나타날 수 있으므로, 항상 투자하기 전에 그 기업의
현금 흐름과 향후 자금 계획을 반드시 체크하기를 권한다. 금융 시장은
곳곳에 위험이 도사리고 있는 정글과 같으나, 아주 기본적인 원칙만 지
킨다면 의외로 위험을 간단히 피할 수 있는 것들이 많다. 이제부터 그
내용에 대해 살펴보자.

대차 대조표와 손익 계산서

먼저 대차 대조표를 보면 유동 자산과 유동 부채를 확인할 수 있다. 유동 자산은 회사가 언제든 사용 가능한 현금 흐름이며, 유동 부채는 1년 안에 갚아야 할 부채다. 유동 자산에서 유동 부채를 빼면 단기간 회사가 쓸 수 있는 현금이 산출된다.

유동 자산 - 유동 부채 = 해당 회사의 단기 운용 가능 현금

다음으로 손익 계산서의 매출과 영업 이익을 체크해보자. 매출은 거의 없으나 영업 적자가 지속되고 있다. 1년간 영업 적자를 개략적으로 산출해 회사가 쓸 수 있는 현금으로 나누면, 향후 이 회사가 보유 현금

도표 4-1 압타바이오의 대차 대조표와 손익 계산서

IFRS(개별)	2018/12	2019/12	2020/12	2021/12	전년동기	전년동기(%)
매출액	15	10	3	2	3	-34.4
매출원가						
매출총이익	15	10	3	2	3	-34.4
판매비와관리비	48	82	64	116	64	80.9
영업이익	-34	-72	-61	-114	-61	적자지속
영업이익(발표기준)	-34	-72	-61	-114	-61	적자지속
금융수익	3	12	21	15	21	-28.3
금융원가	10	3	1	10	1	594.2
기타수익	0	0	2	2	2	18.1
기타비용	0	1	0	1	0	60702.2
종속기업,공동지배기업및관계기업관련손익						
세전계속사업이익	-41	-63	-39	-107	-39	적자지속
법인세비용						
계속영업이익	-41	-63	-39	-107	-39	적자지속
중단영업이익						
당기순이익	-41	-63	-39	-107	-39	적자지속

IFRS(개별)	2018/12	2019/12	2020/12	2021/12
자산	203	774	754	649
유동자산	199	468	437	238
비유동자산	4	306	317	411
기타금융업자산				
부채	20	22	34	32
유동부채	12	7	8	8
비유동부채	8	15	26	25
기타금융업부채				
자본	183	752	720	617
자본금	43	54	55	111
신종자본증권				
자본잉여금	494	1,110	1,137	1,082
기타자본	6	14	3	6
기타포괄손익누계액				
이익잉여금(결손금)	-360	-427	-476	-582

출처: 키움증권 HTS

으로 몇 년간 버티며 연구 개발할 수 있는지가 계산된다.

이 회사의 2022년 6월 28일 기준 시가 총액은 3,479억 원이고, 자본이 597억원이다. 시가 총액/자본 비율이 최근 주가 하락에도 불구하고 5.8배에 달한다. 손익 계산서를 통해 확인할 수 있는 정보는 높은 성장성은 고사하고 영업 적자가 지속되고 있다는 사실밖에 없는데, 왜 시가 총액이 높은지 도저히 납득할 수 없을 것이다. 따라서 재무제표 분석만으로는 바이오텍의 가치 평가를 하기란 쉽지 않다.

혹자는 1개의 기업만을 보고 어떻게 전체를 알 수 있냐고 의문을 제기할 수 있겠으나 거의 대부분 이와 유사하다. 글로벌 바이오텍 대부분이 비슷한 재무 구조를 갖고 있으며, 이것은 바이오 산업 고유의 구조적 특징이다. 바이오텍은 기술에 대한 비전, 즉 신약을 만들겠다는 계획을 설명하고 투자자로부터 자금을 받아 연구 개발해 기술의 상품화 가능성을 입증한다. 그리고 다시 투자자에게 다음 단계의 연구 개발을 이어나갈 자금을 투자 받는 구조다. 따라서 중간 단계에서 진행하던 연구 개발 기술을 수출하지 않는 한, 신약이 만들어지기 전까지 이렇다 할 매출이 발생하기 어렵고 적자는 지속된다. 그렇다면 바이오텍의 가치는 도대체 어디에 축적되고 있는 것일까?

신약 파이프라인

바이오텍의 가치, 즉 시가 총액은 바로 신약 파이프라인에 녹아들어 있다. 신약 파이프라인이란 바이오 기업이 보유하고 있는 기술을 활용해 특정 질병을 타깃해 치료제를 개발하는 프로젝트를 의미한다. 신약 개발 파이프라인마다 많은 연구 개발 인력들이 평균 10년 이상 매달리기 때문에 바이오텍의 영업 적자가 이어질 수밖에 없는 것이다.

도표 4-2 압타바이오의 파이프라인을 예시로 파이프라인 가치 평가에 대해 알아보자. 압타바이오는 2개의 기반 기술, 즉 녹스(NADPH oxidase, NOX) 저해제 기술과 압타머(Aptamer) 기술을 바탕으로 9개의 임상 파이프라인을 진행하고 있다. 가장 앞서있는 파이프라인은 당뇨병

도표 4-2 압타바이오의 파이프라인

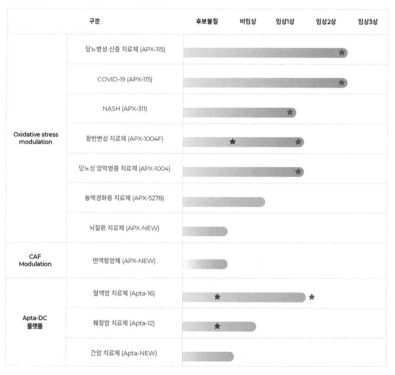

구분		후보물질	비임상	임상1상	임상2상	임상3상
Oxidative stress modulation	당뇨병성 신증 치료제 (APX-115)				★	
	COVID-19 (APX-115)				★	
	NASH (APX-311)			★		
	황반변성 치료제 (APX-1004F)	★		★		
	당뇨성 망막병증 치료제 (APX-1004)			★		
	동맥경화증 치료제 (APX-5278)					
	뇌질환 치료제 (APX-NEW)					
CAF Modulation	면역항암제 (APX-NEW)					
Apta-DC 플랫폼	혈액암 치료제 (Apta-16)	★			★	
	췌장암 치료제 (Apta-12)	★				
	간암 치료제 (Apta-NEW)					

출처: 압타바이오 홈페이지

성 신증으로, 임상 2상의 결과를 기다리고 있는 상황이다. 임상 2상에서 좋은 결과가 발표된다면 기술 수출 가능성이 높아지고, 같은 녹스 저해 기술 기반의 다른 임상 파이프라인 가치도 동반 상승하는 효과를 누릴 수 있다. 압타바이오의 당뇨병성 신증 파이프라인은 임상 2상의 결과에 따라 임상 3상으로 진입할 가능성이 열려있으며, 다시 임상 3상에서 1차 유효성 평가 지표의 달성 여부에 따라 신약 승인이 결정된다.

치료제는 1차 치료제 혹은 2차 치료제 등으로 승인을 받게 되는데, 순위가 밀릴수록 환자 수가 줄어들어 시장의 규모도 줄어든다. 주식시장은 압타바이오가 파이프라인 APX-115를 임상 성공시킬 수 있는 확률을 계산하고, 만일 성공한다면 당뇨병성 신증 치료제 시장에서 차지할 수 있는 시장 규모를 평가해 시가 총액으로 환산하고 있는 것이다. 이때 파이프라인의 가치 평가는 다음과 같이 나타낼 수 있다.

타깃 질병 환자 수 × 약가(價) × 임상 성공 확률 × 마켓 셰어
= 파이프라인 가치 평가

이와 같이 압타바이오가 보유하고 있는 플랫폼 기술과 파이프라인이 가치 평가되어 전체 시가 총액 3,479억 원을 형성하고 있는 것이다. 금융 환경과 시장의 수급 등 그 이외의 변수들도 다양하게 주가에 영향을 주고 있음은 물론이다.

임상 파이프라인 가치 평가에 대한 다른 예를 살펴보자. 수포성 표피 박리증(Epidermolysis Bullosa, EB)은 가벼운 외상에도 쉽게 수포가 생기는 희귀 유전병으로, 전 세계에 약 5만 명(한국 약 200명)의 환자가 있

지만 치료제는 없는 상황이다. 환자들은 드레싱 전문 인력을 포함한 드레싱 비용으로 연간 3,000만~4,000만 원을 소요한다. 한번 드레싱하는 데 몇 시간씩 소요되는 환자와 가족들의 불편함은 계산할 수도 없다. 그래서 누구든 수포성 표피 박리증 신약 개발에 성공한다면, 혁신 신약(first in class, 해당 적응증의 첫 번째 신약)으로 시장에서 연간 최대 2조 원을 선점할 수 있다. 또한 희귀 의약품으로 지정되어 특허 기간 20년 이외에도 7년간 독점이 연장될 가능성이 매우 높기 때문에 실질적으로 15~17년간 2조 원의 현금 흐름 유입이 가능한 치료제다.

이와 같이 바이오텍의 가치(value)는 일반 제조 기업과는 다르게 재무제표를 통해서 추정하기 어려우며 파이프라인 속에 녹아있다. 참고로 바이오텍의 파이프라인은 해당 기업의 홈페이지에서 바로 확인할 수 있다. 전 세계 모든 바이오텍의 홈페이지 구성은 대단히 비슷하며 CEO 및 연구진, 주요 기술, 파이프라인, 임상 진행 현황, 재무 현황 등이 일목요연하게 잘 정리되어있다. 간단한 분석은 홈페이지만으로도 가능할 정도니, 바이오 투자를 위해서는 홈페이지와 친해질 것을 강조한다.

친할수록 실력이 느는
홈페이지와 IR북

바이오 기업을 분석할 때 유용한 정보를 가장 많이 얻을 수 있는 곳은 그 기업의 홈페이지다. 대부분의 바이오 기업 홈페이지는 틀이 잘 짜여있을 뿐만 아니라 내용도 자세히 소개되어있어, 홈페이지만 잘 들여다보아도 기업의 상당 부분을 이해할 수 있다. 외국 바이오 기업도 마찬가지라 어떤 새로운 기업을 만나더라도 홈페이지를 통해 필요한 기본적인 정보는 얻을 수 있다.

우리나라 바이오 기업 지씨셀의 홈페이지를 열어 하나씩 살펴보자. 회사 소개를 클릭하면 도표 4-3처럼 CEO 인사말, 미션과 비전, 연혁 등을 확인할 수 있다.

바이오 기업 분석에서 가장 중요한 것은 다름 아닌 회사의 연혁과

CEO를 비롯한 주요 경영진이다. 바이오 종목은 다른 산업과는 달리 장기 투자하는 경우가 많아서 기업이 기술 능력, 경영 능력, 도덕성 등을 잘 갖추고 있지 않으면 투자자들이 믿고 함께하기 어렵다. 그래서 해외 바이오텍의 홈페이지를 보면 경영진 모두의 사진과 인물에 대한 상세한 소개를 하는 것이 일반적이다. 하지만 지씨셀 홈페이지에서 보다시피 우리나라의 기업들은 이 부분에 대한 정보가 많이 부족하다. 우리나라 기업들도 기업을 대표하는 인력들에 대한 소개를 가장 첫 부분에 아주 상세하게 기술했으면 좋겠다.

도표 4-3 회사 소개

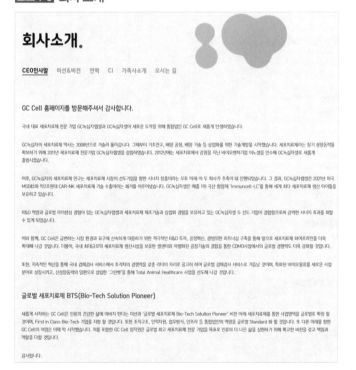

출처: 지씨셀 홈페이지

도표 4-4 핵심 기술 소개

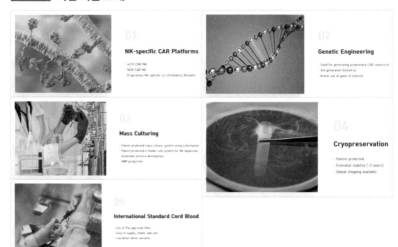

출처: 지씨셀 홈페이지

도표 4-5 보유 기술과 협력사

출처: 지씨셀 홈페이지

다음으로 사업 소개 파트다. 지씨셀은 세포 치료제, 면역 항암제, 위탁 개발 생산, 바이오 물류, 검체 검사 서비스, 세포 보관 등의 사업을 영위하고 있다. 녹십자랩셀과 녹십자셀이 합쳐지면서 사업의 영역이 더 넓어졌다. 먼저 지씨셀의 가장 경쟁력 있는 기술인 세포 치료제 사업에 대한 내용을 보면 5가지 핵심 기술에 대해 도표 4-4처럼 요약해서 소개하고 있다.

그다음으로 협력사와 진행하고 있는 각각의 기술과 세부 내용 그리고 협력사 목록이 있다. 사업 부문별로 설명된 내용이 사업의 성격에 맞게 이해하기 쉽도록 소개하고 있는 것이 특징이다.

그다음은 연구 개발 파트다. 연구소 소개 파트에서는 동사가 갖고 있는 6가지 핵심 세포 치료제에 대한 내용들을 상세하게 설명하고 있다.

도표 4-6 6가지 핵심 세포 치료제

출처: 지씨셀 홈페이지

다음으로 가장 중요한 임상 개발 현황, 즉 파이프라인이 있다. 처음 보는 바이오 기업을 개략적으로 분석할 때 가장 먼저 봐야 하는 것이 파이프라인 현황이다. 기업이 연구 개발을 어느 정도 진행하고 있는지 한눈에 파악할 수 있기 때문인데, 가장 많이 진행된 파이프라인이 임상 몇 상인지, 파이프라인은 몇 개 정도 보유하고 있는지, 적응증은 무엇인지, 세포 치료제인지 아니면 유전자 치료제인지, 혹은 항체 치료제인지 그리고 누구와 협력해 파이프라인을 진행하고 있는지 등의 내용이 집약되어있다.

동사는 친절하게도 도표 4-7, 4-8처럼 파이프라인을 개발 진행 현황과 임상 시험 현황으로 나누어 설명하고 있는데 개발 진행 현황은 파이프라인을, 임상 시험 현황에서는 세포 치료제별로 임상 진행에 대한 개략적인 설명과 임상 병원을 소개하고 있다.

다음으로 연구 성과 파트다. 바이오 산업은 독점 산업이라는 특성상 기술 개발과 동시에 논문을 쓰고 발표해 특허를 받게 되는데, 특허가 곧 기술이자 기업의 경쟁력이다. 대부분의 바이오 기업은 그동안 발표한 논문과 특허 출원 및 등록 현황을 자세하게 소개해 타사와의 차별성을 강조한다. 기업이 임상 시험에서 사용한 기술은 대부분 논문과 특허를 통해서 분석할 수 있기 때문에 애널리스트에게는 중요한 정보원이 된다.

투자 정보에서는 요약 재무제표와 기업의 뉴스를 소개하고 있고, 대부분 IR북과 애널리스트들의 기업 분석 자료를 시간의 흐름에 따라 정리했다. 기업의 최근 뉴스에서는 임상 시험과 관련한 내용을 한 번에 찾아볼 수 있다는 편리함이 있고, 특히 최신 IR북에는 가장 최근까지의 임상 내용이 업데이트되어있기 때문에 투자 전 반드시 찾아서 볼 것을 권한다.

도표 4-7 파이프라인 – 개발 진행 현황

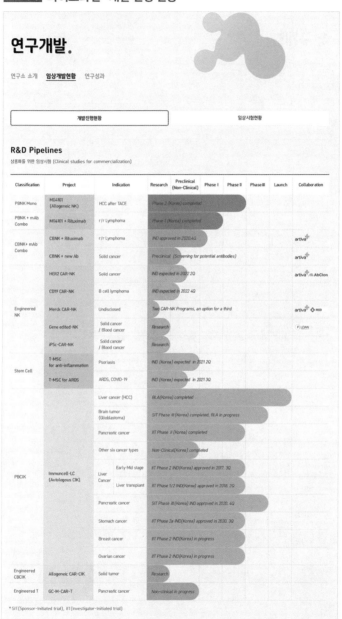

출처: 지씨셀 홈페이지

연구개발.

연구소 소개 **임상개발현황** 연구성과

개발진행현황	임상시험현황

줄기세포 ∧

An Open-label, Dose-escalation, Phase 1 Trial to Investigate the Safety, Tolerability, and Efficacy after Single- and Multiple-dose Administration of CT303 in Patients with Moderate to Severe Plaque Psoriasis

서울대학교병원 조성진 교수	· Seoul National University Hospital · Seoul, Republic of Korea · Principal Investigator: Seong Jin Jo, M.D.
부산대학교병원 김병수 교수	· Pusan National University Hospital · Pusan, Republic of Korea · Principal Investigator: Byung Soo Kim, M.D.
차의과대학교분당차병원 김동현 교수	· CHA Bundang Medical center, CHA University · Gyeonggi-do, Republic of Korea · Principal Investigator: Dong Hyun Kim, M.D.

A Multi-center, Open-label Dose-escalation and Dose-finding Phase I Clinical Trial to Evaluate the Safety, Tolerability and Efficacy of CT303 in Patients with Acute Respiratory Distress Syndrome

분당서울대학교병원 조영재 교수	· Seoul National University Bundang Hospital · Gyeonggi-do, Republic of Korea · Principal Investigator: Young Jae Cho, M.D.
서울대학교병원 이진우 교수	· Seoul National University Hospital · Seoul, Republic of Korea · Principal Investigator: Jin Woo Lee, M.D.
서울특별시시부라병원 박태연 교수	· Seoul National University Boramae Medical Center · Seoul, Republic of Korea · Principal Investigator: Tae Yun Park, M.D.

간암 ∨

뇌종양 ∨

췌장암 ∨

위암 ∨

출처: 지씨셀 홈페이지

연구개발.

연구소 소개   임상개발현황   **연구성과**

지씨셀의 세포 연구 기술은 다양한 실용특허 출원과 등록을 통해 국내뿐만 아니라
해외에서도 인정받고 지속적으로 해외 유명 학술지에 우수한 연구 결과를 발표하며
세계 석학들과 어깨를 나란히 하고 있습니다

특허	논문

전체 22건   전체 ∨   검색어를 입력하세요   Q

사이토카인 유도 살해세포를 포함하는 활성화 림프구 및 이의 제조 방법

- 국내출원   10-2019-0768127 | 등록 10-2137954-0000
- 국제출원   PCT/KR2020/005896

활성화 림프구 및 이의 제조 방법

- 국내출원   10-2019-0057532 | 등록 10-2088585-0000

메소텔린 특이적인 키메라 항원 수용체 및 이를 발현하는 T세포

- 국내출원   10-2019-0007422 / 10-2019-0077161 | 등록 10-2716225-0000

세포면역치료제의 제조를 위한 림프구 장기 보관 방법

- 국내출원   10-2004-0056280 | 등록 10-0569609-0000

키메라항원 수용체 및 이를 발현하는 자연살해세포

- 국내출원   10-2016-0181119
- 국제출원   PCT/KR2017/015635 | 등록 WO 2018/124766

출처: 지씨셀 홈페이지

출처: 지씨셀 홈페이지

지금까지 지씨셀의 홈페이지를 둘러보았다. 바이오텍의 홈페이지는 기업의 기본적인 내용부터 핵심 기술을 설명하는 논문까지 회사의 거의 모든 것들이 수록되어있고, 부족하다면 따로 관련 자료를 찾아볼 수 있도록 잘 안내하고 있다. 바이오 기업을 분석할 때는 항상 꼼꼼하게 홈페이지의 모든 내용을 읽어보는 습관을 몸에 익히기를 당부한다. 홈페이지를 읽은 후 최근 사업 보고서를 통해 부족한 부분을 보강한 뒤 애널리스트의 자료를 2개 정도 비교해가면서 읽는다면, 분명히 좋은 투자 의사 결정으로 이어질 것이다.

투자할 바이오 기업이
반드시 갖추어야 할 조건

투자 종목을 선정하는 기준은 투자자가 자신의 경험과 성공한 투자자들의 조언을 조합해 만들기 때문에 각자 다를 수밖에 없으나, 바이오 투자를 고려한다면 반드시 점검해야 할 몇 가지 사항에 대해서 언급하고자 한다.

역량 있는 CEO와 핵심 인력

먼저 기업을 성장시켜나갈 CEO와 역량 있는 인력들이 잘 갖추어져 있는지 점검해야 한다. 다른 산업도 마찬가지지만 특히나 바이오 산업은 CEO가 회사에 미치는 영향력이 지대하다. 대부분의 바이오 CEO는 핵심 기술을 보유한 연구자이자 동시에 경영자다. 신생 바이오텍일수록 CEO의 영향력이 클 수밖에 없어서 연구와 경영 그리고 연구 자금을 마련하는 CFO(Chief Financial Officer, 최고 재무 관리자)의 역할까지 하는, 실로 회사 실체의 전부라고 해도 과언이 아니다. 기업이 성장해 중견 바이오텍으로 성장한 이후에도 CEO의 영향력은 대부분 유지되는 경향이 있다. 이러한 현상은 미국 바이오텍에서도 그대로 나타나는데, 핵심 인력이 구설수에 오르거나 회사를 떠나는 경우 주가에 큰 영향을 미치는 것을 흔히 볼 수 있다. 그렇다면 구체적으로 CEO 점검 포인트는 무엇이 있을까?

우선 CEO가 해당 바이오텍이 속해있는 세부 바이오 섹터에서 오랫동안 연구 개발을 해왔는지가 가장 중요한 점검 포인트다. 요즘 신규 IPO 기업의 CEO 경력을 살펴보면 대학이나 연구소에서 오랫동안 연구 경험이 있는 인력들이 대부분인데, 이런 경우 CEO가 핵심 기술력을 갖추고 있다고 볼 수 있다. 그렇지만 기술력 측면에서 높은 점수를 받은 것과 기술을 사업화하는 능력은 별개의 문제다. 고로 회사가 단계별로 성장해나가면서 사업화에 필요한 기술 전략, 임상 개발, 생산 관리, 해외 기술 마케팅, 자금 관리 등 전문 인력들을 적절하게 확보해나가는 노력이 필요하다.

특히 우리나라 바이오텍의 대부분은 신약 개발을 최종 단계까지 진행해나갈 자금이나 경험이 많지 않아, 글로벌 빅파마를 대상으로 기술 수출에 적극적으로 나서야 한다. 따라서 바이오텍의 경영자는 글로벌 빅파마의 기술 동향 파악은 물론 기술적 자문을 구하거나 기술 수출 가능성을 높이기 위한 해외 네트워크 가동 능력이 절실히 요구된다. 최근 국내 유망 바이오텍들의 CEO 대부분이 해외 연구 경험이나 네트워크를 보유하고 있는 경우가 많은데, 이는 향후 해외 기술 수출을 적극적으로 추진해야 한다는 측면에서 긍정적인 요소로 평가된다.

인플라마좀 억제제를 개발하는 샤페론이 해외 네트워크를 강화해 나가고 있는 바이오텍의 좋은 예가 될 수 있다. 2022년 코스닥 IPO 예정인 샤페론의 창업자이자 인플라마좀 억제제의 핵심 기술을 개발한 성승용 대표는 면역학의 국내 최고 권위자다. 최근 그는 글로벌 제약 회사에서 오랜 경험을 갖춘 이명세 대표를 영입했다. 이 대표는 글로벌 제약사에서 20여 년간 전략 기획, 사업 개발, 메디컬(medical), 마케팅 등의 경험을 갖춘 해외통이면서 바이오 경영 전문가다. 성 대표는 IPO를 바라보는 임상 2상 바이오텍을 더욱 성장시키기 위해 연구 개발에 집중하고, 그 외의 경영은 바이오 경영 관리의 경험이 풍부한 전문가에게 전담시키기로 결정한 것이다. 적절한 시기에 전략적 판단을 내린 성 대표의 결정 능력이 투자자들에게 더욱 신뢰감을 줄 수 있으며, 두 전문가가 힘을 합쳐 몇 배의 시너지가 발생할 것으로 전망한다.

바이오 주식은 적어도 몇 년 이상의 투자 기간을 필요로 하기 때문에 기업을 성장시켜 나갈 대표이사를 잘 관찰해야 한다. 항상 신뢰감을 주는 의사 결정을 내리는지, 언론 발표 시 신중한 태도를 견지하는지, 기업 정보 관리는 도덕성에 어긋나는 일이 없는지에 대해 '신뢰성'이라는 기준을 갖고 유심히 봐야 한다. 만일 대표이사를 믿을 수 없다면 즉시 그 주식을 매도하고 다시는 처다보지 않도록 HTS 관심 종목에서 삭제해야 한다.

기술의 혁신성

다음은 기술의 혁신성이다. 바이오 기술의 혁신성이란 지금까지 시도해보지 않은 새로운 영역에 도전하거나, 신약으로 만들어지는 과정에서 부딪치는 문제점들을 돌파하는 세부 기반 기술을 연구 개발하는 것으로, 우리는 이러한 혁신 기업에 집중할 필요가 있다.

예를 들어 CRISPR-Cas9이나 siRNA는 기존에는 기술적 한계로 접근이 어려웠던 유전자를 직접 다루는 핵산 치료제로서, 미지의 영역으로 남아있던 유전병 등 희귀 질환 치료제를 개발할 가능성이 크다는 점에서 높은 가치 평가를 받고 있다. 과거에는 병의 원인인 단백질을 억제하기 위한 저분자 화합물이나 항체를 개발하는 데 집중했기 때문에 만일 특정 결합 부위를 발견하지 못해 단백질을 공략할 방법을 찾지 못할 경우 딱히 손을 쓸 수 없었다. 그런데 CRISPR-Cas9과 siRNA 등으로 DNA나 RNA를 직접 타깃함으로써 치료 영역을 확장할 뿐만 아니라 근본적인 치료도 가능하게 되었다. 이렇듯 새로운 혁신 기술은 과거와는 전혀 다른 새로운 방식으로 신시장을 개척하고 있다.

이러한 바이오 혁신 기술을 현실적으로 구체화하는 것이 세부 기반 기술이다. 아무리 좋은 혁신 기술을 보유하고 있다 하더라도 세부 기반 기술이 동반 개발되지 않는다면 기술을 적용할 수 있는 적응증은 제한적이거나 신약 개발이 아예 불가능할 수도 있다. 현재 CRISPR-Cas9이나 siRNA는 노출된 환부에 직접 주사하거나 약물 전달체에 실어 간으로 보내는 정도가 현실이다. 따라서 개발하고 있는 신약 물질의 적응증도 주로 외부에 노출되어있는 눈이나 피부 혹은 간에 있는 수용체를 타깃하는 간물질 개발이 주를 이루고 있는 것도 이러한 이유 때문이다.

기술의 혁신성이 최근에 연구가 활발히 진행되고 있는 유전자세포 치료제뿐만 아니라 어느 정도 연구가 많이 진행된 항체 치료제나 저분자 화합물에도 나올 수 있다. 항체를 기반으로 하는 항체 약물 접합체나 이중 항체가 대표적인 사례다. 따라서 투자하려는 바이오 세부 섹터 선정도 중요하지만, 해당 기업이 그 분야에서 기술의 혁신성을 갖추고 있는지 확인해야 한다.

기술력과 신약 가능성

또 다른 점검 요인은 기술력과 신약 가능성이다. 투자자들이 가장 궁금해하는 질문 중의 하나가 어느 단계의 바이오 기업에 투자하는 것이 가장 좋냐는 것이다. 사실 딱히 정답은 없다. 필자는 바이오 전반에 해박한 지식을 갖고 있는 전문 투자자일수록 초기 단계의 기업 투자가 가능하다는 것이며, 기업의 기술에 대한 과학적 지식과 투자 경험이 많지 않다면 어느 정도 검증이 된 후에 투자하는 것이 맞다고 생각한다. 그렇다면 어느 정도 검증이 된 후라는 것이 도대체 언제를 의미하는 것일까?

최근에는 비상장 바이오텍에도 적극적으로 투자하는 투자자들이 점점 늘어나고 있는데, 비상장 주식의 경우 적어도 동물 실험 데이터는 갖춘 회사에 투자하라고 권한다. 바이오텍을 창업해 물질 개발을 하고 동물 실험에서 좋은 결과를 낸 것은 확률적으로 대단히 힘든 단계를 통과했다고 볼 수 있어, 이후에도 더 큰 관문들이 기다리고 있기는 하나 적어도 그러한 도전을 해볼 수 있는 위치까지는 도달했다고 판단하기 때문이다.

그렇다면 상장한 기업은 어떻게 판단하면 좋을까? 상장 기업들 대부분 임상 단계에 진입해 어느 정도는 독자적인 기술력 검증을 받았다고 볼 수 있으나, 우리가 관심 있는 기업은 수많은 도전을 뚫고 신약을 만들어내거나 신약을 만드는 데 중요한 세부 기반 기술을 확보해 빅파마와 기술 협업할 수 있는 바이오텍이 과연 누가 될 것인가. 이러한 기업을 고르는 좋은 방법 중의 하나가 기술 이전 현황과 가장 앞선 파이프라인의 진행 상황을 점검하는 것이다.

바이오텍의 기술 수준을 가장 잘 알고 있는 전문가는 다름 아닌 해당 기술과 연관된 신약을 개발하고 있는 글로벌 제약 회사다. 그러므로 그들이 낙점한 바이오텍의 기술은 세계적으로도 어느 정도 인정받을 수 있는 기술로 평가될 수 있는 것이다. 만일 바이오텍이 세계적인 수준의

도표 4-11 상장 후 바이오 기업 평가 시 가장 중요한 요소

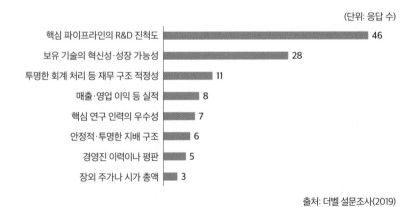

(단위: 응답 수)

핵심 파이프라인의 R&D 진척도	46
보유 기술의 혁신성·성장 가능성	28
투명한 회계 처리 등 재무 구조 적정성	11
매출·영업 이익 등 실적	8
핵심 연구 인력의 우수성	7
안정적·투명한 지배 구조	6
경영진 이력이나 평판	5
장외 주가나 시가 총액	3

출처: 더벨 설문조사(2019)

바이오 제약사에 기술 수출에 성공한 경험이 있다면, 간접적으로 기술력을 검증받았다고 볼 수 있다.

다음은 파이프라인 점검이다. 파이프라인이란 제약 바이오 기업이 신약을 개발하기 위한 프로젝트를 의미하는 것으로 바이오텍의 역량을 그대로 보여주는 한마디로 회사 전체의 신약 개발 프로젝트 현황이다. 홈페이지만 가봐도 기업이 몇 개의 파이프라인을 진행하고 있는지, 그리고 가장 앞서있는 파이프라인이 어느 정도 진행되고 있는가를 파악할 수 있다. 더 나아가 파이프라인의 양과 질에 대한 점검을 해야 하며, 아울러 플랫폼 기술인지 여부도 중요한 고려 대상이다. 플랫폼 기술이란 기차역의 플랫폼에 계속해서 기차가 들어오고 빠져나가듯이 다양한 적응증의 신약 물질을 계속해서 찍어낼 수 있는 기반 기술로 이해할 수 있다. 플랫폼에 기차가 연이어서 들어오듯이, 플랫폼 기술을 보유하고 있는 바이오텍은 짧은 시간 내에 새로운 적응증의 약물을 개발하는 능력을 보여준다.

지금까지 설명한 투자할 만한 기업의 조건을 모두 갖춘 기업은 다음과 같다. 먼저 CEO와 주요 경영진이 오랜 기간 동안 해당 분야에서 연구 개발 경력을 갖고 있으면서, 회사는 해외 네트워크를 잘 갖추고 있다. 또한 시장에서 CEO에 대한 높은 신뢰감을 확인할 수 있다. 기술적인 측면에서는 기존의 접근 방식과는 전혀 다른 혁신성을 보유한 플랫폼 기술로 해외 기업에 기술 수출 경험을 갖고 있다. 다양한 파이프라인이 진행 중으로 가장 앞선 파이프라인이 임상 2상이어야 한다. 물론 향후 2년간 연구 개발에 집중할 수 있는 자금도 확보하고 있어야 한다.

이것을 모두 충족하는 게 가능할까 싶지만, 이 중에서 양보할 만한 조건은 1개도 없다. CEO의 신뢰감을 양보하겠는가, 해외 네트워크나 기술 수출 조건을 양보하겠는가? 어느 것 하나라도 부족하다면 대부분 치명적인 결과로 이어질 수 있고, 이들은 모두 다른 조건처럼 보여도 자세히 따져보면 하나로 연결되어있다.

여러분은 이제 바이오 기업을 분석하는 데 필요한 핵심적이며 기본적인 지식들을 갖추게 되었다. 바이오 산업과 기업에 관련된 속성, 세포를 포함한 바이오 지식과 바이오 세부 섹터의 기술, 그리고 바이오 기업을 분석하는 데 필요한 기본적인 지식을 학습했다. 단 한 번 책을 읽는다고 투자의 틀을 만들기는 힘들겠지만, 여러 번 반복하고 매일 시간을 들여 시장의 흐름을 공부하면서 실전 경험을 쌓아나간다면 바이오는 물론 모든 투자에서 성공 스토리를 만들 수 있을 것으로 확신한다.

다음 파트에서는 지금까지 학습한 내용을 갖고 한국과 미국의 대표적인 바이오 기업에 대해 공부해보기로 한다. 종목을 추천한다는 의미보다는 기업을 분석할 때 어떤 점들을 파악해야 하는지 그리고 핵심 경쟁력은 무엇인지를 알아보는 데 보다 중점을 두고 있다는 점을 미리 언급한다. 기업의 밸류에이션은 기업에 대한 기술과 경쟁력 분석이 어느 정도 이루어져야 가능한 과정으로, 추후 다시 논할 기회가 있을 것으로 생각한다. 소개하는 기업들은 각기 다른 바이오 세부 섹터에서 독자적인 기술력을 확보해 성장하고 있으며, 다양한 바이오 기술을 다루어보기 위해 선정했다.

투자할 바이오 기업이
갖추어야 할 리스트

✔ **CEO와 핵심 경영진의 경력**
☐ 연구 개발 경력
☐ 사업화를 위한 경영진 구성
　: 임상 개발, 기술 전략, 해외 기술 마케팅, 자금 관리 등 전문 인력 확보 여부
☐ 해외 네트워크 가동 능력

✔ **CEO 신뢰성**
☐ 언론 발표 시 신중한 태도 견지
☐ 기업 정보 관리
☐ 도덕성

✔ **기술의 혁신성**
☐ 새로운 모달리티
☐ 주변 기반 기술의 발전 현황
☐ 플랫폼 기술: 파이프라인 수

✔ **투자 시점**
☐ 비상장 바이오텍: 동물 실험 데이터 확보 후
☐ 상장 기업: 가장 앞선 파이프라인 임상 2상이면서 기술 수출 경험 보유

✔ **보유 현금**
☐ 상장 기업 기준 평균 2년 사용 가능 자금

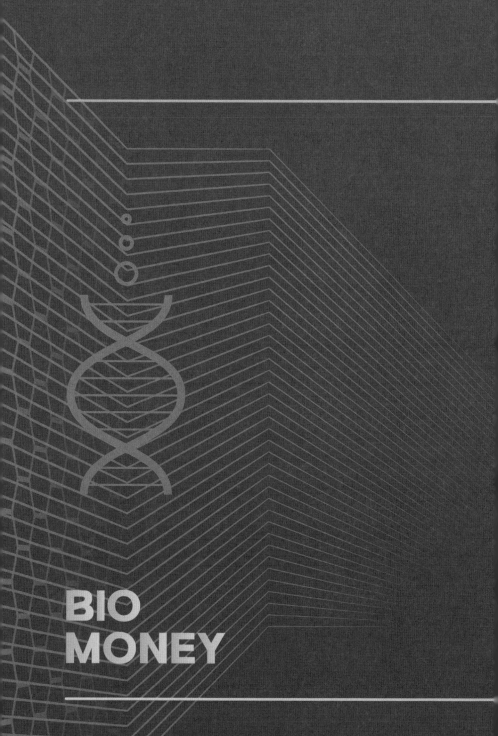

BIO
MONEY

PART 5

다양한 바이오 기술로
신약에 도전하는
기업 분석

미국의 바이오 기업 (1)
- 인텔리아 테라퓨틱스

CEO와 핵심 인력

2020년 CRISPR-Cas9으로 노벨화학상을 수상한 다우드나가 2014년 공동 창업한 회사로, CRISPR 유전자 편집 시스템을 이용한 바이오 치료제 개발을 목표로 설립되었다. 동사는 캘리포니아대학교에서 CRISPR 관련 지식 재산권(Intellectual Property, IP)을 확보해 치료제를 개발하고 있다.

CEO인 존 레너드(John Leonard)는 바이오 제약 분야에서 30년간 연구 개발에 힘쓴 후 2013년 글로벌 제약사인 애브비를 그만두고 2018년 인텔리아에 합류해, CRISPR-Cas9 기술을 실제 임상에 적용시키기 위해 연구 개발에 힘쓰고 있다. CRISPR-Cas9 기술이 혁신적인 만큼 실용화를 위해서는 다양한 난관에 부딪칠 수밖에 없으나, 존 레너드가 에이즈 치료제 노비르(Norvir), 칼레트라(Kaletra), 그리고 휴미라(Humira) 등 혁신적인 약을 개발한 풍부한 경험을 살려 인텔리아가 혁신적인 치료제를 개발해 나아가는 데 활력을 불어넣고 있다.

인텔리아는 8명의 바이오 제약 전문가들로 구성된 이사회가 있고 프랭크 버윌(Frank Verwiel)이 의장을 맡고 있다. 프랭크는 바이오 제약 분야에서 CEO 경험을 포함해 운영과 전략 등 25년간 다양한 경험을 했으며, 현재 여러 바이오 회사의 이사회 의장을 겸직하고 있는 실력자다.

기술력

"We may be nearing the beginning of the end of genetic diseases."
(우리는 유전병 종식의 문턱에 서있을지도 모른다.)

CRISPR-Cas9을 발명한 공로로 2020년 노벨화학상을 받은 다우드나 다우드 한마디다. NGS와 함께 새로운 바이오 시대를 만들어갈 신기술로, 그동안 불가능하다고 여겼던 유전병을 원천적으로 치료할 방법이 생긴 것이다.

동사가 확보하고 있는 특허 사용권 CRISPR-Cas9은 2개의 고분자 물질로 이루어져 있다. DNA를 인지하고 분자 가위처럼 작동해 타깃 DNA 이중 가닥을 잘라내는 Cas9 단백질과, 타깃 DNA가 맞는지 체크해 Cas9으로 하여금 절단할 수 있도록 유도하는 가이드 RNA다.

CRISPR-Cas9은 원래 박테리아의 방어 기작에서 유래되었다. 박테리아는 바이러스가 침입하면 자신의 유전체에 침입자 바이러스 DNA 일부를 삽입해 기억해두었다가, 같은 바이러스가 다시 침입할 경우 삽입해두었던 바이러스 유전자와 대조해 CRISPR-Cas9 복합체로 침입자를 잘라버리는 시스템을 갖고 있다. 인텔리아는 이러한 CRISPR-Cas9 기술을 활용해 유전자를 침묵시키거나, 수선 혹은 삽입해 희귀 유전 질병을 치료하는 치료제를 개발하고 있다. 인텔리아 테라퓨틱스 유전자 편집 치료제의 개발 프로세스는 먼저 질병의 원인을 파악하고 유전자의 결함을 밝혀낸 후 CRISPR-Cas9을 최적화해 타깃 조직으로 보내 치료하게 된다.

그러나 이렇게 희귀 유전 질환 치료에 무한한 가능성을 지니고 있는 동사의 CRISPR-Cas9도 아직 기술적 한계를 갖고 있어, 현재 기술로는 임상에서 적용할 수 있는 부분이 한정적이다. 이러한 적용 범위의 한계는 CRISPR-Cas9의 단점이면서도 앞으로 확장해나갈 수 있는 또 다른 영역을 의미하기도 한다. 현재 기술적 한계점은 크게 네 가지다.

도표 5-1 유전자 편집 치료제 개발 과정

미충족 수요 질병　　　병태 생리학 원인 유전자　　　편집 도구　　　타깃 조직으로 전달

출처: 인텔리아 테라퓨틱스 홈페이지

첫 번째, 타깃하는 DNA 이중 가닥을 잘라내어 그 유전자가 기능하지 못하도록 하는 치료제 개발에 그치고 있다는 것이다. 타깃 유전자를 CRISPR-Cas9으로 잘라내면 잘려진 DNA 양쪽 끝이 다시 달라붙는 수선 과정에서 예상치 못했던 염기의 삽입이나 제거 등이 일어나면서 단백질을 만들어내는 유전자 본래의 기능을 상실하게 된다. 이러한 CRISPR-Cas9의 특성을 이용해 병의 원인 단백질을 더 이상 만들어내지 않도록 하는 것이다.

두 번째, 인식할 수 있는 PAM 시퀀스(sequence)가 제한적이다. Cas9 단백질이 타깃 유전자를 찾아내기 위해서는 PAM 시퀀스와 결합해야 한다. 그런데 현재의 CRISPR-Cas9은 구아닌(DNA를 구성하고 있는 염기 중 하나)이 많은 곳에만 접근 가능하다는 문제점을 갖고 있다. 다시 말하면 CRISPR-Cas9이 우리가 원하는 유전자 서열에 마음대로 접근할 수 없어 치료의 범위가 제한적일 수밖에 없다. 따라서 다양한 PAM 시퀀스를 인식할 수 있는 CRISPR-Cas9 개발이 요구된다.

세 번째, 전달의 한계다. 이는 비단 CRISPR-Cas9만의 문제는 아니다. CRISPR-Cas9과 함께 핵산 치료제로 분류되는 mRNA, siRNA 치료제도 전달의 한계로 적응증을 다양화하지 못하고 있으며, 뇌혈관 장벽으로의 약물 전달률은 1%를 넘기는 것도 힘든 게 현실이다. 전달체가 대부분 지질로 구성되어있어 혈액 속으로 투여할 때 간 이외의 타깃 조직으로 전달하기 어렵다는 점은 해결해야 하는 중요한 과제 중 하나다. 관련해서 CRISPR-Cas9의 전달체로 지질 나노 입자와 아데노 연관 바이러스가 흔히 사용되는데, 벡터 안에 들어갈 수 있는 약물의 크기가 제한적이어서 CRISPR-Cas9을 작게 만들려는 연구가 활발하게 진행되고 있고, 기술을 개발하고 있는 벤처의 몸값이 치솟고 있는 상황이다.

마지막으로 오프 타깃 문제다. DNA를 다루는 기술인 만큼 실수는 치명적인 결과를 초래할 수 있다. 다양한 접근 방법의 시도들이 이루어져 정확도는 지속적으로 개선되고 있다.

파이프라인과 임상 진행 현황

인텔리아의 파이프라인은 크게 in vivo와 ex vivo로 나눌 수 있다. in vivo에서 NTLA-2001은 유전성 아밀로이드증을 적응증으로 글로벌 1상을 진행 중이며, 리제네론(Regeneron)과의 협업으로 개발하고 있다. 반면 ex vivo에서 가장 앞서있는 파이프라인은 OTQ923, HIX763으로, 겸상 적혈구병을 적응증으로 노바티스와 협업해 글로벌 1·2상을 진행하고 있다.

바이오 업계가 주목하고 있는 NTLA-2001은 유전자 가위를 우리 몸속에 직접 집어넣는 유전자 치료제다. 타깃 적응증인 유전성 아밀로이드증은 유전자의 돌연변이가 원인으로, 소포체에서 단백질이 비정상적으로 접히게 되면 기형적인 단백질이 형성되어 특정 장기와 조직에 축적되는 질병이다. 인텔리아는 CRISPR-Cas9을 도입해 아밀로이드증 유전자를 절단함으로써 혈관 속의 아밀로이드증 단백질 농도를 낮출 수 있다. 단 1회 투여로 영구적인 치료가 가능하다는 것이 특징이며, 사람 몸속으로 유전자 가위를 전달하는 사상 첫 임상 시험이라는 점에서 바이오 업계의 관심을 집중시키고 있다.

도표 5-2 인텔리아 테라퓨틱스의 파이프라인

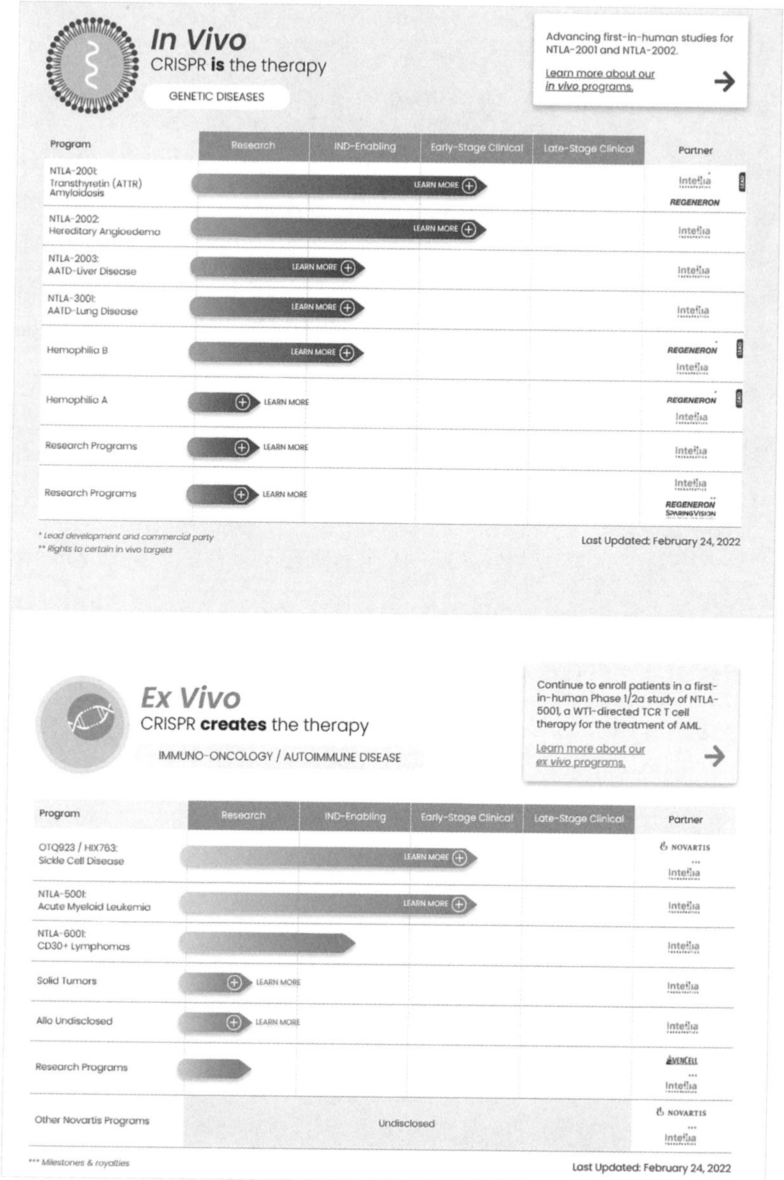

출처: 인텔리아 테라퓨틱스 홈페이지

환자 6명을 대상으로 한 임상 1상 중간 결과에서 아밀로이드증 단백질의 혈중 농도가 평균 87% 감소하는 데이터를 발표했다. 동일한 적응증의 치료제를 보유하고 있는 siRNA 치료제 앨나일램의 온파트로가 아밀로이드증 단백질 수준을 80% 이상 낮추는 효과를 보인 점을 고려하면 양호한 수치로 평가된다.

ex vivo 파이프라인 중에서 가장 진전된 OTQ923, HIX763은 골수 조혈세포의 타깃 유전자를 유전자 가위로 절단해 겸상 적혈구병(Sickle Cell Disease, SCD)을 치료하는 기전이다. 적혈구는 정상인의 경우 둥근 원반형 모양으로 만들어지지만, 겸상 적혈구병 환자는 낫 모양으로 형성되어 혈관 흐름이 원활하지 않아 산소 운반이라는 원래의 기능을 제대로 수행하지 못하게 된다. OTQ923, HIX763은 치료를 위해 환자 몸 외부에서 동사가 보유하고 있는 CRISPR-Cas9으로 유전자를 편집하고, 편집된 골수 조혈모세포를 다시 환자에게 넣어주어 기형 적혈구의 발현을 억제한다.

주가 및 재무 현황과 향후 전망

동사는 2022년 3월 기준 부채 제외 현금 등가물 9억 9,400만 달러를 보유하고 있고, 1년 영업 적자가 약 5억 달러로 추정된다. 향후 2년 정도의 사용 가능 현금을 확보하고 있다. 2022년 6월 28일 기준 시가 총액은 40억 달러다. 인텔리아 테라퓨틱스는 가장 혁신적인 기술로 임상 시험을 진행하지만 실패 확률도 낮지 않으니, 그만큼 투자 위험도 감

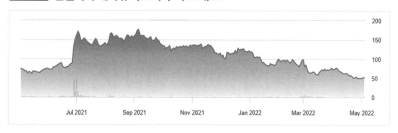

출처: 시킹알파

수해야 한다. in vivo NTLA-2001 임상 시험이 임상 1상 중간 결과와 같이 좋은 결과를 이어간다면 주가는 한 단계 레벨업이 가능하다.

동사는 2022년 6월 NTLA-2001 저용량 원샷 유전자 편집으로 12개월 평균 89%의 변이 단백질 감소를 유지하는 데이터를 발표했다. 이는 치료 효과가 장기적으로 유지되고 있음을 증명한 것이다. CRISPR-Cas9의 기술적 확장성은 크다. 앞서 언급한 현재의 다양한 기술적 장애는 오히려 미래 가치를 확대해나갈 수 있는 원동력으로 작용할 수 있다. 특허권 소송 관련 리스크도 대응할 시간적 여유가 있고, 적정 사용료 지불 합의로 원만한 해결 가능성이 높다. 따라서 시장은 동사가 보유하고 있는 첨단 기술 임상 개발 능력에 집중하게 될 전망이다.

미국의 바이오 기업 (2)
- 아르비나스

CEO와 핵심 인력

크레이그 크루즈(Craig Crews) 예일대학교(Yale University) 교수는 유

비퀴틴 결합 효소(Ubiquitin ligase, E3)에 결합하는 바인더 합성에 성공하

면서 아르비나스를 창업하고 프로탁 기업으로는 최초로 2018년 나스닥

에 상장시켰다.

CEO인 존 휴스턴(John G. Houston)은 30년이 넘는 제약 업계 경력

을 보유하고 있는 최고 바이오 전문가다. 아르비나스에 합류하기 전,

18년간 브리스톨 마이어스 스퀴브에서 다양한 기술 개발 부문에서 경

험을 쌓으며 책임자 역할을 담당해온 R&D 경영 책임자 멤버 중 1명이

었다. 200개가 넘는 초기 단계의 물질 개발과 여러 개의 후기 임상 진입 및 상업화 단계의 파이프라인을 개발한 경험을 갖고 있다.

또한 동사는 최고의 전문가 7명으로 구성된 과학 자문단을 구성해 운영하고 있다. 대표적인 자문역으로 창업자인 크레이그 크루즈는 타깃 단백질 분해 분야의 선구자로 평가받고 있다. 25년간 예일대학교에서 세포 내 단백질 수준을 조절하기 위한 저분자 물질 연구에서 뛰어난 성과를 보였으며, 다발 골수종 치료제 키프롤리스(Kyprolis)를 만든 프로테오릭스(Proteolix)의 공동 창업자다.

기술력

동사의 핵심 기술은 프로탁이다. 프로탁은 질병의 원인이 되는 표적 단백질에 단백질 분해의 매개체 역할을 하는 E3 리가아제(E3 결합 효소)를 붙여 질병 단백질을 분해하는 기전을 일컫는다.

프로탁이 주목받는 이유는 크게 두 가지로 요약할 수 있다. 먼저 기존 치료제에 대한 암의 내성이다. 암을 치료하는 방법으로 최근 각광을 받고 있는 표적 치료제는 표적 단백질의 변이에 의한 내성이 문제점으로 지적되고 있다. 암을 치료하기 위해 질병 단백질의 활성 부위나 틈새를 타깃으로 표적 치료제를 만들게 되는데, 1~2년 사이에 암이 타깃 단백질의 활성 부위에 변이를 발생시켜 더 이상 약이 듣지 않게 되는 악순환이 반복되고 있다. 1차 표적 치료제, 2차 표적 치료제를 사용한 후에는 더 이상 이렇다 할 치료 수단이 없다. 이것이 내성의 두려움인 것이다. 그런데 프로탁은 질환의 원인인 단백질에 근접 결합만으로도 분해할 수 있고 내성 발생의 여지를 주지 않는다는 특징이 있어, 암의 내성을 극복할 수 있는 방법으로 주목받고 있다.

프로탁이 빅파마의 큰 관심을 끄는 두 번째 이유는 약한 수준의 결합으로도 타깃 단백질을 분해하는 특성 때문이다. 한국화학연구원에 따르면 사람의 질환 원인으로 알려진 약 3,000여 개의 단백질 가운데, FDA에 승인된 약물이 표적하는 단백질은 400여 종이다. 이는 전체의 13%밖에 되지 않는다. 특정 단백질이 병의 원인으로 밝혀진다 하더라도, 타깃할 만한 활성 부위나 틈새를 찾지 못하면 신약으로 개발하기 어렵기 때문이다.

프로탁은 이러한 문제점을 해결하는 기술로, 우리 몸의 세포 속에 존재하는 유비퀴틴 프로테아좀 시스템을 활용해 타깃 단백질을 분해한다. 우리 세포는 생존에 필요한 단백질의 원재료인 아미노산을 확보하기 위한 2개의 재활용 시스템을 갖고 있는데, 유비퀴틴 프로테아좀 시스템은 그중 하나다. 참고로 특이성과 관계없이 유입되는 단백질을 분해하는 리소좀과 유비퀴틴에 의해 특이적으로 표식된 단백질만을 분해하는 유비퀴틴 프로테아좀 시스템은 다르니, 구분해서 외워두자.

유비퀴틴 프로테아좀 시스템은 우선 유비퀴틴, 유비퀴틴 활성화 효소 E1, 유비퀴틴 접합 효소 E2, 유비퀴틴 결합 효소 E3와 타깃 단백질, 그리고 재활용 센터인 복합 단백질 프로테아좀으로 구성되어있다. 다소 복잡해 보일 수는 있으나 원리는 간단하니 지레 겁먹을 필요는 없다. E1이 유비퀴틴이라는 단백질(그냥 풍선이라고 생각해도 된다)을 활성화해 자신에게 붙이면, E2가 그 유비퀴틴을 전달받게 된다. 이때 유비퀴틴

결합 효소인 E3가 한 손으로는 타깃 단백질을 잡고, 다른 한 손으로는
E2를 잡으면 E2의 유비퀴틴이 타깃 단백질로 옮겨붙게 된다. 간단하게
말하면 유비퀴틴이라는 죽음의 표식이 분해하고자 하는 타깃 단백질로
전달되는 과정으로 이해하면 쉽다.

　이러한 전달 과정이 반복되어 타깃 단백질에 유비퀴틴이 4개 이상
결합하게 되면 타깃 단백질은 자동적으로 프로테아좀이라는 재활용 복
합 단백질로 끌려가 분해되어 재활용되는 것이다.

　아르비나스의 프로탁은 이러한 우리 세포 속 고유의 기작을 자연
스럽게 활용한 치료제 개발 기술로 타깃 단백질과 결합하는 워헤드(리
간드), E3와 결합하는 바인드(리간드), 그리고 이 둘을 연결시키는 링커
로 구성되어있다. 프로탁의 워헤드가 타깃 단백질과 결합하고 바인드가
E3와 결합하면 E3는 유비퀴틴을 갖고 있는 E2를 불러와 유비퀴틴을 타
깃 단백질로 전달해 최종적으로 프로테아좀에서 분해하는 기전이다. 즉
저분자 화합물이나 항체가 병의 원인인 타깃 단백질의 활성 부위에 붙

도표 5-4 프로탁의 구조과 기전

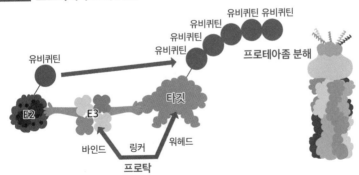

어 불활성화한다면, 프로탁은 타깃 단백질 자체를 제거하는 기전이다.

최근 연구에 따르면 프로탁은 저해제보다 더 높은 표적 선택성을 나타내는 것으로 밝혀져, 안전성 측면에서도 양호한 임상 결과가 기대된다.

프로탁은 3개의 구성 요소로 이루어지기 때문에 경구용이나 뇌 질환 분야에 적용하기에는 조금 크다는 문제점이 있으나, 크기를 축소한 미니 프로탁 개발이 성과를 보이고 있어 향후 다양한 적응증으로의 확장이 기대된다.

파이프라인과 임상 진행 현황

동사는 프로탁 분야의 글로벌 선두 주자로, 전이성 전립선암 치료제 ARV-110 및 유방암 치료제 ARV-471에 대한 임상 1상 시험을 2019년에 시작해 현재 임상 2상이 진행 중이다.

ARV-110은 안드로겐(androgen) 수용체 분해제다. 세포에서 배운 내용을 기억해보면 수용체는 세포의 표면에 발현하는 우편함 역할을 하는 단백질인데, 여기서는 안드로겐이라는 수용체 단백질을 분해해서 없애버리는 프로탁 치료제로 이해할 수 있다. 우편함인 수용체를 치워 그동안 문제를 일으키던 외부 정보를 차단함으로써 암을 치료하는 원리다.

아르비나스는 기존에 여러 치료를 받았으나 반응이 없었던 환자를 대상으로 임상 1·2상을 진행했는데, ARV-110가 특정 안드로겐 수용체 돌연변이가 있는 5명 중 2명에서 전립선암 바이오마커(Prostate Specific Antigen, PSA) 수준이 50% 감소했다고 결과를 발표했다. 이 결과를 바탕

도표 5-5 아르비나스의 파이프라인

Oncology / Immuno-oncology
All Arvinas programs, with the exception of ARV-471, are wholly owned.

Program	Exploratory	Research	IND Enabling	Phase 1	Phase 2	Phase 3
Bavdegalutamide (ARV-110) ∨ mCRPC						
ARV-766 ∨ mCRPC						
AR-V7 ∨ mCRPC						
ARV-471 ∨ ER+/HER2-Breast Cancer						
BCL6 ∨ B-cell Malignancies						
KRAS G12D/V ∨ NSCLC, CRC, Pancreatic						
Undisclosed Oncology Program Solid Malignancies						
Myc ∨ Solid Malignancies						
HPK1 (I-O Program) ∨ Solid Malignancies						

Neuroscience
All Arvinas programs are wholly owned

Program	Exploratory	Research	IND Enabling	Phase 1	Phase 2	Phase 3
Tau ∨ FTLD-TAU, PSP, AD						
Alpha Synuclein ∨ MSA, Parkinson's						
mHTT ∨ Huntington's						
Undisclosed Neuroscience Program Neurodegeneration						

출처: 아르비나스 홈페이지

으로 용량 확장 2상 중이며, 중간 결과가 예정되어있다.

화이자와 공동 개발 중인 또 다른 임상 2상 파이프라인인 ER(Estrogen Receptor, 에스트로겐 수용체) 분해제 ARV-471은 유방암 치료제로, 이전에 여러 치료 경험을 갖고 있으나 반응이 없는 환자를 대상으로 임상 1상을 진행했다. 아르비나스는 ER 양성·HER2 음성(양성은 해당 단백질이 발견되는 경우, 음성은 발견되지 않는 경우를 말한다)인 전이성 유방암 환자 12명 중 5명에게 암 억제 효과가 있는 것으로 나타나, 임상 효용률 42%를 발표했다.

항암이나 면역 관련 치료제 이외에 신경 과학 분야의 파이프라인도 개발 중이다. 타우나 알파 시누클레인(alpha synuclein)과 같은 신경 관련 질병의 원인으로 지목되는 단백질을 타깃으로 한 프로탁을 개발하는 파이프라인이다. 아직 리서치 단계이기는 하나, 미니 프로탁이라는 새로운 기술을 활용해 신경 질환 치료제를 개발한다는 개념만으로도 주목을 끌기에 충분하다.

임상 2상이 진행되고 있는 것에 불과한 프로탁 기술에 빅파마들이 얼마나 큰 기대를 걸고 있는가를 잘 보여주는 것이 최근의 프로탁 주요 딜 현황이다. 2015년 아르비나스가 머크와 체결한 4억 3,000만 달러 계약을 시작으로 최근에 이루어지는 계약이 전부 20억 달러를 상회하고 있다. 특히 사노피가 프로탁 기술 확보에 적극적으로 누릭스 테라퓨틱스(Nurix Therapeutics)와 2020년 1월에 25억 달러의 딜을, 키메라 테라퓨틱스(Kymera Therapeutics)와 2020년 7월에 20억 달러의 계약을 체결했다. 이러한 딜의 규모는 최근 각광을 받고 있는 마이크로바이옴 등 새로운 기전들과 비교할 때 월등히 높은 금액이다.

날짜	바이오텍/연구 기관	빅파마	금액(단위: 1,000만 달러)
2020. 7.	키메라	사노피	200
2020. 1.	누릭스	사노피	250
2019. 6.	누릭스	길리어드	250
2019. 5.	키메라	버텍스	금액 미상
2019. 1.	아르비나스	바이엘	11
2019. 1.	C4	바이오젠	41
2018. 4.	키메라	GSK	금액 미상
2018. 1.	아르비나스	화이자	83
2017. 11.	아르비나스	제넨텍	65
2017. 9.	미국 UC 버클리	노바티스	금액 미상
2016. 1.	C4	로슈	75
2016. 7.	영국 던디대	베링거인겔하임	금액 미상
2015. 4.	아르비나스	MSD	43

출처: 한국산업기술평가관리원

주가 및 재무 현황과 향후 전망

동사의 보유 현금은 약 12억 5,000만 달러다. 1년 영업 손실 2억 5,000만 달러를 고려한다면, 최소 4년 이상 사용 가능한 금액이다. 임상 3상으로 진입하면서 추가적인 자금 부담이 발생하겠지만, 2023년까지는 보유 현금으로 최대의 연구 성과를 만들어내는 데 집중할 수 있을 것으로 예상된다.

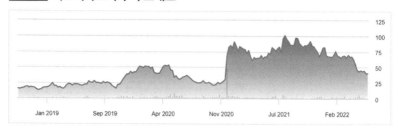

도표 5-7 아르비나스의 주가 그래프

출처: 시킹알파

    2020년 말 임상 중간 결과 발표로 프로탁의 효능과 안전성이 검증되면서 동사의 주가는 상승했다. 최근 주가는 임상 2상 결과 발표를 앞두고 시장 급락의 영향으로 조정이 이어지고 있으나, 내성 극복 종결자로서의 기대감과 함께 임상 결과를 확인하면서 장기 성장할 것으로 기대된다.

미국의 바이오 기업 (3)
- 페이트 테라퓨틱스

CEO와 핵심 인력

　페이트 테라퓨틱스는 유전자 조절의 후성 유전적 메커니즘과 배반포 줄기세포 연구로 유명한 루돌프 재니쉬(Rudolf Jaenisch) 매사추세츠 공과대학교(Massachusetts Institute of Technology, MIT) 생물학과 교수에 의해 2007년 설립되었다. 루돌프 교수는 암과 신경 질환 질병을 연구하기 위한 유전자 이식 동물 모델 연구의 선구자이기도 하다.

　회사의 경영을 총괄하고 있는 CEO 스콧 월쵸(Scott Wolchko)는 의공학(biomedical engineering) 학문적 배경을 갖고 모건스탠리(Morgan Stanley)에서 IB로 경력을 쌓았다. 모건스탠리 IB헬스케어그룹의 멤버로서 헬스케어 분야의 신성장 기업에 대한 자금 조달과 M&A 거래를 주도했으며, 보카다(Bocada)에서 CFO로 일한 경력도 있다.

R&D 분야를 책임지고 있는 연구소장 밥 발라메르(Bob Valamehr)는 암젠에서 오랜 기간 줄기세포 분야 그리고 암과 관련한 신호 전달 경로를 연구한 경력이 있어 유도 만능 줄기세포를 주 연구 대상으로 하는 페이트 테라퓨틱스의 연구 개발을 책임질 적임자라 할 수 있다.

세포 치료제 분야는 세포의 배양과 분화 관련한 공정 기술이 타 바이오 대비 더욱 중요하다. 동사의 생산 공정 관리를 담당하고 있는 CTO 마크 플라브식(Mark Plavsic)은 리소진(Lysogene), 토크 테라퓨틱스(Torque Therapeutics), 사노피 등에서 약 20년간 제약 생산 공정 관리 경험을 갖춘 자타가 공인하는 이 분야의 베테랑이다.

기술력

동사는 유도 만능 줄기세포를 분화시켜 NK세포 치료제를 만드는 기업이다. 유도 만능 줄기세포는 피부세포에 세포의 시간을 거꾸로 돌리도록 기능하는 유전자를 넣어주면 역분화가 이루어져 어떤 세포로도 분화가 가능한 줄기세포를 만들 수 있다. 도입한 유전자가 단백질을 발현하고 이 단백질들이 피부세포의 시간을 거꾸로 돌리는 원리를 이용하는 것이다. 이 유도 만능 줄기세포는 배아 줄기세포에서 발생할 수 있는 윤리적인 문제를 회피하면서 성체 줄기세포와는 달리 어떤 세포로도 분화가 가능한 만능성을 보인다는 특징을 갖고 있어 차세대 줄기세포로 각광을 받고 있다.

NK세포는 암이나 바이러스 등 우리 몸속에 항원이 생겨났을 때, 가장 먼저 방어에 나서는 선천 면역 체계 중 하나다. NK세포는 다른 특별한 자극 없이 암세포를 공격할 수 있는 다양한 탐지기와 퍼포린이나 그랜자임과 같은 살상 물질을 가지고 있다. 이를 이용해 가장 먼저 감염된 세포를 공격하고 더불어 다른 면역세포들에 방어에 동참하도록 신호 물질을 전달한다.

또 다른 특징으로 NK세포는 자기세포만이 아니라 타인의 세포도 활용할 수 있어 T세포와는 달리 기성품 치료제로도 사용할 수 있다는 장점이 있다.

NK세포를 얻는 방법은 건강한 사람의 말초혈액에서 미량을 추출하는 방법, 탯줄에서 분리하는 방법, 피부세포에 역분화를 유도하는 유전자(야마나카 칵테일)를 도입 역분화해 유도 만능 줄기세포를 만든 후 다시 NK세포로 분화시키는 방법이 있다.

페이트 테라퓨틱스는 유도 만능 줄기세포 유래 NK세포 치료제 분야에서 글로벌 선두 기업이다. 마스터 유도 만능 줄기세포로부터 원하는 다양한 면역 치료제를 생산할 수 있는 기반 기술을 확보하고 있다. 또한 NK세포 치료제 개발 과정에서 살상력을 강화하기 위해 다양한 유전자 조작 기술을 적용하고 있는 것이 특징이다. 즉 유전자 기술과 세포 기술의 융합이다.

동사의 유전자 조작 유도 만능 줄기세포의 개발 프로세스를 간략히 설명하면, 먼저 확보된 건강한 사람의 마스터 유도 만능 줄기세포 표면에 있는 수용체가 암세포를 보다 잘 인식하고 결합할 수 있도록 유전자 조작을 한 후 조혈모세포, NK세포의 순서로 분화시키고 대량 증폭시킨다. 여기에는 최근 바이오 업계가 크게 주목하고 있는 유전자세포 치료제 기술의 정수가 고스란히 녹아들어있다. 페이트 테라퓨틱스가 단지 임상 1상을 진행 중인 바이오 기업임에도 불구하고 시가 총액이 높은 이유다.

이렇게 만들어진 NK세포 치료제는 항체 의존 세포 독성(Antibody Dependent Cellular Cytotoxicity, ADCC)으로 암세포를 공격하게 된다. 암세포 표면에 붙어있는 항원을 인식하는 항체 치료제가 먼저 항원과 결합하면, 페이트 테라퓨틱스가 만든 유전자 조작으로 강력해진 iNK세포(유도 만능 줄기세포 유래 NK세포) 치료제가 항체 치료제와 다시 결합해 퍼포린과 그랜자임을 순차적으로 분비하면서 암세포를 제거한다.

정리하면, 마스터 유도 만능 줄기세포를 NK세포로 분화시키는 과정에서 높은 살상력을 유지시키는 기술과, 분화 과정이나 암세포 공격 시 항체 의존 세포 독성의 핵심 구성 요소인 NK세포의 특정 수용체를 보다 견고하면서 뛰어난 결합력을 갖도록 유전자를 조작하는 것이 동사만의

도표 5-8 hnCD16+iNK세포 생산 프로세스

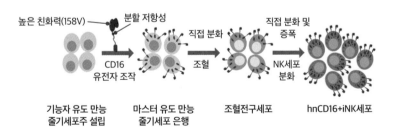

출처: 페이트 테라퓨틱스 홈페이지

기술적 강점이다.

동사의 유전자 조작된 수용체를 장착한 iNK세포가 비변형 iNK세포나 말초혈액에서 추출한 NK세포 대비 효과적인 항체 의존 세포 독성을 보이는 것이 동물 실험을 통해 밝혀졌다. 또한 항체 치료제와 병용 시 혈액암은 물론 고형암에서도 향상된 항체 의존 세포 독성을 보이는 것으로 나타났다.

파이프라인과 임상 진행 현황

페이트 테라퓨틱스는 임상 1상 7개와 전임상 3개의 파이프라인을 보유하고 있다. 세포의 종류별로 보면, 파이프라인의 대부분을 차지하는 iNK세포와 혈액암을 적응증으로 하는 iT세포(유도 만능 줄기세포 유래 T세포)로 나누어진다. 가장 앞선 파이프라인으로는 FT516과 FT596인데, iNK세포로 림프종을 적응증으로 임상이 진행되고 있다.

먼저 FT516은 hnCD16+iNK와 CD20 항체 치료제를 병용하는 요법으로, 혈액암의 일종인 B세포 림프종 환자를 대상으로 하는 임상 1상이다. iNK세포의 표면에 있는 수용체인 CD16을 좀 더 견고하고 결합력 높게 유전자 조작한 hnCD16+iNK와 시판되고 있는 항체 치료제를 병용해 림프종을 치료하는 임상 시험이다.

iNK세포 치료제 FT516으로 치료받은 B세포 림프종 환자 11명은 치료제 투여 후 3개월이 지난 시점에서 전체 반응률 73%(8/11명), 완전 관해는 6명으로 나타났다. 그러나 2021년 7월 추가 데이터 분석 시점에

PROGRAM	CELL TYPE FUNCTIONALITY	TARGET(S)	INDICATION(S)	RESEARCH	PRECLIN	PHASE 1	PHASE 2	PHASE 3
iPSC-DERIVED CELL PRODUCTS								
FT516	iNK hnCD16	CD20	BCL + CD20 mAb	Hematology				
		n/a	AML					
FT596	iNK hnCD16 + IL15RF + CAR-19	CD19, CD20	BCL, CLL ± CD20 mAb					
FT538	iNK hnCD16 + IL15RF + CD38-KO	n/a	AML					
		CD38	MM ± CD38 mAb					
		CD38	Solid Tumors + mAb					
FT576	iNK hnCD16 + IL15RF + CD38-KO + CAR-BCMA	BCMA, CD38	MM ± CD38 mAb					
FT819	iT CAR-19, TCR-KO	CD19	BCL, CLL, ALL					
FT536	iNK hnCD16 + IL15RF + CD38-KO + CAR-MICA/B	MICA/B	Solid tumors ± mAb					
FT573	iNK hnCD16 + IL15RF + CD38-KO + CAR-B7H3	B7H3	Solid tumors ± mAb					
iPSC-DERIVED CELL PRODUCTS - CANCER IMMUNOTHERAPY COLLABORATIONS								
Janssen	iNK and iT	undisclosed	≤ 4 tumor targets					
Ono Pharma	iT	undisclosed	1 tumor target					

출처: 페이트 테라퓨틱스 홈페이지

서 완전 관해를 보였던 환자 2명에게서 다시 종양이 진행되었으며, 부분 반응을 보인 환자 1명은 추가 항암 치료를 받았다는 결과가 발표되었다.

또한 부분 반응을 보인 1명은 4개월 차에 추가 항암 치료를 진행했고, 약물에 반응을 보인 완전 관해 환자 4명(4~9개월)과 부분 반응을 보인 환자 1명(6개월) 등 5명은 추가적인 항암 치료 필요 없이 치료 효과를 유지하고 있는 것으로 나타났다. 2022년 상반기에 추가적으로 발표되는 데이터 결과에 따라 주가의 방향이 결정될 전망이다.

그다음으로 진전을 보이고 있는 파이프라인은 FT596인데, 마찬가지로 B세포 림프종을 적응증으로 임상 1상 중이며, 2021년 8월 양호한 중간 결과를 발표했다. FT516이 iNK세포에 암세포를 탐지할 수 있는 강력한 hnCD16 수용체를 장착한 것이라면 FT596은 FT516에 더해 암세포 표면의 항원 단백질인 CD19를 타깃하는 CAR19와 NK세포

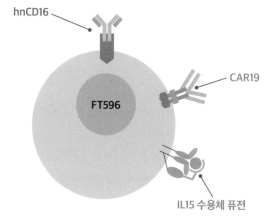

출처: 페이트 테라퓨틱스 홈페이지

의 성장과 분화를 촉진시키는 IL15(Interleukin15, 융합 인터루킨15) 수용체를 도입한 iNK세포 치료제다. CD20을 표적하는 항체 치료제 리툭시맙(Rituximab)과 병용으로 실시한 임상 시험이며 세포 치료제 FT596을 투여한 환자 14명에서 전체 반응률 71%(10/14명), 완전 관해 7명이 관찰된 매우 양호한 결과를 발표했다.

FT596은 2021년 12월 미국혈액학회에서 양호한 임상 결과를 발표하면서 FT516에서 발견된 약물 지속성 문제를 해결할 수 있는 실마리를 제공했다. NK세포의 성장과 분화를 촉진시켜 약물의 지속성을 강화하는 인터루킨15 수용체의 효과에 관심이 집중되는 이유다.

기술 수출과 관련해 2020년 4월 얀센과 유도 만능 줄기세포 유래 CAR-NK, CAR-T세포 치료제 최대 4종을 개발하기 위한 31억 달러 규모의 계약을 체결했으며, 얀센으로부터 계약금과 지분 투자로 1억 달러를 받았다. 세포 치료제 기술 수출로는 가장 큰 규모의 딜로, 향후 세포 치료제 개발에 있어 iNK세포 치료제가 대세임을 말해주고 있다.

주가 및 재무 현황과 향후 전망

보유 현금에서 유동성 부채를 제외한 가용 현금은 약 5억 달러를 상회한다. 동사의 1년 영업 손실은 파이프라인이 늘어남에 따라 대략 3억 달러에 이를 것으로 추정되어, 향후 약 2년 정도 연구 개발에 집중할 수 있는 현금을 보유 중이다. 일반적인 바이오텍의 현금 흐름 구조다.

페이트 테라퓨틱스의 시가 총액은 2022년 6월 29일 기준 25억 달러다. FT516 임상 시험의 첫 중간 발표에서 놀라운 데이터가 나오면서, 시가 총액은 한때 100억 달러를 상회하기도 했다. 그러나 2021년 8월 임상 중간 발표에서 FT516 완전 관해 판정 환자의 재발 문제가 불거지면서, 주가는 한 차례 충격을 받았다. 같은 날 발표된 FT596의 임상 1상 중간 결과는 FT516의 첫 중간 데이터와 마찬가지로 양호한 것으로 나타났다.

이제 페이트 테라퓨틱스 주가의 방향성은 FT516 효과 유지 환자들에 대한 앞으로의 추가적인 데이터와, 더욱 다양한 유전자 도입으로 살상력을 강화한 FT596의 임상 결과 발표에 달려있다. NK세포가 환자의 T세포에 의해 제거되는 문제점을 어떻게 해결해나갈 것인가가 최대의 관건일 것이다.

향후 줄기세포 연구는 윤리 문제나 대량 생산 가능성 등을 고려했을

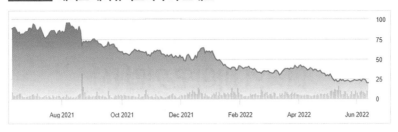

출처: 시킹알파

때 유도 만능 줄기세포가 주도해나갈 것이다. 그러므로 유도 만능 줄기
세포 유래 세포 치료제와 유전자 엔지니어링 분야에서 가장 앞서나가고
있는 페이트 테라퓨틱스에 지속적인 관심을 가져야 한다.

미국의 바이오 기업 (4)
- 센서닉스 홀딩스

CEO와 핵심 인력

동사는 1996년 설립되어 2010년부터 연속 혈당 측정기(CGM) 사업을 주력으로 성장해왔다. 현 CEO 팀 굿나우(Tim Goodnow)는 동사가 연속 혈당 측정기 사업에 집중하기 시작한 2010년 센서닉스 홀딩스에 합류해, 2011년 사장 겸 CEO로 취임한 후 회사의 성장을 이끌어온 인물이다. 유럽에서 동사의 대표적인 제품인 90일 사용 가능한 에버센스(Eversense)를 상업화하고, 미국을 비롯한 세계 15개국 이상에서 180일 사용 가능한 에버센스 XL을 공급하는 데 중추적인 역할을 해왔다. 팀 굿나우는 센서닉스 홀딩스에 합류하기 전에 애보트 다이어비츠 케어

(Abbott Diabetes Care)의 부사장으로 일한 경력도 갖고 있어 당뇨 분야에서 글로벌 최고의 전문가로서 인정받고 있다. 그는 끊임없는 연속 혈당 측정기 시스템의 혁신적인 기술 개발과 새로운 제품 아이디어를 만들어 내고 있다.

연구 개발을 담당하고 있는 부사장 아비 쉐이븐(Abhi Chavan)은 엔지니어링 연구 개발 분야에서 30년 이상의 경력이 있는 인물이다. IoT(Internet of Things, IoT) 기반으로 작동하면서 전 세계 소비자들이 사용할 수 있는 차세대 연속 혈당 측정기를 개발하는 책임을 맡고 있다. 아비 쉐이븐은 센서닉스 홀딩스에 합류하기 전 코벤티스(Corventis)에서 R&D 부사장으로 일하면서 웨어러블(wearable) 모바일 심장 건강 제품을 개발한 경력을 갖고 있다.

기술력

혈당 측정 시장은 자가 혈당 측정기(BGM)와 연속 혈당 측정기(CGM)로 구분된다. 전체 혈당 측정 시장 125억 달러 중 연속 혈당 측정기의 세계 시장 규모는 2021년 기준 60억 달러로 추정된다. 코히어런트 마켓 인사이트(Coherent Market Insight)에 따르면 2025년 전체 혈당 측정 시장은 20조 원을 상회할 것으로 전망하고 있다.

이러한 성장은 정확도, 센서 수명, 편리성이 핵심 경쟁력인 연속 혈당 측정기 중심으로 이루어질 것으로 예상한다. 이 세 가지 요소가 센서닉스 홀딩스의 경쟁력이자 또한 위험 요소가 될 수 있다. 만일 경쟁사가

글로벌 혈당 시장 규모

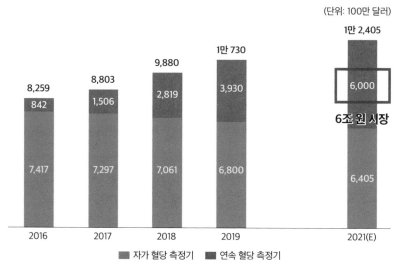

(단위: 100만 달러)

1만 2,405

1만 730

9,880

8,803

8,259

842

1,506

2,819

3,930

6,000

6조 원 시장

7,417

7,297

7,061

6,800

6,405

2016   2017   2018   2019   2021(E)

■ 자가 혈당 측정기   ■ 연속 혈당 측정기

출처: 아이센스 IR북

연속 혈당 측정기의 핵심 경쟁력

정확도   센서 수명   편리성

더 정확하고 센서 수명이 길며, 사용하기 편리한 연속 혈당 측정기를 개발한다면 동사의 경쟁력은 쉽게 무너질 수도 있다.

그러면 위의 세 요인을 중심으로 센서닉스 홀딩스의 경쟁력을 분석해보자. 먼저 연속 혈당 측정기의 구조를 살펴보면 센서, 데이터를 전송하는 트랜스미터, 그리고 수신기에 해당하는 모바일 앱으로 구성된다.

센서는 얇은 침 형태로 피부 속으로 침투시키거나 센서닉스 홀딩스와 같이 간단한 시술로 피부 속에 삽입해, 간질액(세포와 세포 사이의 세포 외부 환경) 속의 포도당 농도를 측정하는 기능을 하게 된다. 혈관 속의 포도당은 혈관을 뚫고 나와 피부의 간질액에 분포하게 되는데, 이때 센서가 간질액을 감지해 혈액 속의 혈당 수치를 예측하고, 측정한 데이터를 트랜스미터로 전송하는 시스템이다.

연속 혈당 측정기의 정밀도는 MARD(Mean Absolute Relative Difference)로 측정하는데, 간질액 속의 포도당 농도와 혈액 속의 포도당 농도의 차이를 분석하며 이 수치는 낮을수록 좋은 것으로 해석된다. 쉽게 말해 우리는 혈관 속에 포도당이 얼마나 있는지 알고자 하는 건데, 그 수치를 간질액 포도당 농도로 예측하는 것이다. 따라서 연속 혈당 측정기를 사용할 때는 주기적으로 자가 혈당 측정 수치를 입력해 보정해주어야 하는 번거로움이 있다.

그렇다면 가장 중요한 경쟁력인 정확도, 즉 MARD에 영향을 미치는 결정적인 요인은 무엇인가? 이는 센서의 측정 방식에 달려있다. 덱스콤이나 애보트 다이어비츠 케어, 메드트로닉 등 연속 혈당 측정기 시장을 장악하고 있는 센서는 효소 방식으로, 당을 감지하는 센서로 단백질인 포도당 감응 효소를 사용한다. 그런데 포도당 감응 효소는 일반적으로 화학적 안정성이 떨어지고 외부 환경에 따라 활성이 변하는 단점을 내포하고 있다. 또한 유기 화합물인 만큼 생산과 상품화의 어려움은 물론 활성을 균질하게 유지하는 데 불리할 수밖에 없다. 반면 센서닉스 홀딩스는 무효소 방식이다. 포도당 감응 효소 대신 형광 폴리머(polymer)를 사용해 센서의 수명을 연장시키는 동시에 안전성과 정확도도 향상시키는 보다 발전된 형태의 센서 방식으로 평가한다.

센서닉스 홀딩스의 에버센스 XL의 혈당 측정 방식은 다음과 같다. 당을 인식하는 형광 폴리머가 도포된 센서를 피부에 삽입하면 당이 형광 폴리머와 결합해 형광 세기를 측정하게 된다. 이를 센서 피부 위에 놓인 트랜스미터로 전송하고 당 데이터로 변환해 모바일 앱에 전송하는 원리다.

파이프라인과 임상 진행 현황

센서닉스 홀딩스는 2021년 6월 에버센스의 정확성과 안전성을 평가하는 PROMISE 연구 결과를 발표했다. 먼저 정확도를 측정하는 평가 기준인 MARD가 8.5%로 업계 최고 수준으로 나타났는데, 이는 효소 센서 대비 형광 센서의 우월성을 입증하는 데이터다. 고혈당의 경우 기본 센서 92.9% 대비 93.9%의 일치율을 보여 우월함을 입증했고, 당뇨 환자에게 더욱 중요한 평가 요소인 저혈당 경보 감지율은 기본 센서의 93%보다 높은 94%로 높은 정확도를 기록했다. 안전성과 관련해 심각

도표 5-14 센서닉스 홀딩스의 **R&D** 방향

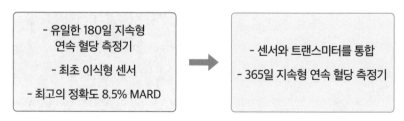

한 부작용은 보고되지 않았으며, 1.1%의 환자만이 경미한 감염을 경험했다.

동사는 최초의 이식형 센서, 유일한 180일 지속형 연속 혈당 측정기, 최고의 정확도 8.5% MARD라는 강점을 갖고 빠른 속도로 시장을 넓혀가고 있다. 그러나 이식형 센서의 강점에도 불구하고 트랜스미터를 부착하는 불편함은 여전히 남아있어 센서와 트랜스미터를 통합시키려는 계획을 갖고 있다. 또한 현재 180일 지속형 연속 혈당 측정기를 365일 지속형 연속 혈당 측정기로 개발하는 등 개선을 위한 연구가 진행 중이다.

주가 및 재무 현황과 향후 전망

동사는 현재 유동 부채를 제외한 현금을 약 1억 5,000만 달러 보유하고 있으며, 2021년 6월 반기 실적 기준 영업 손실이 2,700만 달러다. 이는 적어도 2년간 경영을 유지할 수 있는 현금 흐름이다.

센서닉스 홀딩스의 주가는 2021년 큰 폭으로 상승해 시가 총액은 한때 15억 달러를 기록했다. 상승 요인은 다음과 같다. 뉴욕(New York), 뉴저지(New Jersey), 코네티컷(Connecticut) 등 3개 지역의 엠블럼헬스(EmblemHealth, 미국 비영리 건강보험기구)가 에버센스에 대해 2021 연속 혈당 측정기 정책의 일환으로 보험 적용을 실시함에 따라 약 290만 명이 수혜를 보게 되었다는 뉴스가 나왔다. 또한 파나소닉 헬스케어 홀딩스(Panasonic Healthcare Holdings)와 센서닉스 홀딩스가 에버센스에 대한 전략적 파트너십(partnership)을 체결하고 적극적인 마케팅 활동을

도표 5-15 센서닉스 홀딩스의 주가 그래프

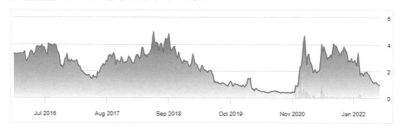

출처: 시킹알파

전개함에 따라, 미국과 유럽 등에서 매출 증가 가능성이 높아진 것도 주가 상승 요인이 되었다. 파나소닉 헬스케어 홀딩스가 센서닉스 홀딩스의 전환 사채(Convertible Bond, CB)를 5,000만 달러 매수한 것도 긍정적인 영향을 미쳤다.

향후 주가의 관전 포인트는 센서와 트랜스미터의 통합이다. 센서닉스 홀딩스는 정확도와 센서 수명에서는 우월하지만 편리성에서 탁월하다고 볼 수 없다. 몸에 붙여 불편함을 주는 트랜스미터는 센서 삽입 효과를 반감시키기 때문에, 편리함까지 갖춘 인공 췌장을 선제적으로 출시해야만 거대 시장을 선점할 수 있다.

장기적인 관점에서 약효가 눈부시게 개선되고 있는 당뇨병 치료제와의 경쟁도 고려해야 한다. GLP-1(Glucagon Like Peptide-1, 글루카곤 유사 펩타이드-1) 유사체와 같은 경쟁 약물의 등장, 활발한 신약 개발 등으로 제2형 당뇨병 환자의 조기 치료 및 관리 가능성이 거론되고 있는 만큼, 향후 인슐린 시장의 입지가 좁아질 수 있다. 따라서 투자자들도 연속 혈당 측정기 단일 시장의 경쟁력만을 집중해서 논하기보다는, 좀 더 큰 주변 산업과의 경쟁 현황을 종합적으로 고려하기를 권한다.

센서닉스 홀딩스가 2030년 100조 원 시장을 향한 레이스에서 어떤 생존 및 성장 전략을 펼쳐나가는지, 현명한 바이오 투자자 관점에서 지켜보자.

지금까지 미국 바이오텍 4개사를 분석해보았다. 앞에서 학습한 바이오의 기초 지식과 임상 관련 지식, 그리고 바이오 기술들이 각 기업의 보유 기술과 파이프라인에 고스란히 녹아 있음을 확인했을 것이다. 바이오 지식과 기술의 이해도를 높일수록, 분석하는 기업의 기술 혁신성을 보다 잘 판단할 수 있다. 아울러 가장 기본적인 점검 사항인 경영진 경력 체크와 보유 현금 흐름 분석도 잊지 말자.

한국의 바이오 기업 (1)
- 지씨셀

CEO와 핵심 인력

2011년 설립되어 2016년 코스닥에 상장한 지씨셀은 NK세포 치료제를 개발하는 기업으로, 동 분야에서 세계적인 경쟁력을 갖추고 있다. 지씨셀은 미국 관계사 아티바 바이오테라퓨틱스에 지분 투자하고 NK세포 치료제를 기술 이전해 우리나라와 미국에서 동시에 임상 시험을 진행하고 있다.

지씨셀은 1984년 녹십자 PD 본부장을 시작으로 현재 대표이사를 역임하고 있는 녹십자맨 박대우 대표이사가 회사 총괄을 담당하고 있다. 1990년 이래 녹십자와 함께 했던 세포 치료 연구소장 황유경 전무

이사가 2022년 4월 퇴사함에 따라 단기적으로 주가에 충격이 있었으나, 주요 경영진 대부분이 오랜 기간 호흡을 맞추면서 탄탄한 조직력을 갖추고 있다. R&D 인력도 120명 규모로 글로벌 평균 세포 치료제 개발사와 견주어도 손색이 없는 개발 역량을 갖추고 있다.

기술력

전 세계적으로 1,350개 이상의 T세포 치료제 파이프라인이 진행되고 있는 반면, NK세포 치료제는 아직 180개 수준에 머무르고 있어 개발 초기 단계에 있는 기술이다. T세포 치료제의 단점으로 꼽히는 독성(사이토카인 폭풍), 고형암 치료 한계, 동종세포 거부 반응 등의 문제점을 극복하기 위해 NK세포 치료제 연구 개발이 활발히 이루어지고 있다.

지씨셀은 NK세포 치료제와 T세포 치료제 파이프라인을 보유 중이며, 특히 NK세포 치료제 개발 능력이 앞서있다. 지씨셀은 NK세포를 말초혈액이나 제대혈에서 추출해 치료제를 개발하고 있으며, 차세대 플랫폼인 유도 만능 줄기세포 유래 NK세포 치료제도 고형암과 혈액암을 대상으로 유도 만능 줄기세포 유래 CAR-NK(CAR-iNK)세포 치료제를 연구 개발하고 있다. 참고로 말초혈액 NK세포는 우리 혈액 속에 존재하는 미량의 NK세포를 추출한 것이다. 제대혈 NK세포는 탯줄에서 추출한 NK세포이고, 유도 만능 줄기세포 유래 NK세포는 피부세포에 유전자를 도입해 모든 세포로 분화 가능하도록 만든 유도 만능 줄기세포를 다시 NK세포로 분화한 세포 치료제다.

말초혈액
NK세포

제대혈
NK세포

유도 만능
줄기세포 유래
NK세포

지씨셀의 NK세포 치료제 개발에 있어 핵심 경쟁력은 높은 살상력을 보유한 NK세포의 대량 배양 기술과 동결 건조 및 해동 기술로 요약할 수 있다.

첫째, 단기 고순도 배양 기술이다. 50L 규모의 바이오리액터(bioreactor, 세포 배양기)를 이용한 NK세포 대량 배양 기술은 세계에서 유일하게 동사만이 확보하고 있다. 구체적으로 살상력이 뛰어난 NK세포를 대량 배양하기 위해 지지세포(필요한 물질을 공급하고 생장에 적합한 화학적 환경을 조성하는 기능) 관련 특허와 독자적인 공배양(말 그대로 함께 배양한다는 뜻) 기술로 대량 배양이 가능하다. 세포 치료제 개발에 성공한다 하더라도 대량 배양 기술을 확보하지 못한다면, 가격 경쟁력 등 상업화에 어려움을 겪을 수밖에 없다는 측면에서 이는 지씨셀의 핵심 경쟁력 요소다.

둘째, 동결 보관 및 해동 조건 확립이다. 수확한 NK세포는 특성상 생존 기간이 짧으므로 치료제로 사용하기 위해서는 반드시 동결 보관이 이루어져야 하는데, 이때 동결 전의 숙성 기간에 따라 세포의 활성도와 생존력에 차이가 생기게 되며, 또한 동결 후 해동 시 온도와 희석 첨가물 등에 따라서도 약효가 달라질 수 있다. 그런데 기존 타사의 연구는 동결 보관 후 해동한 NK세포의 생존 수와 활성도가 떨어지는 것으로 확인했다. 반면 지씨셀은 생존 수는 다소 줄어들었으나 살상력은 그대로 유지됨을 증명했다. 대량 생산과 동결 조건을 확립에 따른 경쟁력을 확보했다고 할 수 있다.

파이프라인과 임상 진행 현황

NK세포 치료제 연구 개발은 초기 단계로, 동사의 임상 진행 상황은 글로벌 경쟁사와 비교할 때 선두 그룹에 속한다. 동사의 세포 치료제 파이프라인은 크게 네 가지로 분류할 수 있다. 말초혈액 NK치료제, 제대혈 유래 NK세포 치료제, 유도 만능 줄기세포 유래 NK세포 치료제, 편도선 유래 줄기세포 치료제 등이며, 이 중 고형암을 적응증으로 한 말초혈액 NK세포 치료제 MG4101이 우리나라에서 임상 2상을 종료하고 결과 발표를 기다리고 있다.

MG4101은 정상인의 혈액에서 암이나 다양한 항원을 공격하는 NK세포를 추출해 배양한 세포 치료제다. MG4101은 선택적으로 암세포에 직접 작용해 암의 증식과 전이를 막는 역할을 수행해, 악성 림프종이나 고형암 등의 적응증 치료제로 개발 중이다.

동사는 독자적인 배양 기술을 이용해 고순도 및 살상 능력을 가진 NK 세포를 대량 생산할 수 있으며, 이를 기반으로 임상 시험을 진행하고 있다. 2020년 6월 림프종 환자를 대상으로 실시한 임상 1, 2상 시험의 중간 결과에서 MG4101과 항암 치료제인 리툭시맙의 병용 투여 시 유의미한 약효를 나타낸 것으로 확인되었다.

미국 관계사 아티바 바이오테라퓨틱스에서 이루어지고 있는 제대혈 유래 NK세포 치료제는 림프종을 적응증으로 리툭시맙과 병용으로 임상 1상이 진행되고 있고, 중간 결과 발표가 예정되어있다. 최근 세포 치료제는 유전자 엔지니어링 기술이 도입되면서 세포 치료제와 유전자 치료제가 본격적인 융합의 시기로 접어들고 있다. 이러한 흐름에 발맞추어 동사도 CAR-NK, 유전자 편집 NK 등 다양한 유전자 조작 NK세포 치료제 파이프라인을 확보해나가고 있다.

줄기세포 치료제 분야에서는 CT303이 2021년 10월 국내 임상 1상 승인을 받았다. CT303은 면역 조절과 조직 재생 촉진 능력을 갖는 편도선 유래 중간엽 줄기세포(T-MSC)를 이용한 급성호흡곤란증후군과 코로나19를 적응증으로 하는 파이프라인이다. 급성호흡곤란증후군은 사망

도표 5-17 지씨셀의 파이프라인

Classification	Project	Indication	Research	Preclinical (Non-Clinical)	Phase I	Phase II	Phase III	Launch	Collaboration
PBNK Mono	MG4101 (Allogeneic NK)	HCC after TACE	Phase 2 (Korea) completed						
PBNK + mAb Combo	MG4101 + Rituximab	r/r Lymphoma	Phase 1 (Korea) completed						
CBNK+ mAb Combo	CBNK + Rituximab	r/r Lymphoma	IND approved in 2020.4Q						artiva
	CBNK + new Ab	Solid cancer	Preclinical (Screening for potential antibodies)						artiva
Engineered NK	HER2 CAR-NK	Solid cancer	IND expected in 2022 2Q						artiva AbClon
	CD19 CAR-NK	B cell lymphoma	IND expected in 2022 4Q						
	Merck CAR-NK	Undisclosed	Two CAR-NK Programs, an option for a third						artiva MSD
	Gene edited-NK	Solid cancer / Blood cancer	Research						FELDAN
	iPSc-CAR-NK	Solid cancer / Blood cancer	Research						
Stem Cell	T-MSC for anti-inflammation	Psoriasis	IND (Korea) expected in 2021 2Q						
	T-MSC for ARDS	ARDS, COVID-19	IND (Korea) expected in 2021 3Q						

출처: 지씨셀 홈페이지

률이 높고 효과적인 치료제가 없어 개발 시 수요가 큰 난치성 질환이다.

동사는 관계사 아티바 바이오테라퓨틱스를 통해 빅파마인 머크와 CAR-NK세포 치료제 3개를 개발하는 총 금액 18억 달러 규모의 딜을 2021년 1월 성사했다. 이는 미국 NK세포 치료제 개발사인 페이트 테라퓨틱스와 존슨앤존슨(Johnson&Johnson)과의 30억 달러 계약 체결에 이어 두 번째로 큰 규모의 기술 이전 계약이다. 동사의 NK세포 치료제 관련 대량 배양 및 동결·해동 기술이 세계적인 수준으로 인정받고 있다는 강력한 증거다.

최근 연평균 36%의 높은 성장성으로 주목을 받고 있는 세포 치료제 위탁 개발 생산 사업 부문은 동사의 또 다른 캐시 카우로 성장할 것

도표 5-18 **CAR-NK 기술 이전 현황**

개발사	기술 도입	총 금액 (100만 달러)	임상 단계	비고
페이트	존슨앤존슨	3,000	전임상, 임상	유도 만능 줄기세포 유래 CAR-NK, CAR-T 4개 (2020년 4월)
녹십자랩셀, 아티바	머크	1,800	전임상	CAR-NK 3개 (2021년 1월)
키아디스	사노피	986	전임상	동종 NK 2개 (2020년 7월)
셀레틱스	사이토비아	760	전임상	유도 만능 줄기세포 유래 NK, CAR-T 5개 (2021년 2월)
키아디스	사노피	358	기업 인수	프리미엄 272% (2020년 11월)
앰디앤더슨	다케다	-	1, 2a상	동종 CAR-NK (2019년 11월)

출처: 키움증권

으로 전망하는데, 까다로운 생산 기술로 인한 세포 치료제의 아웃소싱 (outsourcing) 비중 확대 흐름에 맞추어 지속적으로 설비를 증설할 계획을 갖고 있다.

주가 및 재무 현황과 향후 전망

동사는 내부 자금 흐름으로 연구 개발을 진행할 수 있는 몇 안 되는 바이오 기업 중 하나다. 양사의 합병으로 보다 안정적인 사업 구조를 갖추게 되었으며, 사업 부문별 기술 공유와 향후 세포 치료제 위탁 개발 생산 사업의 높은 성장성에 힘입어 흑자 폭은 더욱 확대될 전망이다.

2021년 11월 1일 녹십자랩셀과 녹십자셀이 지씨셀로 거듭나면서, 다양한 시너지가 기대되고 있다. 녹십자랩셀의 미국 관계사인 아티바 바이오테라퓨틱스의 임상 시험 능력과 녹십자셀의 해외 개발, 제조, 유통 자회사인 노바셀 테크놀로지와의 협업이 향후 임상 개발 및 기술 이전 관련한 효율성이 증대될 것으로 기대된다. 또한 녹십자랩셀의 NK세포 치료제 개발 역량은 녹십자셀의 T세포 파이프라인 연구 개발에 도움을 줄 것으로 기대된다. 향후 높은 성장성이 예상되는 녹십자셀의 세포 치료제 위탁 개발 생산 사업도 녹십자랩셀의 배양 공정 기술과 잘 정립된 동결 건조 기술이 더해지면서 한층 탄력을 받을 수 있을 전망이다.

2022년 미국 관계사 아티바 바이오테라퓨틱스는 나스닥 상장이 예정되어있다. 더불어 제대혈 유래 NK세포 치료제와 리툭시맙 병용 임상 1, 2상 중간 결과 발표가 있을 예정으로 파이프라인 재평가의 기폭제가

최고 150,700 (01/29)

166,918

140,482

114,047

87,611

61,176

34,740

8,305

최저 21,250 (03/20)

I 거래량

2019/05   2020/01   2021/01   2022/01

출처: 네이버 금융

될 수 있다. 합병으로 보유하게 된 파이프라인, 즉 췌장암을 적응증으로 하는 CAR-T 치료제는 2022년 미국 임상 1, 2a상 진입이 예상됨에 따라 NK세포 치료제, T세포 치료제의 임상 단계 바이오 기업으로 거듭날 것으로 전망한다. 이처럼 독자 생존 가능한 재무 구조와 세포 배양 및 동결·해동 기반 기술을 바탕으로 NK세포 치료제 시장을 개척해나가는 글로벌 선두권 기업인 지씨셀의 중장기 전망은 밝다.

한국의 바이오 기업 (2)
- 툴젠

CEO와 핵심 인력

우리나라에도 바이오 혁신의 CRISPR-Cas9 원천 기술을 보유 중인 회사가 있다. 바로 툴젠이다. 유전자 가위 1세대, 2세대, 3세대를 모두 보유하고 있는 글로벌 유일의 회사이며, 그 기술 개발의 한가운데에는 창업자인 김진수 교수가 있다. 1999년에 법인을 설립해 유전자 가위 개발에 전념해왔으나, 서울대학교와의 특허권 이전 문제로 법정 다툼을 겪으면서 제넥신에 회사를 넘기고 주요 주주로만 남아있는 상황이다. 김진수 교수는 무죄 판결을 받았다.

현 김영호 대표이사는 미국국립보건원을 거쳐 툴젠에서 잠시 근무한 후 메디프론디비티의 대표이사로 재직하다가 다시 툴젠 대표이사로 합류했다. 향후 회사의 구체적인 발전 방향과 임상 파이프라인 구축의 큰 그림을 주도적으로 그려나갈 것으로 기대된다. 연구 개발의 책임을 맡고 있는 김석중 상무이사는 서울대 화학부 김진수 교수 연구실에서 박사 후 연구원으로 재직하면서 유전자 가위 연구에 참여한 경험을 갖고 있다. CRISPR-Cas9 기술 관련한 툴젠의 핵심 인물 중 하나로, 향후 유전자 가위 관련 사업을 구체적으로 실현해나가는 데 중요한 역할을 할 것으로 예상된다.

기술력

동사의 사업 현황을 보면 연구 개발과 제품 서비스로 나뉜다. 즉 유전자 편집된 마우스(실험용 쥐)나 유전자 편집된 세포주 등을 만들어주는 제품 서비스와 치료제를 개발하는 연구 개발 분야로 구분된다. 이 중 연구 개발 분야의 진척 상황에 따라 툴젠의 시가 총액이 크게 영향받을 것으로 예상된다.

툴젠의 CRISPR-Cas9의 구조는 Cas9이라는 단백질과 gRNA로 형성된 복합 고분자다. Cas9이 타깃 유전자의 PAM 시퀀스(신호판 역할을 하는 짧은 염기 서열)를 인식해 접근하면 gRNA가 타깃 유전자 서열을 상보적으로 맞추어보는데, gRNA가 타깃이라고 판단하면 Cas9은 DNA 이중 가닥을 절단하게 된다. 툴젠은 유전자 가위로 유전자를 교정하거나 유전자의 기능을 조절할 수 있도록 만드는 기술을 보유 중이다.

이러한 CRISPR-Cas9에 대한 원천 기술과 관련해 특허권 분쟁이 진행되고 있다. 툴젠은 미국에 CRISPR-Cas9의 원천 기술 관련해 4개의 특허를 출원한 상황이다. 이 중 1개는 특허권을 받았고, 2개는 출원 중이며, 1개는 저촉심사 중이다. 저촉심사 중인 특허 심판의 결과에 따라 향후 글로벌 유전자 가위 관련 사업을 전개하는 데 있어 매우 큰 영향을 받을 수 있다. CVC(캘리포니아대학교, 비엔나대학교, 에마뉘엘 샤르팡티에)와 브로드 연구소, 그리고 툴젠이 미국 특허심판원(Patent Trial and Appeal Board, PTAB)에서 CRISPR-Cas9의 원천 특허 발명자 자리를 두고 법정 다툼을 벌이고 있다. 현재 툴젠은 미국 특허심판원으로부터 시니어 파티(senior party, 선순위 권리자)의 지위를 부여받아 상대적으로 유리한 위치에 있다. CVC와 브로드 연구소가 첫 발명자임을 증명하지 못한다면 자연적으로 툴젠이 발명자로 인정받게 되는 구조다.

미국 특허청 통계에 따르면 저촉심사에서 시니어 파티가 선발명자

도표 5-20 툴젠의 CRISPR-Cas9 구조와 기능

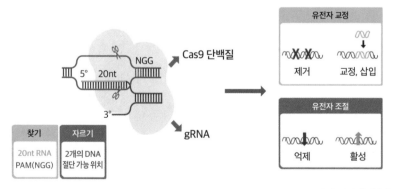

출처: 툴젠 홈페이지

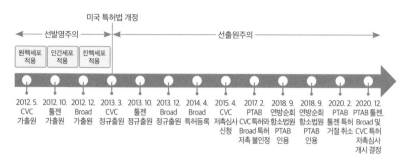

도표 5-21 유전자 가위 특허 저축 심사 경과

미국 특허법 개정

← 선발명주의 →　←──────────── 선출원주의 ────────────→

| 원핵세포 적용 | 인간세포 적용 | 진핵세포 적용 |

| 2012. 5. | 2012. 10. | 2012. 12. | 2013. 3. | 2013. 10. | 2013. 12. | 2014. 4. | 2015. 4. | 2017. 2. | 2018. 9. | 2018. 9. | 2020. 2. | 2020. 12. |
| CVC 가출원 | 툴젠 가출원 | Broad 가출원 | CVC 정규출원 | 툴젠 정규출원 | Broad 정규출원 | Broad 특허등록 | CVC 저촉심사 신청 | PTAB CVC특허와 Broad 특허 저촉 불인정 | 연방순회 항소법원 PTAB 인용 | 연방순회 항소법원 PTAB 인용 | PTAB 툴젠 거절 취소 | PTAB 툴젠, Broad 및 CVC 특허 저촉심사 개시 결정 |

출처: 국가지식재산위원회

로 인정받을 확률이 높지만 워낙 기술의 중요도가 높아 예단할 수 없다. 우리나라 정부 소속 기관인 국가지식재산위원회에 따르면 누구든 CRISPR-Cas9 관련 최초 발명인 것이 인정받게 되면, 특허의 원천성 및 향후 라이센싱 등 사업의 판도에 큰 영향을 미칠 것으로 예상된다. 이것이 판결의 결과가 주목되는 이유다.

툴젠은 2019~2020년에 걸친 김진수 전 대표의 특허 이전 관련 법정 다툼으로 연구 개발 및 임상 시험 진입이 늦어졌다. 이에 이미 임상에서 성과를 내고 있는 미국의 글로벌 유전자 가위 회사 대비 CRISPR-Cas9 응용 기술력이 크게 뒤떨어지는 것이 아닌가하는 의구심이 들수 있다. CRISPR-Cas9이 원천 기술의 개념 자체는 매우 훌륭하나, CRISPR-Cas9이 타깃하지 않은 유전자를 편집하는 오프 타깃 문제 같은 다듬어야 할 세부 기술 영역이 적지 않기 때문이다.

그런데 툴젠이 오프 타깃 관련한 기술력이 글로벌 수준이라는 것을 입증하는 특허를 획득해 주목을 끌고 있다. 2018년 8월 6일 툴젠은 3세대 유전자 가위인 CRISPR-Cas9 대비 특이성이 향상된 유전자 가위

(Sniper-Cas9) 연구 개발 성과를 미국 유명 학술지 〈네이처 커뮤니케이션즈〉를 통해 발표했고, 이 기술로 특허를 받은 것이다. 유도 진화 개념을 도입해 특이성이 개선된 CRISPR-Cas9만 살아남도록 한 독특한 실험 설계가 돋보인다. 세균의 유전체에 타깃과 유사한 A´유전자(이 유전자를 자르면 세균은 죽게 된다)를 삽입하고, 플라스미드에 타깃인 A유전자와 독성 유전자를 삽입한다. 그리고 정확하게 타깃을 자르면 독성 유전자는 죽지만 세균이 살 수 있도록 실험을 설계했다. 여기에 Cas9에 무작위 변이를 발생시킨 CRISPR-Cas9을 세균에 넣어주어 세균이 살아남는 CRISPR-Cas9만을 골라내는 작업을 반복하는데, 이런 과정으로 오프 타깃이 감소해 최적화된 CRISPR-Cas9인 Sniper-CRISPR-Cas9을 만들어냈다.

Sniper-Cas9은 툴젠의 CRISPR-Cas9의 핵심 기술 개발 능력이 글로벌 유전자 가위 회사 대비 뒤떨어지지 않는다는 것을 증명한, 의미 있는 연구 개발 성과로 평가할 수 있다.

도표 5-22 Sniper-Cas9 유도 진화 실험

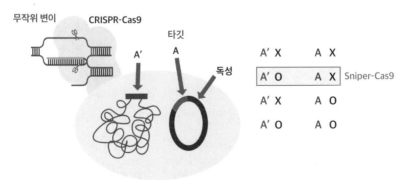

파이프라인과 임상 진행 현황

툴젠은 CAR-T·CAR-iNK세포(iNK는 유도 만능 줄기세포를 분화시켜 만든 NK세포)를 호주의 바이오텍 카테릭스와 공동 개발 중이다. 카테릭스(CARtherics)의 다양한 고형암 및 혈액암 표지 인자인 TAG-72를 CAR에 적용해 업그레이드된 면역 치료제를 개발하는 건으로, 계약금과 마일스톤을 포함해 약 1,500억 원의 계약을 성사시켰다. 유전자 교정 TAG-72 CAR-T는 현재 전임상 단계로, 2022년 미국에서 난소암을 적응증으로 한 임상 신청을 진행할 예정이다.

2022년 임상 신청이 기대되는 또 다른 파이프라인인 CMT1A치료제 TGT-001은 팔다리 근육의 위축과 손발 등 관절 변형이 주된 증상인 샤르코마리투스병(CMT1A)을 적응증으로 하는 치료제다. 이 병은 PMP22(Peripheral Myelin Protein 22) 유전자의 과발현이 주된 원인으로, 환자의 50%는 PMP22 유전자 중복 돌연변이에 기인하는 것으로 밝혀졌다. 유전자가 하나 더 있으니 단백질이 과다 생산되는 것이다.

툴젠은 세계 최대 비영리지원 재단인 CMTA(Charcot Marie Tooth Association, 샤르코마리투스병 연합)와 치료제 개발을 위한 협력 관계를 구축하고 있다. CMTA는 전문가로 구성된 자문단을 통해 툴젠의 TGT-001 개발 자문 및 협력 연구를 진행할 예정인데, 이로써 TGT-001의 동물 실험을 앞당길 수 있게 되었으며 2022년 임상 신청을 계획하고 있다.

다음으로 툴젠이 특허를 보유하고 있는 바이오마커 디아실글리세롤 인산화 효소(Diacylglycerol Kinase, DGK)를 주목할 필요가 있다. T세포나 NK세포의 기능을 약화시키는 유전자인 디아실글리세롤인산화 효소를 제거함으로써 면역 세포의 기능을 강화시키는 기전이다. 동사는 표적 암세포를 이식한 마우스 모델에서 디아실글리세롤인산화 효소 제거 CAR-T가 기존 CAR-T 대비 종양 억제 효과가 크다는 사실을 확인했다. 또한 면역 세포 저해 물질인 프로스타글란딘 E2(Prostaglandin E2, PGE2)나 TGF-β가 처리된 환경에서도 디아실글리세롤인산화 효소 제거 CAR-T가 일반 CAR-T에 비해 항암 능력을 잘 유지하는 것으로 나타났다. 이러한 실험 결과들은 디아실글리세롤인산화 효소가 범용성 있는 바이오마커로 성장할 가능성이 충분히 있다는 것을 의미한다.

주가 및 재무 현황과 향후 전망

툴젠은 2022년 3월 말 기준으로 IPO를 통해 확보한 현금 등가물 717억 원, 유동 부채 24억 원으로 약 693억 원을 갖고 있다. 2022년 영업 적자는 200억 원 정도로 추정되어, 약 3년간 추가적인 외부 자금 조달 없이 연구 개발에 집중할 수 있는 현금 흐름이다.

2022년 6월 28일 기준 시가 총액은 5,200억 원으로 글로벌 CRISPR-Cas9 회사 대비 현저히 낮은 평가를 받고 있으나, 아직 임상이 진행되고 있는 파이프라인이 없다는 점에서 어느 정도 이해가 된다.

미국 특허 저촉심사의 결정 여부에 따라 주가는 변동성이 커질 것으로 보고 있으며 2022년 임상 시험 신청이 주가에 호재로 작용할 수 있다. 툴젠은 글로벌 유전자 가위 회사들과 비교해 크게 뒤처지지 않는 연구 개발 능력을 보유하고 있고, 범용성이 큰 바이오마커로 성장 가능성

도표 5-23 툴젠의 주가 그래프

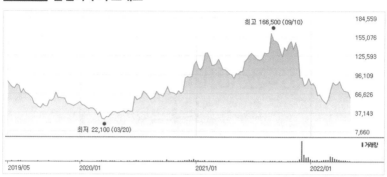

출처: 네이버 금융

을 보이는 디아실글리세롤인산화 효소 유전자를 확보하고 있어, 앞으로
가 기대되는 회사다.

한국의 바이오 기업 (3) – 올릭스

CEO와 핵심 인력

이동기 교수가 2010년 2월 창업한 회사로, 자체 개발한 RNAi 플랫폼 원천 기술을 기반으로 하는 난치성 질환 치료제 개발 바이오텍이다. 이동기 교수는 카이스트 화학과를 졸업 후 미국 코넬대학교(Cornell University)에서 생화학 박사를 받았다. 현재 성균관대학교 화학과 교수를 겸하며 올릭스를 이끌고 있다. 주요 인력으로는 서울대학교 약학 박사 출신인 독성 전문가 박신영 수석부사장이 개발 총괄을 담당하고 있으며, 미국 트라이링크 바이오테크놀로지(TriLink Biotechnologies) 출신인 신동원 상무이사가 올릭스 미국 법인을 이끌고 있다.

올릭스의 자회사로 mRNA 백신과 치료제를 전문적으로 개발하는 엠큐렉스는 mRNA 관련 국내 최고 전문가인 홍선우 대표이사가 맡고 있다. 또한 사내 변리사인 백영혜 상무이사가 신규 물질 개발에 필요한 특허 분석을 포함한 올릭스의 모든 특허 전략을 담당하고 있다.

올릭스는 파이프라인의 적응증별 글로벌 전문가로 구성된 과학자문위원회(Scientific Advisory Board)에서 R&D 및 임상 개발과 관련해 도움을 받고 있다. 또한 2020년 유럽 회사와 체결한 간물질 4개 개발 계약과 관련해 하버드 의대 소속 자문단의 조언을 받아 진행했다.

기술력

동사가 보유하고 있는 기술은 RNAi 기술이다. 기존에는 저분자화합물이나 항체 신약이 이미 만들어진 단백질을 저해해 약으로 작용하는 원리라면, RNAi 기술은 병의 원인이 되는 단백질이 만들어지기 전 단계에서 mRNA를 제거하는 것이다.

사람의 세포에는 10만 가지 이상의 단백질이 생성되어 세포 속에서 혹은 세포 간에 다양한 기능을 하면서 세포의 분열과 대사, 사멸 등을 조절한다. 그런데 만일 어떤 단백질이 기형적으로 만들어지거나 과다 생산되어 체내에 축적된다면 어떻게 될까? 이는 심각한 질병의 원인이 될 수 있다. 대표적인 단백질 기형 질병이 겸상 적혈구병이다. 적혈구는 혈액 속에서 산소를 운반하는 역할을 담당하는데, 유전적 변이를 갖고 있는 환자의 적혈구는 낫 모양으로 생겨 산소 운반 기능을 하지 못할 뿐만 아니라 혈관 흐름이 원활하지 못하다.

이러한 겸상 적혈구를 구성하는 변이 단백질이 만들어지는 과정을 보면, 핵 속의 변이 DNA에서 잘못된 mRNA 전사가 이루어지고, 이렇게 만들어진 mRNA가 리보솜에서 번역되어 변이 단백질이 생성된다. 단지 하나의 염기 서열에 변이가 발생했을 뿐이지만, 변이 염기가 포함된 코돈(codon, 염기 3개가 1개의 아미노산으로 번역)이 전혀 다른 아미노산으로 번역되어 질병을 유발하는 겸상 적혈구라는 낫 모양의 입체 구조를 형성하게 된 것이다.

올릭스는 이러한 mRNA를 제거하는 RNAi(RNA 간섭)라는 기술로 치료제를 개발하고 있다. RNAi에 의해 mRNA가 제거되면 단백질도 만들 수 없다. RNAi 기술은 제3세대 신약 개발 기술로서 모든 질병 단백질에 접근이 가능하고 효율적으로 질병 유전자 발현을 억제하는 기능을 갖고 있다.

동사가 보유한 RNAi 기술은 비대칭 siRNA(asiRNA)로서 잘 알려진 RNAi 기술을 바탕으로 올릭스가 독자적으로 개발한 유전자 억제 기술이다. 기존의 RNAi 기술이 대칭인 짧은 RNA 이중 가닥으로 이루어져 있다면, 비대칭 siRNA는 비대칭에 더 짧은 구조여서 세포 내 작용 시 안전성을 확보할 수 있다는 특징이 있다. 한편 RNA의 한계로 세포 내 전달 이슈가 존재하는데 올릭스는 자체적으로 개발한 국소 투여 치료제 개발 플랫폼인 자가 전달 비대칭 siRNA(cp-asiRNA)를 보유하고 있으며, 또한 간을 표적화할 수 있는 GalNAc(N-아세틸갈락토사민, 갈낙) 플랫폼을 확보해 GalNAc-asiRNA 플랫폼까지 갖춤으로써 한계를 개선했다.

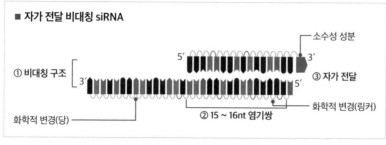

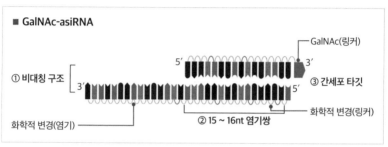

출처: 올릭스 IR북(2022)

파이프라인과 임상 진행 현황

동사가 보유하고 있는 파이프라인 중 가장 진전을 보이고 있는 비대
흉터 적응증 cp-asiRNA 치료제는 미국과 우리나라에서 임상 2상이 진
행되고 있다. 건성 황반변성과 망막하 섬유화증, B형 간염(Hepatitis B),
탈모 등이 전임상으로 2022년 미국 임상 1상에 진입할 것으로 전망된
다. 비대 흉터 임상 2상은 외과 수술 후 진피증의 콜라겐(collagen)이 과
다하게 증식해 생기는 질병으로 결합 조직 생성 인자인 CTGF를 표적
단백질로 동사의 자가 전달 asiRNA의 효과와 부작용을 검증하는 임상

시험이다. 비대 흉터 시장 규모는 2025년 기준 약 11조 원을 상회(그랜드 뷰 리서치, 2020)할 것으로 전망하고 있다.

올릭스를 포함해 앨나일램 파마슈티컬스, 애로우헤드 파마슈티컬스 등 전 세계적으로 5개의 회사가 RNAi 기술 관련 특허를 보유하면서 치료제를 개발하고 있는데, 이들 회사가 모두 간 질환을 포함해 다양한 파이프라인 포트폴리오를 구축하고 있다는 특징이 있다. 이는 앞서 언급한 RNAi 기술의 신약 물질 개발 용이성을 잘 반영하고 있다고 볼 수 있다.

이들 RNAi 기술 관련한 회사들은 빅파마들과 다양한 적응증을 대상으로 한 기술 이전 계약을 체결하고 있는데, 대부분 1조 원 이상의 메가딜(mega deal)이며, 특히 GalNAc 플랫폼을 이용한 간 질환을 대상으로 한 적응증에 이용하는 GalNAc 플랫폼이 많다는 특징을 보인다. 올릭스도 안과 질환 전문 개발사인 떼아 오픈 이노베이션(Thea Open

도표 5-25 올릭스의 파이프라인

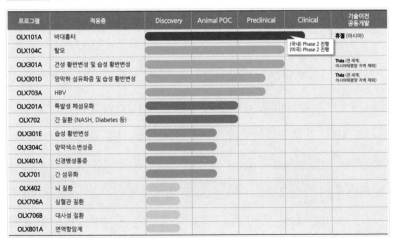

프로그램	적응증	Discovery	Animal POC	Preclinical	Clinical	기술이전 공동개발
OLX101A	비대흉터				(국내) Phase 2 진행 (미국) Phase 2 진행	휴젤 (아시아)
OLX104C	탈모					
OLX301A	건성 황반변성 및 습성 황반변성					Théa (전 세계: 아시아태평양 지역 제외)
OLX301D	망막하 섬유화증 및 습성 황반변성					Théa (전 세계: 아시아태평양 지역 제외)
OLX703A	HBV					
OLX201A	특발성 폐섬유화					
OLX702	간 질환 (NASH, Diabetes 등)					
OLX301E	습성 황반변성					
OLX304C	망막색소변성증					
OLX401A	신경병성통증					
OLX701	간 섬유화					
OLX402	뇌 질환					
OLX706A	심혈관 질환					
OLX706B	대사성 질환					
OLX801A	면역항암제					

출처: 올릭스 IR북(2022)

Innovation)과 총 9,000억 원대의 기술 수출을 성사시켰으며, 이어 중국의 한소제약과 5,000억 원의 심혈관 및 대사 질환 물질 개발 계약을 체결했다. 현재 유럽의 제약사와 GalNAc 플랫폼을 이용한 간물질 4개를 개발하는 계약이 진행 중이다. 1년간 물질 개발을 완료해 상대 제약사에게 전달한 상태이며, 검증 실험 결과에 따라 추가적인 메가딜의 가능성이 열려있다.

주가 및 재무 현황과 향후 전망

동사는 2022년 3월 기준 유동 부채를 제외한 약 21억 원의 가용 현금을 보유하고 있으나, 2분기 유상 증자와 전환 우선주 발행으로 570억 원을 추가로 확보했다. 이는 약 2년 연구 개발 가능한 자금이다. 올릭스는 타사 대비 플랫폼 기술을 기반으로 한 기술 수출 가능성이 높다는 강점이 있다. 빠른 물질 개발 능력과 기술 수출은 원활한 현금 흐름을 가능하게 한다. 현재 미국에서 임상 2상 진행 중인 비대 흉터 파이프라인도 임상 2상 결과 확인 후 기술 수출을 추진한다는 전략이다. 만일 유럽 회사로 간물질 4개 수출이 성사된다면, 국내에서 자체 현금 창출 능력을 갖춘 연구 개발 전문 바이오텍으로 거듭나는 몇 안 되는 기업 중 하나가 될 수 있다.

2022년 6월 28일 기준 동사의 시가 총액은 3,300억 원이며, 최근 시장 급락과 동반해 주가는 하락 조정을 거쳤다. 하지만 RNAi 기술을 보유한 세계 5대 회사 중 하나로 아시아에서 가장 먼저 RNAi 기술로 임

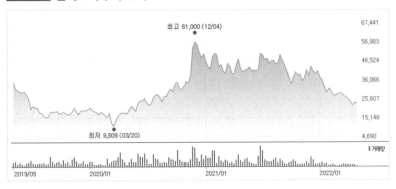

상 진입했으며 미국 임상 2상 파이프라인 보유 및 2022년 미국 임상 1상 파이프라인 2개 추가 진입 등을 고려한다면, 현 시가 총액은 바닥권으로 판단된다. 수익 추정이 어려운 바이오 산업의 밸류에이션 수단으로 유용하게 사용되는 상대 가치로 평가해보면, RNAi 기술로는 세계 3대인 미국 다이서나 파마슈티컬스는 약 4조 원의 가치로 노보 노디스크에 인수되었는데, 임상 3상 1개, 임상 2상 2개, 임상 1상 3개의 파이프라인을 보유하고 있어 약 2년 후 올릭스의 모습을 선행하고 있다. 올릭스의 비대칭 siRNA가 안전성 측면에서 타사 대비 상대적으로 우월할 가능성이 높다는 점에서 향후 장기적인 성장이 기대된다.

한국의 바이오 기업 (4)
– 알테오젠

CEO와 핵심 인력

우리나라 바이오 기업 중에서 세계적인 기술력을 보유하고 있으면서 기술 수출을 가장 많이 했고, 향후에도 잘할 것 같은 기업을 꼽으라면 단연 알테오젠일 것이다. 알테오젠은 세계 두 번째로 만든 피하주사제형 기술과 항체 약물 접합체, 그리고 지속형 기술 등 다양한 기술력을 확보하고 있으며, 그중에서도 피하주사제형 기술로 많은 기술 수출 성과를 거두고 있는 기업이다.

최대 주주이자 대표이사인 박순재 박사는 미국 퍼듀대학교(Purdue University)에서 생화학 박사 학위를 하고 MIT 박사 후 연구원을 지냈다.

이후 LG생명과학과 드림파마에서 근무했으며 바이넥스에서 대표이사로도 경험을 쌓고 2008년 알테오젠을 설립했다. 이러한 경력의 박순재 박사는 실력과 해외 네트워크를 겸비한 우리나라 바이오 개척 1세대의 선두 주자라 해도 과언이 아니다.

박순재 대표이사가 이끄는 알테오젠은 기존 바이오 의약품보다 효능이 개선된 차세대 바이오베터(biobetter)와 오리지날 바이오 의약품과 동등한 효능을 나타내는 바이오시밀러 등을 연구 개발한다는 명확한 목표를 갖고 각 사업 분야에서 뚜렷한 성과를 이루어나가고 있다.

기술력

약물 전달 플랫폼인 피하주사제형 기술은 알테오젠의 대표적인 바이오 기술이다. 현재의 약물 전달 기술은 정맥주사형으로 직접 환부에 치료제를 주입하거나 지질 전달체, 즉 지방으로 주머니를 만들고 그 안에 약물을 넣어 간으로 보내는 기술이다. 그래서 병원에서 의사의 진료에 따라 2시간 이상 맞아야 하는 불편함이 있었는데, 알테오젠이 개발한 정맥주사형에서 피하주사형으로 바꾸는 기술은 환자가 집에서 스스로 주사를 투여할 수 있어 시간도 짧게 소모되고 편하다. 피하주사제형의 미국 FDA 승인도 증가하고 있어, 피하주사제형 기술에 대한 수요도 이러한 추세에 맞추어 지속적으로 늘어날 수밖에 없다.

정맥주사제형을 피하주사제형으로 개발하는 데는 두 가지 큰 난관이 존재한다. 첫 번째는 고농도에서 발생하는 엉킴 현상이다. 정맥주사

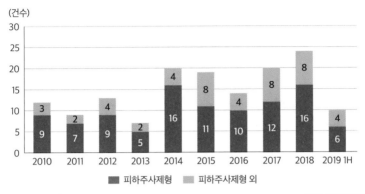

도표 5-27 피하주사제형 바이오 의약품 승인 건수

(건수)

- 피하주사제형
- 피하주사제형 외

출처: 이베스트증권

제형의 경우 시간을 두고 천천히 맞을 수 있기 때문에 저농도로 희석시킨 상태로 주사하지만, 피하주사제형으로 만들기 위해서는 고농도로 농축시켜야 한다. 그런데 이때 고농도에서 서로 엉키면서 구조가 변화하는 단백질의 특성 때문에 약물의 약효가 저하되는 문제점이 발생할 수 있다. 셀트리온이 램시마(Remsima) 피하주사제형을 만들었는데, 이러한 엉킴 현상을 방지할 수 있는 기술을 사용하고 있다.

두 번째는 피하 조직을 분해하면서 혈액으로 약물을 전달해야 하는 점이다. 알테오젠의 하이브로자임(Hybrozyme) 기술은 히알루로니다아제로 피하 조직의 히알루론산을 가수 분해해 혈액으로 약물을 전달하는 피하주사 변환 기술로 미국 할로자임 테라퓨틱스(Halozyme Therapeutics)에 이어 세계 두 번째로 기술을 확보했다. 미국의 할로자임이 세계 최초로 개발한 인간 히알루로니다아제 PH20로 세계 시장을 장악하고 있는 상황에서, 알테오젠이 새로운 방식으로 ALT-B4를 개발해 특허를 받은 것이다.

우리 몸속에는 Hyal1, Hyal2, Hyal3, Hyal4와 pH20 등 5개의 히알루로니다아제가 존재하는데 Hyal1~4는 pH3(강산)에서 최적화되는 반면 pH20은 중성에서도 잘 작동하는 특성이 있다. 그런데 pH20은 할로자임 테라퓨틱스가 독점한 상태로, 알테오젠은 pH20과 Hyal1의 구조를 교환해 재결합해 새로운 히알루로니다아제 ALT-B4를 만들었다. 일종의 단백질 재조합 기술이다. 300개 정도의 구조 교환 모델에서 발굴한 재조합 단백질로 향후 20년 이내에 더 좋은 피하주사제형을 개발하기는 어려울 것이라고 알테오젠 관계자는 자신감을 내비치고 있다.

동사는 하이브로자임 기술로 선급금과 마일스톤 포함 6조 원이 넘는 기술 수출을 이루어냈다. 연도별 수출 금액은 2019년 1조 6,000억 원, 2020년 4조 6,000억 원, 2021년 1,000억 원인데, 과연 앞으로 추가적인 수출 실적을 만들어낼 수 있을 것인가가 관건이다. 경쟁사 할로자임 테라퓨틱스는 항PD-1 기전에 대한 피하주사제형 개발 독점 권한을 옵디보(Opdivo)를 갖고 있는 브리스톨 마이어스 스퀴브에 넘겼다. 항PD-L1 기전에 대한 독점 권한도 티센트릭(Tecentriq)을 갖고 있는 로슈와 제넨텍에 이전해 두 기전에 대해 할로자임은 더 이상 특허권을 제공할 수 없는 상황이다. 따라서 키트루다나 임핀지(Imfinzi), 바벤시오(Bavencio)를 피하주사제형으로 만들기 위해서는 알테오젠과 손을 잡는 것 외에 다른 대안이 없다.

오리지널 의약품	개발사	특허 만료 시기	협업 가능 기업	알테오젠
옵디보	브리스톨 마이어스 스퀴브	2028년(미국)	할로자임(독점)	불가
티센트릭	로슈, 제넨텍	2027년(유럽)	할로자임(독점)	불가
키트루다	머크	2028년(미국)	알테오젠	가능
티비트	이노벤트, 일라이 릴리	2036년(유럽)	알테오젠	가능
임핀지	아스트라제네카	2030년(미국)	알테오젠	가능
바벤시오	화이자, 머크	2027년(유럽)	알테오젠	가능
리브타요	사노피, 리제네론	2029년(유럽)	알테오젠	가능

파이프라인과 임상 진행 현황

동사는 이러한 피하주사제형 기술을 기반으로 바이오시밀러를 개발하고 있다. 첫 번째 바이오시밀러는 안과 질환 치료제 아일리아(Eylea)의 바이오시밀러 ALT-L9다. 연간 8조 원 이상 판매되는 블록버스터로 2021년 8월 국내 임상 1상을 마치고 글로벌 임상 진입을 계획하고 있다.

알테오젠은 의약품의 체내 지속성을 유지시키는 NexPTM 기술(알테오젠이 자체 개발한 지속형 플랫폼 기술)로 제작한 바이오베터 ALT-P1의 임상 2, 3상 중이다. ALT-P1은 소아용 지속형 인성장 호르몬이며, 성장 호르몬 바이오시밀러 품목 허가를 받은 경험이 있는 브라질 크리스탈리아(Critalia)와 협업으로 진행하고 있다. 성장 호르몬 세계 시장 규모는 4조 원이 넘는다.

이 외에도 알테오젠은 고유의 원천 기반 기술인 넥스맙(NexMab) 항체 약물 접합 기술을 이용해 다수의 항암 치료제를 2세대 항체 약물 접합체로 개발하고 있다. 암세포에 대한 특이성이 매우 높은 항체를 운반체로 해 매우 높은 세포 독성을 갖는 항암 물질을 암세포에만 특이적으로 운반하는 기전을 갖고 있고, 유전자 재조합 기술을 통해 위치 특이적

도표 5-29 알테오젠의 파이프라인

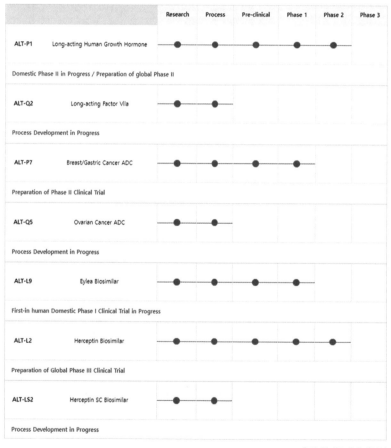

		Research	Process	Pre-clinical	Phase 1	Phase 2	Phase 3
ALT-P1	Long-acting Human Growth Hormone	●	●	●	●	●	
Domestic Phase II in Progress / Preparation of global Phase II							
ALT-Q2	Long-acting Factor VIIa	●	●				
Process Development in Progress							
ALT-P7	Breast/Gastric Cancer ADC	●	●	●	●		
Preparation of Phase II Clinical Trial							
ALT-Q5	Ovarian Cancer ADC	●	●				
Process Development in Progress							
ALT-L9	Eylea Biosimilar	●	●	●	●		
First-in human Domestic Phase I Clinical Trial in Progress							
ALT-L2	Herceptin Biosimilar	●	●	●	●	●	
Preparation of Global Phase III Clinical Trial							
ALT-LS2	Herceptin SC Biosimilar	●	●				
Process Development in Progress							

출처: 알테오젠 홈페이지

접합 방식에 의한 약물 접합을 구현함으로써 차별성을 확보하고 있다. ALT-P7 항체 약물 접합체는 유방암과 위암을 적응증으로, 현재 임상 1상 시험을 성공적으로 마무리하고 임상 2상을 준비하고 있다.

주가 및 재무 현황과 향후 전망

동사는 2022년 3월 말 기준 2,044억 원의 유동 자산을 보유하고 있다. 974억 원의 유동 부채를 제외하면 1,070억 원의 현금성 유동 자산을 확보하고 있다. 임상 비용이 증가하면서 2022년 영업 적자는 보수적으로 250억 원으로 추정되나, 재무 구조는 견고하다. 최근 2년 동안 큰 규모의 기술 수출이 이루어져 기술 개발 진행에 따른 기술 이전료 유입이 기대되기 때문에, 향후 다양한 파이프라인의 임상 진입으로 자금이 소요된다 할지라도 큰 어려움은 없을 것으로 전망된다.

도표 5-30 알테오젠의 주가 그래프

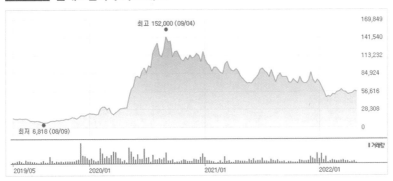

출처: 네이버 금융

동사의 시가 총액은 한때 6조 원을 상회했으나, 2022년 기준 2조 5,000억 원대다. 바이오 지수가 하락한 원인도 있지만 2020년 활발했던 피하주사제형의 기술 수출이 뜸해진 것이 원인 중 하나다. 머크의 키트루다가 동사의 기술로 피하주사제형을 개발한다면 전 고점을 상회할 가능성이 높다. 피하주사제형의 성장이 확고한 만큼 동사의 성장성도 확고하다.

BIO
MONEY

PART 6

바이오 2차 상승
대비를 위한 제언

유용한 바이오 ETF
선정 방법

  산업과 기업 분석의 중요성을 잘 인식하고 있지만 시간적인 여건이나 개인적인 선호도에 따라 바이오 포트폴리오를 구성하는 데 어려움이 있다면, ETF가 좋은 대안이 될 수 있다. 그러나 ETF를 고를 때도 기업에 대한 분석 논리는 여전히 적용된다. ETF도 하나의 자산이면서 종류도 다양해 투자할 ETF를 선택할 때는 기업을 고르는 것만큼이나 신중할 필요가 있다. 하지만 대부분 투자자들이 ETF를 매수할 때 ETF의 투자 철학이나, 포트폴리오 구성 방법, 운용매니저, 편입 세부 섹터, 비용, 펀드 규모 등을 종합적으로 검토하고 또 다른 ETF와 비교 분석해 매수 결정을 내리는 것이 아니라, 단순히 지인의 소개나 금융사의 권유로 신중한 검토 없이 선택하게 되는 경우가 흔하다.

이번 파트에서는 2개의 미국 바이오 ETF를 비교 분석하는 방법으로 바이오 ETF 선정 방법을 설명하고자 한다. ETF 자체보다는 ETF를 분석할 때 어떤 요소들을 중요하게 검토해야 하는지에 초점을 맞추면서 따라오기를 바란다.

ARKG ETF와 GNOM ETF

대표적인 바이오 ETF는 ARKG ETF와 GNOM ETF가 있다. ARKG의 발행사는 아크 인베스트먼트로, 4차 산업 관련 성장주 투자의 아이콘으로 떠오른 캐시 우드가 운용하는 투자 회사다.

비용부터 알아보자. 연간 0.75%로 매년 지불한다는 측면에서 장기 투자자라면 반드시 다른 ETF와 비교해 비용이 적절한지 혹은 부담스러운지 고려해야 한다.

다음으로 운용 자산 규모와 거래량, 자산 규모도 확인해보자. 앞서 언급한 요소들이 지나치게 크면 포트폴리오를 민첩하게 교체할 수 없고 종목 수가 많아질 수밖에 없다는 문제가 있다. 반면 운용 자산 규모가 작고 거래량이 너무 적으면 대규모 환매 시 호가가 밀려 실질 비용이 늘어나는 부의 효과가 있다. 그런 측면에서 보면 ARKG는 운용 자산 규모가 70억 달러를 상회해, 운용이 다소 둔해질 수 있다는 우려가 있다.

ARKG는 2014년 10월 31일에 출시되어 7년째 운용되고 있다는 점에서 운용의 틀은 확고히 잡힌 것으로 판단되나, 실질적으로는 2018~2020년 사이에 자산이 급격히 증가했기 때문에 이제부터는 수익률을 포함한 초

대형 ETF 운용 능력이 시험대에 올랐다고 볼 수 있다. 운용 자산이 크게 늘어나면서 생기는 운용상의 어려움인 사이즈 이펙트(size effect)를 1조 원 이상 대규모 펀드를 운용해본 경험이 없는 사람들은 좀처럼 이해하기 어렵기 때문이다. 대형 펀드가 되면 펀드의 매수 대상인 바잉리스트(buying list)가 한정적으로 바뀌게 되고, 종목 교체 시 종목당 편입 금액이 커서 매매 비용이 생각보다 크게 발생할 수 있다. 따라서 매니저의 판단과 결정이 신중해지는 현상이 벌어지는데, ARKG가 사이즈 이펙트를 이겨내면서 좋은 수익률을 향후에도 지켜낼 수 있을지 지켜봐야 한다.

ARKG ETF 자산 운용 스타일은 성장형이며 액티브 운용이다. 사모펀드와 비슷하게 운용되는 ETF라고 생각하면 이해하기 쉽다. 액티브 운용은 펀드매니저가 중요하다. 펀드매니저는 캐서린 우드(Catherine Wood)로 매니저가 바뀌지 않는 한 크게 걱정할 것은 없으나, 만일 어떤 이유로든 매니저가 변경된다면 운용 스타일이나 편입 종목의 색깔에 변화가 생길 가능성이 크다.

도표 6-1 ARKG ETF 현황

발행사	아크 인베스트먼트
수수료율(%)	0.75
운용 자산 규모(100만 달러)	7,065
거래량	202만 2,700
설정일	2014년 10월 31일
자산 분류 스타일	성장형
인덱스 추종 여부	액티브

출처: 이티에프 데이터베이스

이제부터는 GNOM ETF(Global Genomics&Biotechnology ETF)를 살펴보자. 발행자는 익숙한 이름인 미래에셋 글로벌 인베스트먼트다. ETF 분야에 역량을 집중해오고 우리나라 금융 투자 중에서 가장 먼저 글로벌 전략을 펼쳐왔던 운용 회사답게 미국 시장에서 첨단 바이오 ETF를 선점하고 있는 모습을 보니 미래에셋자산운용에 잠시 몸담았던 사람으로서 남다른 감회를 느낀다.

연간 비용이 0.5%로 ARKG 대비 경쟁력이 있으나 판단의 결정적인 포인트는 아니다. 운용 자산 규모는 2억 6,000만 달러로 기동력을 발휘하면서 수익률을 내기에는 좋은 사이즈로 판단된다. ETF 출시일이 2019년 4월 5일로 아직 운용의 체계가 확고히 잡혔다고는 볼 수 없다. 따라서 처음 제시한 전략대로 운용이 되고 있는지 관심 있게 지켜봐야 할 필요가 있다. 운용 스타일은 ARKG와 마찬가지로 성장형이지만 Solactive Genomics라는 인덱스를 추종하고 있어 운용의 변동성은 상대적으로 작을 것으로 예상된다.

도표 6-2 GNOM ETF 현황

발행사	미래에셋 글로벌 인베스트먼트
수수료율(%)	0.5
운용 자산 규모(100만 달러)	265
거래량	5만 300
설정일	2019년 4월 5일
자산 분류 스타일	성장형
추종 인덱스	Solactive Genomics

출처: 이티에프 데이터베이스

다음으로 전략 부분을 자세히 살펴보자. ARKG는 액티브하게 운용되고 있는 일종의 펀드다. 최고의 주식을 골라 장기적으로 시장을 이긴다는 전략으로, 유전자 편집이나 유전자 치료, 분자 진단, 줄기세포 분야에서 기술적, 과학적 혁신을 이끄는 기업을 골라 집중 투자하고 있다. 추종하는 인덱스 없이 상향식 투자 방식으로 운용되고 있어 펀드매니저의 역량이 무엇보다 중요하다. 단기적인 변동성이나 충격을 이겨내고 장기적인 알파를 추구하는 투자자가 잠재적인 고객이 될 수 있다.

한편 GNOM의 투자 전략은 유전자를 특화한 바이오텍을 포트폴리오에 담는다는 전략이다. 편입하는 종목들은 유전자 편집, 시퀀싱, 유전자 치료제 개발, 유전자 진단, 바이오 테크놀로지로 세부 분류된다. 1년에 두 번 시가 총액을 감안한 인덱스를 재조정하고, 리밸런싱(rebalancing, 재조정) 과정을 통해 포트폴리오를 변경한다. 쉽게 말해 추종 인덱스인 Solactive Genomics를 주기적으로 조정하고 이에 맞추어 포트폴리오도 조정해나간다는 의미다.

다음으로 보유 주식의 규모 비교와 보유 종목 수 및 보유 비중을 비교해보기로 하자. ARKG는 45개 종목을 보유하고 있고 상위 10이 전체에서 차지하는 비중이 51%인 반면, GNOM은 보유 주식 수가 41종목이며 상위 10이 차지하는 비중이 54%다. ARKG가 종목 수가 더 많은 것은 운용 규모가 커서 종목 수를 줄이면 수익률에 부정적인 영향이 있다고 판단한 것으로 보인다.

보유 기업의 사이즈는 ARKG가 소형 종목과 초소형 종목의 비중이 높게 나타나는 반면, GNOM은 대형 종목의 비중이 상대적으로 높은 특징이다. 기업 사이즈가 작을수록 성과 변동성은 커질 가능성이 높다.

ARKG는 1, 2, 3위 종목의 비중이 25%다. 3위 종목은 원격 진료 플랫폼 회사로, 게놈이라는 주제에서 다소 벗어나 있는 느낌이다. 1, 2위 종목은 암 진단 솔루션과 안티센스 올리고핵산 치료제 종목이다. 시장이 하락함에 따라 종목 수를 축소하면서 핵심 종목으로 집중도를 높이고 있다. 유전자세포 치료제 바이오텍 비중은 약 30%다.

GNOM은 1, 2, 3위 종목의 비중이 20%로, ARKG보다 다소 낮다. 3개 종목 모두 유전자 치료제라는 특징을 갖고 있다. 그다음으로는 진단과 분석 분야 종목이 자리 잡고 있다. 15종목이 전체 포트폴리오에서

도표 6-3 ARKG ETF의 보유 구조 및 기업 규모(2022년 4월 25일)

보유 구조		기업 규모	
보유 기업 수	49개	대형(>129억 달러)	21.32%
상위 10 비중	51.11%	중형(>27억 달러)	35.09%
상위 15 비중	64.27%	소형(>60억 달러)	35.28%
상위 50 비중	99.98%	초소형(<60억 달러)	8.3%

출처: 이티에프 데이터베이스

도표 6-4 GNOM ETF의 보유 구조 및 기업 규모(2022년 4월 25일)

보유 구조		기업 규모	
보유 기업 수	41개	대형(>129억 달러)	27.83%
상위 10 비중	54.3%	중형(>27억 달러)	36.08%
상위 15 비중	70.09%	소형(>60억 달러)	31.88%
상위 50 비중	100.01%	초소형(<60억 달러)	4.22%

출처: 이티에프 데이터베이스

도표 6-5 ARKG ETF의 포트폴리오(2022년 4월 25일)

티커	보유 종목	자산 비중(%)	세부 섹터
EXAS	이그젝트	8.92	암 진단 솔루션
IONS	아이오니스	8.6	안티센스 올리고핵산 치료제
TDOC	텔라닥	7.49	원격 진료
FATE	페이트	4.98	세포 치료제
SGFY	시그니파이	4.15	진료 서비스
VRTX	버텍스	3.73	낭성 섬유증, 희귀 질환
CRSP	크리스퍼	3.54	유전자 가위
CDNA	케어Dx	3.52	단백질 엔지니어링
INCY	인사이트	3.14	저분자 단백질
NTLA	인텔리아	3.04	유전자 가위
BEAM	빔	2.91	유전자 편집
PACB	퍼시픽	2.74	시퀀싱
TWST	트위스트	2.63	연구 재료
SDGR	슈로딩거	2.54	AI 플랫폼
ADPT	어댑티브	2.34	면역 치료제

출처: 이티에프 데이터베이스

차지하는 비중은 69%이며, 이 중 유전자세포 치료제 개발 기업의 비중은 44%다.

ARKG는 2018년부터 3년간 보여주었던 폭발적인 성과의 대부분을 2021년 금융 환경의 변화로 대부분 반환했다. 2018년 이후 바이오 산업에서 일어난 혁신을 포트폴리오에 적절히 담아내 초대형 ETF로 성장했지만, 물가 급등이라는 시련을 맞닥뜨린 지금부터 어떻게 운용하면서

도표 6-6 GNOM ETF의 포트폴리오(2022년 4월 25일)

티커	보유 종목	자산 비중(%)	세부 섹터
BMRN	바이오마린	7.16	희귀병 치료제
SRPT	사렙타	6.68	안티센스 올리고핵산 치료제
RARE	울트라제닉스	6.14	유전자 치료제
QGEN	퀴아젠	5.61	유전자 분석
ALNY	앨나일램	5.59	siRNA
A	애질런트	5.32	진단, 위탁 개발 생산
VRTX	버텍스	5.04	낭성 섬유증, 희귀 질환
ARWR	애로우헤드	4.52	siRNA
1548	진스크립트	4.28	세포 치료제
CRSP	크리스퍼	3.96	유전자 가위
MYGN	미리어드	3.67	진단
VCYT	베라사이트	3.24	RNA 시퀀싱, 머신러닝
CDNY	케어디엑스	3.15	단백질 공학
GILD	길리어드	3.03	항암제
NTLA	인텔리아	2.7	유전자 가위

출처: 이티에프 데이터베이스

수익률을 만들어 가는지가 관심거리다.

반면 GNOM은 3년밖에 되지 않아 수익률을 논하는 것이 성급해 보인다. 장기적인 관점에서 본다면 이들 두 ETF는 바이오 산업 중에서 가장 혁신적인 기업들만 엄선해서 담는다는 기본적인 투자 철학을 공유하고 있다. 앞으로 누가 더 투자 철학과 프로세스를 다듬고 또 지켜나가느냐가 장기 성과를 결정지을 것으로 전망한다.

XLV ETF와 INDA ETF

ARKG와 GNOM 외에도 알아두면 유용한 미국 헬스케어 ETF인 XLV와 INDA도 소개하고자 한다.

XLV는 안정적이면서 꾸준한 수익률을 나타내는 헬스케어와 바이오텍에 투자하는 ETF로, 저렴한 수수료와 풍부한 거래량이 강점이다. 낮은 위험을 선호하면서 미국 헬스케어 섹터에 투자하고자 할 때 매력적인 옵션이 될 수 있다. 빅파마 위주의 포트폴리오 구성으로 안정성을 추구하며 동시에 종목별 보유 비중도 임팩트 있어 성장성도 놓치지 않고 있다.

INDA도 미국 헬스케어와 바이오텍에 집중적으로 투자하는 ETF로, 종목별 비중이 4%를 넘지 못하게 제한하고, 추종하는 인덱스를 연 2회 리밸런싱함으로써 리스크를 회피하고 있다. 퀀트 기법을 베이스로 하고 있기 때문에 고수익을 올리기보다는 꾸준하면서도 안정적인 수익률을 목표로 하는 투자자에게 맞는 상품이다. 다만 퀀트 방식임에도 불구하고 수수료가 0.47%로 다소 비싼 편이다.

지금까지 ETF를 선정하기 위해 체크해야 하는 포인트를 설명했다. 모든 ETF가 이것과 똑같은 구조이므로 여기에서 익힌 방법을 사용해 다양한 회사의 ETF를 비교 분석하고 자신이 원하는 조건에 맞는 상품을 선택해 원하는 수익률을 올리기 바란다.

신약이 쏟아지는
바이오 2차 상승에 대비하라

2020년 10월까지 좋은 주가 흐름을 보이던 바이오가 1년 넘게 지지부진한 모습이고 주가의 하락폭도 커져서 종목에 따라서는 조정이라기보다는 하락이 지속되고 있다는 표현이 맞을 것 같다.

2020년 코로나19가 발생해 전 세계가 공포에 빠지게 되자 우리나라는 준비된 기술로 진단 키트를 개발해 발 빠르게 감염자를 진단함은 물론 적극적으로 수출에 나서 바이오 소강국임을 입증했다.

기세가 오른 바이오 기업들은 자주 백신을 외치며 일제히 백신과 치료제 개발 계획을 발표하고 컨소시엄(consortium)을 구성해 바쁘게 움직이는 모습을 보였으나, 코로나19는 변이에 변이를 거듭해 처음 계획한 백신이 개발된다 하더라도 과연 제대로 된 효과를 발휘할지 의심스

러울 정도로 진척이 늦어지고 있다. 그래서 대부분의 시장 참여자들은 2020년의 바이오 랠리(rally, 증시가 약세에서 강세로 전환)가 단지 코로나19 이슈에 의한 단기 테마에 불과하며 우리나라 바이오텍이 개발하고 있는 백신도 속도가 너무 느려 주가의 거품이 꺼지고 있는 것이고, 약화된 오미크론이 2022년 들어 경구용 치료제 보급과 함께 독감 정도로 수그러든다면 바이오 랠리도 자연스럽게 꺼질 수밖에 없다고 말한다.

이러한 변동성 관점에 기반한 바이오 주식시장 전망은 향후 벌어질 본격적인 바이오 혁신의 시야를 가려 장기 고성장 산업의 수혜에 참여하지 못하게 할 가능성이 높다.

바이오 산업의 전망을 위해서는 먼저 미국 주식시장의 흐름을 점검하는 것이 순서다. 도표 6-7에서 보는 바와 같이 2021년 상반기까지 양

도표 6-7 미국의 기업 규모별 시가 총액 변화율

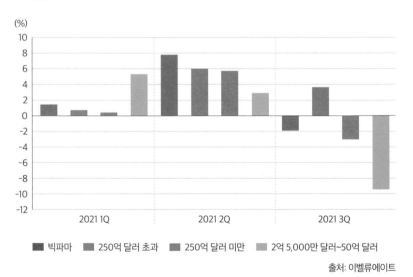

출처: 이벨류에이트

호한 추세를 보이던 바이오 제약 산업이 3분기 들어서면서 하락으로 방향을 바꾸기 시작했다. 기업 규모별 시가 총액 등락이 극명하게 대립되는 것을 볼 수 있는데, 특히 2억 5,000만 달러 이하의 소형주 주가는 1분기까지 상대적으로 양호한 주가 흐름을 나타냈으나 3분기에 급반전되었고 4분기도 분위기는 호전되지 않고 있다.

바이오 IPO도 마찬가지로 2020년 2분기 이후 높은 수준의 실적을 유지했으나 2021년 3분기에 하락폭이 커지는 모습을 확인할 수 있다. 시장의 분위기를 대변해주는 또 다른 지표인 긍정적인 임상 시험 발표에 대한 주가의 반응도도 최근 몇 년간 가장 낮은 수준이었다. 이러한 분위기의 급반전은 바이오 시장에 거품이 끼고 그 거품이 터지면서 나타나는 순간적인 수요 공백 상태가 발생했기 때문으로 해석된다. 그러

도표6-8 미국 바이오 모집 총액 및 IPO 수

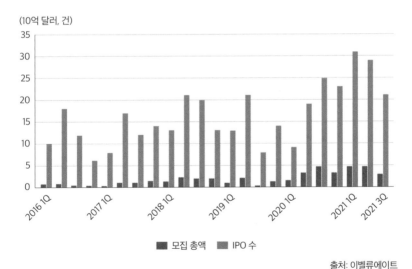

(10억 달러, 건)

출처: 이벨류에이트

면 과연 미국 바이오 주식시장에 어떤 거품이 있었는지 점검해보자.

도표 6-9와 6-10은 2021년 바이오 산업에서 가장 큰 기대를 받으며 상장한 사나 바이오테크놀로지와 라이엘 이뮤노파마다. 이 둘은 각각 6억 7,000만 달러와 4억 2,000만 달러를 공모했으나, 상장 이후 모두 공모가를 크게 밑도는 모습을 보여주었다. 상장 후 거의 힘을 쓰지 못하고 있는 것은 물론 사나 바이오테크놀로지의 경우 상장이 2021년 1분기로 분위기가 나쁘지 않을 시기임에도, 주가는 공모 이후 얼마 지나지 않아 주가가 급락했다.

사나 바이오테크놀로지는 2018년 이후 세 번째로 큰 규모로 IPO했는데, 설립 후 3년이 채 안 된 상태에서 상장이 이루어졌다. 그럼에도 불구하고 사나 바이오테크놀로지는 어떻게 높은 밸류에이션에 IPO가 가

도표6-9 **사나 바이오테크놀로지의 주가 그래프**

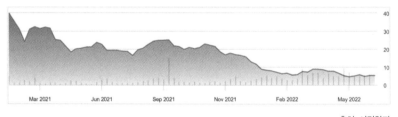

출처: 시킹알파

도표6-10 **라이엘 이뮤노파마의 주가 그래프**

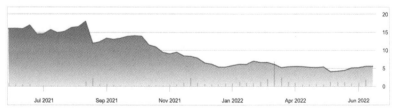

출처: 시킹알파

능했을까? 사나 바이오테크놀로지를 설립한 인력은 셀진에 90억 달러에 매각된 주노 테라퓨틱스의 창립 멤버들이다. 바이오가 CEO와 핵심 인력이 중요하다는 것은 여러 번 강조했으며, 특히 미국에서는 최고의 기술력을 보유한 인재에 높은 프리미엄을 부여하고 있는 것이 사실이다. 하지만 더불어 가야할 길이 먼 세포 유전자 치료제에 대한 지나치게 높은 기대감이 주가에 반영되었던 것으로 판단된다.

2012년 이후 꾸준히 우상향을 보이던 바이오 지수는 2020년 중반을 지나면서 추세를 벗어나 상승 속도가 지나치게 빨라졌다. 코로나19 창궐 이후 바이오 헬스케어 섹터 오버 슈팅(overshooting)의 후유증은 2021년 말 일정 부분 해소된 것으로 판단하며, 주식시장 대비해서도 바이오 섹터가 상대적으로 부진해 언더 슈팅(undershooting) 구간으로 진입하고 있다.

그러면 이제 우리나라 바이오 주가 흐름을 되돌아보자. 우리나라 바이오 주가는 2021년 한 해 동안 최악의 흐름을 나타냈다. 그러나 2021년 한 해만을 떼어놓고 평가하기보다는 2020년과 2021년을 합해 관찰하는 것이 전체적인 흐름을 파악하는 데 더 유용하다. 2020년 바이오 수익률을 보면 80%를 상회하고 있어, 두 해를 합해 계산하면 우리나라는 아직도 높은 수익률을 나타내고 있다. 좀 더 세부적으로 보면 2020년 코로나19 진단, 백신, 치료제라는 재료들이 시장을 주도하면서 급등했던 부분들이 상당 부분 반락해 1년 이상의 조정이 있던 것으로 해석할 수 있다. 미국에서는 신기술에 대한 고평가로 사나 바이오테크놀로지와 같은 거품이 있었다면, 우리나라는 백신 제조에 편승한 거품이 있었다.

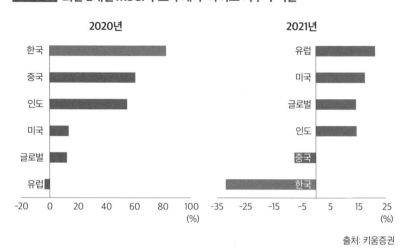

출처: 키움증권

도표 6-11 최근 2개년 MSCI 주요국 제약·바이오 지수 수익률

2020년

2021년

우리나라의 글로벌 경쟁력을 갖춘 신약 개발 회사들은 2020년 11월부터 1년 2개월 동안 주가 조정을 거치고 있다. 하지만 신약 개발사는 시간이 지남에 따라 파이프라인이 진전되면서 가치도 상승하기 마련이다. 고로 임상 시험에서 양호한 데이터를 발표하는 기업순대로 주가는 회복세를 보일 것으로 예상한다.

조금 더 장기적인 관점에서 바이오 주식시장을 조망해보자. 파트 1에서도 언급한 바 있지만 바이오 장기 성장은 4대 바이오 기반 기술 혁신에 근거하고 있으며, 특히 CRISPR-Cas9과 NGS가 직접적인 원동력이 되었다. 2018년까지는 유전자 치료제, 세포 치료제에 대한 가능성을 증명하는 기간이었다면, 2019~2020년은 세포 치료제, 유전자 치료제가 실제 약으로 승인될 수 있다는 근거를 확인한 이후에 다양한 기술적 아이디어를 갖고 신약에 도전하는 바이오텍들의 임상 파이프라인이 폭발적으로 늘어나는 기간이다. 여기에 저금리 환경까지 맞물려 바이오는 다양한 아이디어들이 제각기 신약 가능성을 주장하며 엄청난 속도로 시장의 자금을 빨아들였다.

그러나 파이프라인의 양적 성장 속에서 설익은 기술과 기업에 대한 지나친 기대감으로 일부 거품이 생기기 시작했고, 2021년 들어서 과한 기대가 앞섰던 기업들 중심으로 먼저 거품이 터지게 되어 빠른 속도의 가격 조정 과정이 일어났다. 이른바 임상 파이프라인 검증 기간으로 진입한 것이다. 파이프라인 검증 작업은 단순히 일부 거품 낀 사나 바이오테크놀로지와 같은 IPO 기업에 한정된 것이 아닌, 전 유전자세포 치료제 및 퇴행성 뇌 질환과 같은 난치 질환 영역 등 전 범위에 걸쳐 일어나고 있다는 것을 염두에 두어야 한다.

알츠하이머 치료제로 처음 승인을 받은 아두카누맙이 치료 효과와 부작용에 대한 의구심 그리고 높은 약가가 논란이 되면서 구조 조정을 할 수밖에 없는 상황으로 내몰렸다. 이는 대형 바이오 파마도 주력 파이프라인이 문제가 발생할 때는 회사 전체가 흔들거릴 수 있다는 것을 보여주는 사례다. 이에 따라 동일한 계열의 아밀로이드 베타를 타깃하는 치료제 개발사들은 긴장하지 않을 수 없는 상황이며, 보다 확실한 치료 효과를 입증하기 위한 시험 설계 점검과 FDA 눈치 보기에 여념이 없다. 신경 퇴행성 질환이 엄청난 시장 규모로 매력적이기는 하나, 아직까지 질병의 타깃이 명확하지 않고 뇌로 전달하는 문제 등 기술적 어려움이 많기 때문에 오히려 대형 개발사들의 무덤이 될 수 있다는 목소리도 들린다.

또한 유도 만능 줄기세포 유래 NK세포 선두 주자인 페이트 테라퓨틱스는 임상 중간 결과 발표에서는 양호한 효능으로 이목을 집중시켰으나 추가 발표에서 일부 환자에게 암이 재발해 NK세포 치료제의 효과 지속성에 대한 문제점을 드러내기도 했다. 환자의 T세포에 의해 치료제인 NK세포가 제거되는 원인을 해결해 NK세포의 살상 능력을 유지하는 다양한 연구가 요구되고 있다.

T세포 치료제는 여전히 고형암으로 영역을 넓히려는 시도와 사이토카인 부작용을 최소화할 수 있는 방법 찾기에 고심하고 있다. T세포 치료제는 기성품화가 어려워 고가이고 개인별 치료제 개발 시간이 오래 걸린다는 불편함도 있는데, 이를 해소하기 위해 생산 및 치료 시간을 단축하는 연구를 진행 중이다. 일부 빅파마에서는 연구 성과가 있다는 뉴스가 발표되기도 했다. 그러나 치료의 영역이 아직까지 혈액암에 머물러있는 상황으로, 보다 까다로운 고형암의 종양 미세 환경 극복이라는 난제에 봉착해있으나, 아직까지 뚜렷한 진전은 없다.

유전자 치료제 분야에서는 T세포 치료제 강자인 알로진 테라퓨틱스가 환자의 염색체 이상으로 임상을 중단하는 악재가 터지면서, CRISPR-Cas9 기술 관련 업체 전체에 부정적인 영향을 미쳤다. 다행히도 며칠 전 환자의 염색체 오염이 유전자 편집 과정에서 발생한 것이 아니라고 밝혀져 조만간 임상을 재개하게 되었다는 소식이 전해졌다. 이 외에도 CRISPR-Cas9이나 siRNA 같은 핵산 치료제가 현재 전달체의 한계로 간으로 보내거나 아니면 피부에 직접 주사하는 한계를 벗어나지 못하고 있어, 적응증도 제한적일 수밖에 없다는 문제점을 안고 있다. 엑소좀 표면에 특정 단백질을 분비하도록 만들어 원하는 조직으로 보내는 방법 등 약물 전달 시스템(Drug Delivery System, DDS) 분야에서 바이오텍들이 효과적인 약물 전달 방법을 찾기 위한 다양한 연구가 시도되고 있다.

이상과 같이 바이오 산업은 최근 1년간 유전자 치료제와 세포 치료제, 신경 퇴행성 질환 치료제 개발 임상을 진행하는 과정에서 다양한 세부적인 기술적 문제에 부딪치고 있으며, 2019~2020년에 걸쳐 폭발적인 양적 성장을 이룬 수많은 파이프라인들의 신약 가능성을 검증하는 치열한 과정이 진행되고 있다고 요약할 수 있다. 혹시 임상 단계에서 설명한 임상 2상의 성공 확률을 기억하고 있는가? 바로 31%다. 2019년 초기에 만들어진 임상 파이프라인들이 조만간 임상 2상의 심판대에 올라설 것이며, 100개 중 70개는 실패를 맛보며 곤두박질치겠지만 나머지 30개가 그들의 떨어진 시가 총액을 흡수하며 바이오 산업을 성장으로 이끌 것이다. 실패의 숫자가 많아 혹시라도 침울한 분위기가 될 수 있으나 그것은 너무나 자연스럽고 건강한 바이오 생태계의 본질임을 우리는 알고 있다.

금리 상승이라는 악재도 더욱 혹독한 신약 개발 검증 기간을 만들고 있다. 바이오텍의 현금 흐름이 외부 자금에 의존해서 연구 개발을 지속하는 구조이기 때문에 금리 상승에 가장 취약할 수밖에 없다는 사실은 여러 번 강조했다. 저금리 환경에서 장밋빛 가능성으로 장식된 사업 계획서를 금리가 상승하는 구간에서 그것도 기술적인 문제점을 타개해야만 하는 중대한 상황과 맞부딪치자, 투자자들은 이전과 달라진 깐깐한 시선으로 바이오텍을 바라보면서 주가도 하락세를 보이게 된 것이다. 바이오텍들은 당분간 금리 상승과 기술적 문제 해결이라는 두 마리 토

끼를 잡아야 하는 쉽지 않은 국면에 직면해있다.

이러한 현실적인 어려움 속에서도 2021년은 바이오 산업에서 대단히 의미 있는 한 해로 기억될 만한데, 알파벳의 딥마인드로부터 아이소모픽 랩스가 상업화를 목적으로 신설된, 즉 AI가 본격적으로 바이오 산업에 뛰어든 해이기 때문이다. 2020년 승인된 신약의 40%가 단백질 구조와 관련이 있다고 하니, 앞으로 아이소모픽 랩스의 AI 알파폴드가 신약 개발 분야에서 대활약을 할 거라는 것은 누구나 예측할 수 있다. 바이오 산업에서 또 다른 기반 기술의 혁신이 나타났다고 평가할 수 있으며, 구조 생물학 분야에서는 물질 개발 단계는 물론 초기 임상 단계에 걸쳐 엄청난 시간과 비용 개선의 혁신을 가져올 것으로 기대된다.

또 한 가지 긍정적인 요인은 세계와 경쟁할 수 있는 우리나라 바이오텍들이 2022년 IPO가 예정되어있다는 점이다. GPCR19를 타깃하는

도표 6-12 금융 환경 변화와 바이오 혁신

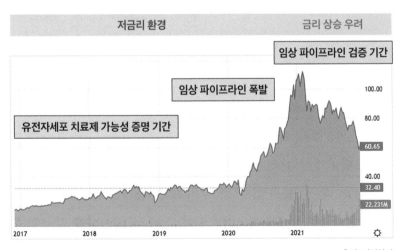

출처: 시킹알파

인플라마좀 억제제 임상 2상 진행으로 동 분야에서 세계적으로 가장 앞서고 있는 샤페론, 엑소좀 분야에서 세계 수위의 기술력을 자랑하는 일리아스바이오로직스가 2022년 상반기에, AI 관련 바이오 기업인 루닛은 의료 영상 플랫폼으로 미국 FDA의 승인을 받아 본격적인 미국 공략에 나설 예정이다. 세계 시장에서 경쟁할 수 있는 기술력을 갖춘 기업들의 상장은 2022년 바이오 주식시장에 활력을 불어넣어줄 수 있어 기대하는 바가 크다. 2022년은 랠리를 기대하기보다는 임상 파이프라인 검증 기간의 연장선으로 시장을 바라보는 것이 합리적이다.

그렇다면 유전자세포 치료제 기술의 임상 파이프라인 검증 기간은 바이오 산업의 장기적인 관점에서 어떤 의미를 갖는 것일까?

바이오 혁신 기반 기술이 발명되어 그동안 접근하기 어려웠던 혁신적인 방법으로 신약을 개발할 수 있는 가능성이 열렸으나 실제 우리 몸에 적용해보니 다양한 문제가 발생하게 되고 이를 해결하는 구체적인 연구 개발이 시작된 것이다. 다양한 기술적인 문제에 부딪치고 일부에서는 부정적인 시각이 생길 수도 있지만, 이는 치료제 개발 과정에서 반드시 거쳐야 하는 관문이다. 문제를 해결하려는 열망과 개발 노력이 시간이 지나면서 하나둘 쌓여 결국에는 비전이 현실로 바뀌어가는 것이다.

2022년은 큰 시각에서 본다면 바이오텍이 각자 안고 있는 세부적인 기술적 문제점을 해결하는 기간이며, 투자자들은 바이오 산업 전체보다는 바이오 세부 섹터에서 의미 있는 기술적 진전을 보여주는 기업에 한정해 관심을 집중할 것이다. 이것은 코로나19 백신 개발과 같이 우리 기업도 이런 것을 개발한다는 식의 따라하기 기술 개발 자체에 의미를 두

기보다는, 기업이 실제 임상 시험을 통해 양호한 데이터를 보여줄 수 있는가에 높은 가치를 부여한다는 것을 의미한다.

파이프라인 검증 기간은 앞으로 오랫동안 지속될 수도 있으며 세부 섹터의 기술 문제 해결 속도도 제각각일 수 있어, 어떤 기술이 개발 속도가 빠르게 올라오는지 혹은 어느 기술이 속도가 나지 않는지 관심을 갖고 지켜보는 것이 중요하겠다. 높은 물가 상승률과 금리 상승은 바이오텍을 더욱 압박할 가능성이 높기 때문에 앞으로 임상 시험 결과를 발표하는 기업들의 데이터를 더욱 꼼꼼하게 체크해야 한다.

과거 경험에 의하면, 산업의 개념이 투자자에 소개되면서 주가가 한 단계 상승하게 되고, 조정 후 가시적인 실적이 드러나면서 이전과는 비교할 수 없는 높은 주가 성과를 보여준다는 사실이다. 이번 혹독한 조정 후에는 미국을 중심으로 주요 바이오텍들의 유전자세포 치료제 신약 승인 소식이 이어지면서 긴 바이오 2차 상승 구간으로 진입할 것이다.

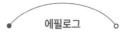

2차 상승을 향한 바이오 투자의 징검다리를 건너라

일본 히토츠바시대학 산업연구소에서 다양한 분야의 경쟁력 있는 일본 기업 중역들을 주기적으로 초빙해 기술 개발 사례 연구를 시작한 것이 1993년이니, 산업과 기업을 분석한 지 2022년이면 어언 30년째다. 그동안 산업이 흥하고 쇠락하는 것을 여러 번 보았다.

가장 기억에 남는 산업은 조선 부품 산업이다. 그중 한 주식은 1,000원 대이었던 주가가 11만 원을 넘기도 했다. 2003년 당시 부산, 울산, 창원이 부품 산업의 열기로 뜨거웠으며, 관련 기업들의 현황을 눈으로 확인하기 위해 일주일이 멀다 하고 부산으로 탐방을 갔던 기억이 난다. 당시에 조선 산업과 풍력 산업이 동시에 성장하기 시작해 이들 산업에 부품을 납품하는 조선 풍력 기자재 생산 업체들은 높은 성장의 기회를 맞이

했는데, 조선 풍력 기자재 생산을 위한 가장 핵심적인 경쟁력은 얼마나 성능 좋은 프레스기를 갖출 수 있는가에 달려있었다.

그런데 이 프레스기는 독일에서만 생산하고 있었고, 주문 후 납품까지 약 1년이 소요되었다. 그런데 위에서 예로 든 주가가 100배 이상 상승한 기업은 프레스기를 선주문한 상태였고 조만간 생산에 투입될 예정이었다. 즉 전방 산업의 성장 수혜를 고스란히 입을 수 있는 좋은 위치를 선점한 것이다. 탐방 당시 대충 계산해도 주가가 5,000원이 넘을 것 같아 사장님께 말씀드렸더니, 기분은 좋지만 좀 과하다는 표정으로 웃으면서 차를 권하던 기억이 생생하다. 이후 이 주식은 당시 자본 잠식의 위기에 처해있던 서민 금융 새마을금고연합회의 고유 자금 주식 펀드가 업계 최고의 운용 수익률을 올리는 데 크게 기여하게 된다.

주식 투자의 관점에서 좋은 산업과 좋은 기업은 스토리가 명확한 것이 특징이다. 문맥이 논리적이며 핵심 투자 포인트가 명쾌하다. 산업이 성장하는 이유를 누가 들어도 이해할 수 있으며, 이 기업이 성장하는 산업 속에서 승자가 될 수밖에 없는 명확한 이유가 있다. 산업의 속성상 이해를 위한 기본적인 지식이 더 요구될 수도 있고 세부 기술이 다양해 이해하는 데 시간이 걸릴 수는 있으나, 기본적인 성장 논리는 간단하고 명쾌하다.

바이오 산업에서 일어나고 있는 성장 스토리도 간단 명료하다. 바이오 산업이 CRISPR-Cas9과 NGS와 같은 혁신적인 기반 기술들의 발명으로 기존에 생각조차 못했던 희귀 질병 치료제를 개발하기 시작하면서 새로운 거대 시장을 열고 있으며, 향후 글로벌 기술 경쟁력을 갖추고 임

상 시험을 통해 신약을 만들어내는 바이오텍의 높은 주가 상승이 예상
된다는 것이다. 이는 이 책이 궁극적으로 전달하고자 하는 메시지다.

바이오 세부 섹터별 기술 개발 발전에 대한 개념 설명, 예를 들어 항
암제가 화학 약물, 항체 치료제, 면역 치료제로 발전해왔다는 결과론적
내용은 알고 있는 분들이 많다. 하지만 필자는 이러한 발전의 근간에 작
용하고 있는 기반 기술의 혁신에 대해 투자자를 이해시키려는 시장의
노력이 부족했다고 생각한다. 이러한 노력 부족은 결국 바이오 산업의
성장 스토리를 복잡하면서 더욱 이해하기 어렵게 만든 원인 중 하나라
고 생각한다.

바이오 산업의 기반 기술 혁신이 이끌 장기 성장성을 이해했다 하더
라도, 바이오의 속성을 이해하지 못한다면 투자에 어려움을 겪게 된다.
즉 바이오 산업에 대한 기본적인 지식, 세포를 포함한 과학적 지식, 세부
섹터 기술 지식, 기업 분석을 위한 지식과 방법 등 다양한 바이오 지식
이 어느 정도의 수준으로 올라와야 제대로 된 투자를 할 수 있다.

그런데 생명 공학과 전혀 관련 없는 비전공자가 이러한 내용을 이해
하기란 쉽지 않다. 작심하고 바이오 공부를 시작하려고 해도 도대체 어
디서부터 시작해야 하는지도 모르고 진도가 나가지 않아, 답답한 마음
에 도중에 그만두기 일쑤다. 누군가에게 방법을 물어보고 싶어도 바이
오에 대해 잘 아는 전공자들은 매우 바쁘다. 바이오 연구원도, 증권사의
애널리스트도, 벤처 투자가도, 벤처 사장님도 마찬가지다. 최근 바이오
산업 종사자들은 너무 바빠서 친절하게 설명해줄 시간이 없다. 비전공
자인 필자는 최근 몇 년간 바이오에 대해 공부해오면서, 그 누구에게도

공부하는 방법과 어떤 자료를 봐야 하는지 답을 들을 수 없어 어려움이 많았다.

또 한 가지 공부하면서 힘들었던 점은 열거한 바이오 기업 분석에 필요한 지식들이 한곳에 모여있는 것이 아니라 여러 책들 속에 흩어져 있다는 것이다. 생명 공학과 관련한 책 속에 임상 통계가 나올 리 만무하고, 임상 단계에 대한 설명과 바이오텍의 재무 구조에 대한 설명을 기대할 수도 없다. 관련 지식들이 숨은 그림 찾기처럼 다양한 전공 서적과 자료와 논문과 기사에 흩어져있었다. 실제로 투자할 때 필요한 세부 섹터 구분과 바이오 주식의 포트폴리오를 구성하는 방법 등은 아예 찾아 볼 수도 없었다.

이 책은 비전공자가 바이오 산업을 공부할 때 시행착오를 겪으며 알게 된 공부법과 바이오 투자의 기본적이고 핵심적인 내용을 공부하기 편하도록 한곳에 담으려 노력했다. 또한 오랜 주식 펀드 운용 경험에서 터득한 지식들도 함께 정리했다. 고로 각 파트에 수록된 내용들을 뼈대 삼아 관련한 지식을 확장해나간다면, 좋은 성과가 있을 것이라 확신한다.

매일 바이오 뉴스를 점검하고 세부 섹터의 기술에 대해 관심을 갖고 집중적으로 하나씩 공부하다 보면 그 세부 섹터와 관련된 과학 기술을 보다 상세하게 알게 되고, 나아가 같은 세부 섹터의 기업들을 비교 분석할 수 있게 된다. 이 책도 세 번 반복해서 읽는다면 바이오 산업에 대한 기본적인 지식은 대부분 갖추게 되고 기업을 분석할 수 있는 눈을 갖게 될 것이다.

바이오 공부는 징검다리를 건너는 것과 비슷하다. 건너려고 하는 반대쪽을 바라보면 두려운 마음에 건너기 어렵다. 물살이 거세고 돌과 돌 사이의 간격이 넓어 보이고 또 중간에 돌이 잠겨 끊겨 보이기도 한다. 그러나 일단 돌 하나를 디디면 그다음 돌로 갈 수 있다는 생각이 들면서 그다음 돌에 집중할 수 있게 된다. 물에 잠겨 다리가 끊겨 보여도, 바로 전 디딤돌까지 전진하면 디딜 수 있을 정도로만 잠겨있다는 사실을 발견하게 된다. 이렇게 한 칸씩 돌을 밟고 앞으로 나아가다 보면 요령도 생기고 두려움도 없어지면서 오히려 재미가 붙어 속도를 내게 된다.

막연한 두려움을 떨쳐버리고 용기를 가져야 한다. 유연한 흡수력과 견고한 투자 원칙을 갖추고, 성실하게 장기 성장 구간에 들어선 바이오 산업과 기업을 공부해 포트폴리오를 만들어 장기 투자한다면, 분명 좋은 성과를 거두게 될 것이다. 이 책은 바이오 기업 투자를 목적으로 이제부터 본격적으로 '바이오 징검다리'를 건너고자 하는 투자자들의 첫 번째 디딤돌이 되기를 바란다.

바이오 머니가 온다

초판 1쇄 발행 2022년 7월 20일
초판 3쇄 발행 2022년 9월 1일

지은이 이해진(알바킹)
브랜드 경이로움
출판 총괄 안대현
책임편집 정은솔
편집 김효주, 최승헌, 이동현, 이제호
마케팅 김윤성
표지 디자인 김예은
본문 디자인 윤지은
본문 일러스트 이지혜

발행인 김의현
발행처 (주)사이다경제
출판등록 제2021-000224호(2021년 7월 8일)
주소 서울특별시 강남구 테헤란로33길 13-3, 2층(역삼동)
홈페이지 cidermics.com
이메일 gyeongiloumbooks@gmail.com(출간 문의)
전화 02-2088-1804   **팩스** 02-2088-5813
종이 다올페이퍼   **인쇄** 천일문화사
ISBN 979-11-92445-03-8 (03320)